国家社科基金后期资助项目（17FSH014）阶段性成果
教育部人文社会科学研究青年基金项目（14YJC840002）资助
山东省慈善总会2013年慈善理论研究课题项目

中外慈善事业比较研究

A COMPARATIVE STUDY OF CHINESE PHILANTHROPY
AND FOREIGN PHILANTHROPY

陈为雷　毕宪顺／著

 中国政法大学出版社

2019·北京

声　　明	1. 版权所有，侵权必究。
	2. 如有缺页、倒装问题，由出版社负责退换。

图书在版编目（ＣＩＰ）数据

中外慈善事业比较研究/陈为雷，毕宪顺著. —北京：中国政法大学出版社，2019.12
ISBN 978-7-5620-9374-9

Ⅰ.①中… Ⅱ.①陈… ②毕… Ⅲ.①慈善事业－对比研究－世界 Ⅳ.①D57

中国版本图书馆CIP数据核字（2019）第271801号

出　版　者	中国政法大学出版社
地　　　址	北京市海淀区西土城路25号
邮寄地址	北京100088 信箱8034分箱　邮编100088
网　　　址	http://www.cuplpress.com（网络实名：中国政法大学出版社）
电　　　话	010-58908289（编辑部）58908334（邮购部）
承　　印	固安华明印业有限公司
开　　本	880mm×1230mm　1/32
印　　张	10
字　　数	235千字
版　　次	2019年12月第1版
印　　次	2019年12月第1次印刷
定　　价	45.00元

序言 \ Preface

改革开放以来，我国慈善事业蓬勃兴起，慈善组织发展壮大，社会慈善意识明显增强，各类慈善活动踊跃开展，在灾害救助、贫困救济、医疗救助、教育救助、扶老助残和其他公益事业领域发挥了积极作用。但是，我国慈善事业依然存在政策法规体系不够健全、监督管理措施不够完善、社会氛围不够浓厚等问题，影响了慈善事业的健康发展。为了有效解决存在的问题，促进我国慈善事业健康可持续发展，非常有必要对我国和西方发达国家慈善事业进行比较研究，借鉴吸收西方发达国家慈善事业发展的经验。本书在分析慈善、公益等基本概念的基础上构建了"慈善文化意识—慈善法规政策—慈善组织—慈善筹资—慈善监管"的分析框架，对我国和西方发达国家慈善事业进行了深入系统的比较研究。

第一，在慈善文化意识方面，本书分析了我国传统宗教慈善观、传统家族文化与慈善理念、近代和现代慈善理念，分析了西方古代基督教慈善观、近代科学慈善思想和福利国家体制对人们的慈善意识的影响。我国慈善文化具有"德治"与"仁政"特征，"差序格局"社会关系结构使得"爱有差等"，文化主流肯定人性善。西方宗教慈善观念根深蒂固，"博爱"不同于中国儒家的"仁爱"。

第二,在慈善法规政策方面,我国建立了以《中华人民共和国慈善法》(以下简称《慈善法》)为基础的慈善法规政策体系。美国没有专门和独立的慈善法,联邦层级规范慈善活动的是《国内税收法典》,各州自行制定规范慈善组织的州法。英国《2011年慈善法》对慈善目的、慈善组织的设立、管理和终止等作出了规定。加拿大的慈善立法由联邦与各省分别立法。德国慈善立法主要适用于民法典中关于法人制度的规定和结社法。

第三,在慈善组织方面,本书研究了中外慈善组织的类型、内部治理结构和特征。我国慈善组织可以采取基金会、社会团体和社会服务机构的形式,慈善组织类型多样,官办慈善组织力量大。英国慈善组织可以采取慈善信托、慈善公司、法人型慈善组织、非法人社团的形式。美国和加拿大的慈善组织分为公共慈善机构和基金会两大类。德国慈善组织的形式是社团和基金会。在西方国家,慈善组织类型多样,慈善组织内部治理结构比较健全。

第四,在慈善筹资方面,我国和国外发达国家慈善筹资一般有政府资助、社会捐赠、会费和服务收入、商品销售收入、利息收入、投资收益和税收优惠等来源。由于国情不同,我国和西方发达国家具体的慈善筹资来源和筹资模式不尽相同。

第五,在慈善监管方面,我国和西方发达国家一般都构建了政府监管、慈善组织内部治理和社会监督三个层次的监管体制。我国政府慈善监管注重准入控制,过程监督和结果评估重视不够。美国联邦政府、州政府和地方政府都可以对慈善组织进行监管,慈善组织内部治理则由公司法予以规范。英国慈善委员会在英国慈善监管中居于主导地位。加拿大主要通过税收或财务手段监督慈善事业的发展。德国注重对基金会进行审计

序　言

和公众监督。

　　本书在比较分析和借鉴西方经验的基础上，提出如下发展我国慈善事业的具体措施：尊重慈善事业发展规律，尊重国情与民族文化，积极借鉴与弘扬人类共同的慈善资源，加强慈善文化宣传，提高民众慈善意识；根据《慈善法》，修订出台有关法规，认真贯彻落实《慈善法》，正确处理法律和政策的关系；加强对慈善组织的培育和管理，加强慈善组织理事会建设；加大财政支持力度，完善税收减免法律法规，优化税收减免环节；建立完善慈善监管体制，构建制度化的慈善组织内部监督机制，大力发展慈善行业自律组织，加强社会监督，建立健全责任追究制度。

作　者

2019 年 5 月

目录 Contents

序　言 …………………………………………………………… 1

第一章　绪　论 ………………………………………………… 1
　　第一节　研究背景和研究意义 …………………………… 1
　　第二节　基本概念 ………………………………………… 7
　　第三节　分析框架与研究途径 …………………………… 15

第二章　中外慈善文化与慈善意识比较 ……………………… 20
　　第一节　中国慈善文化与慈善意识 ……………………… 20
　　第二节　外国慈善文化与慈善意识 ……………………… 55
　　第三节　比较和启示 ……………………………………… 83

第三章　中外慈善事业法规政策比较 ………………………… 94
　　第一节　中国慈善事业法规政策 ………………………… 94
　　第二节　外国慈善事业法规政策 ………………………… 116
　　第三节　比较和启示 ……………………………………… 139

第四章　中外慈善组织比较 ·· 150
第一节　中国的慈善组织 ·· 150
第二节　外国的慈善组织 ·· 163
第三节　比较和启示 ·· 179

第五章　中外慈善筹资比较 ·· 187
第一节　中国慈善资源的来源 ·· 187
第二节　外国慈善事业筹资 ·· 205
第三节　比较和启示 ·· 220

第六章　中外慈善事业监管比较 ·· 234
第一节　中国慈善事业监管 ·· 234
第二节　外国慈善事业监管 ·· 248
第三节　比较和启示 ·· 258

附录一　中华人民共和国慈善法 ·· 269
附录二　慈善事业法规与政策一览 ······································ 290
参考文献 ·· 292
后　记 ·· 312

第一章

绪 论

第一节 研究背景和研究意义

一、研究背景

改革开放以来,中国生产力获得极大的发展,综合国力与城乡居民的生活水平都有了巨大提升。2010 年中国 GDP 达到 39.8 万亿多元,2012 年超过 50 万亿,2014 年突破 60 万亿,2016 年超过 70 万亿[1],2017 年则达到了 80 万亿元,稳居世界第二[2],据预测,2029 年中国 GDP 将达到 160 万亿元,超过美国,人均 GDP 达到 11 万元。[3] 改革开放带来生产力发展的

---

[1] 数据来源于《中华人民共和国 2010 年国民经济和社会发展统计公报》,载 http://www.gov.cn/gzdt/2011-02/28/content_1812697.htm;《中华人民共和国 2012 年国民经济和社会发展统计公报》,载 http://www.gov.cn/gzdt/2013-02/22/content_2338098.htm;《中华人民共和国 2014 年国民经济和社会发展统计公报》,http://www.stats.gov.cn/tjsj/zxfb/201502/t20150226_685799.html;《中华人民共和国 2016 年国民经济和社会发展统计公报》,载 http://www.stats.gov.cn/tjsj/zxfb/201702/t20170228_1467424.html;《中华人民共和国 2017 年国民经济和社会发展统计公报》,载 http://www.stats.gov.cn/tjsj/zxfb/201802/t20180228_1585631.html.

[2] 参见习近平:《决胜全面建成小康社会 夺取新时代中国特色社会主义伟大胜利——在中国共产党第十九次全国代表大会上的报告》,载《人民日报》2017 年 10 月 28 日,第 1 版。

[3] 数据来源于世界经济信息网,http://www.8pu.com/GDP/,最后访问日期:2019 年 4 月 15 日。

同时，也拉大了收入差距，社会问题和矛盾增多，弱势群体受到损害，上访、罢工及其他群体性事件亦有发生。与此同时，社会财富在高速积累，有能力帮助他人并愿意回馈社会的人越来越多。事实表明，发展慈善事业已经具有了日益丰裕的经济基础，而贫富差距过大及其导致的社会矛盾加剧则表明，仅靠税收与法定社会保障措施来对财富分配进行刚性调节还不够，当今社会还特别需要慈善事业充当"润滑剂"。[1]

中国民间慈善活动有着非常悠久的历史，乐善好施、亲友与乡邻互助是中华民族的优良传统。改革开放以来，特别是20世纪90年代以来，中国慈善事业得到了新生，并不断发展。2017年，我国社会组织总量达到80万多个，社会捐赠总量约为1558亿元，有6093万名活跃志愿者，全核算社会公益总价值（社会捐赠总量、全国志愿服务贡献价值和彩票公益金三者之和）预估为3249.23亿元。[2] 这些数据确实反映了中国慈善事业在发展，但相对于整个社会对慈善事业的需要，以及国家经济发展所蕴含的日益巨大的潜力，慈善事业在总体上又显得发展滞后。尤其值得注意的是近年来各地发生的慈善丑闻事件使慈善事业的公信力受到了重创。例如，2011年发生的"郭美美事件"就对社会各界的捐赠热情产生了极大的不利影响，该年全国接收国内外社会各界的款物捐赠总额较上年下降18.1%。其中红十字会接收社会捐赠约占全国捐赠总量的3.4%，同比减

---

[1] 参见郑功成：《关于慈善事业立法的几个问题》，载《教学与研究》2014年第12期。
[2] 参见王勇：《〈慈善蓝皮书：中国慈善发展报告（2018）〉发布 去年我国社会捐赠总量预估约为1558亿元》，载《公益时报》2018年7月3日。

少了59.39%。[1] 2012年全国接收国内外社会各界款物捐赠总额约817亿元,较2011年下降3.31%。[2] 民众"不满"的直接后果是"用脚投票"的发生;持续"不满"反映到现实层面,就是慈善捐赠数据逐年下滑。此外,中国慈善事业的发展还存在着许多其他问题,如公众对现代慈善的认知有限,慈善组织的数量与规模有限,慈善资源的动员能力薄弱,欠缺最大限度与社会慈善诉求对接的意识,支持慈善事业发展的制度环境还面临着诸多障碍,等等。

在发达国家与中国的香港、澳门及台湾地区,各种慈善组织扮演着自主配置社会资源和提供各种公益服务的关键性角色。政府在许多方面特别是在社会保障与基本公共服务等方面需要通过慈善组织来履行自己的公共职责,社会需要慈善事业来提供公众参与公共事务的途径。同时,慈善组织还是当代社会治理结构的重要支撑力量。以美国为例,个人捐赠始终占民间慈善总额的绝大部分,是非营利部门重要的经费来源之一。2011年,美国民间慈善捐赠总额达到2984.2亿美元,占国民生产总值的2%。其中,个人捐赠将近2177.9亿美元,是社会捐赠总额的73%。加上遗产捐赠和家族基金会,来自个人的捐赠占民间善款总额的88%。[3] 除捐款外,西方发达国家很多成年人从事志愿服务。据美国学者萨拉蒙(Salamon)对22个国家慈善组织1995年的收入统计,私人捐赠占总收入的11%,如果计算

---

[1] 参见卫敏丽:《去年社会捐赠下降了18.1%:"郭美美事件"也是原因》,载《新华每日电讯》2012年6月29日,第4版。

[2] 参见朱昌俊:《社会捐赠总额下降更值得关注》,载《中国商报》2013年9月24日,第9版。

[3] 参见卢咏:《金融危机后的美国慈善》,载杨团主编:《中国慈善发展报告》(2013),社会科学文献出版社2013年版,第313页。

志愿者捐赠的时间和劳动的价值，则慈善的比例上升到27%。[1] 这充分说明，慈善事业在美国乃至全球已成为有钱的出钱、有力的出力的全民社会行动。

党的十九大报告指出："中国特色社会主义进入新时代，我国社会主要矛盾已经转化为人民日益增长的美好生活需要和不平衡不充分的发展之间的矛盾。"[2] 人民群众对美好生活的需要日益广泛，不仅对物质文化生活提出了更高要求，而且在民主、法治、公平、正义、安全、环境等方面的要求日益增长。为了有效回应这些新需要，解决社会的新矛盾，十九大报告在加强和创新社会治理领域，提出要建立共建共治共享的社会治理格局，并且提出社会治理的制度建设、提高四化水平和加强四个体系建设。新时代的慈善事业不仅仅是富人对穷人的济贫事业，而且涉及阶层利益调节、社会矛盾化解、社会共治与公民参与等经济、社会、政治领域，它对于当今表现出的一些社会病是一剂具有综合治理效果的良药。目前中国处于慈善事业快速发展时期，人们对传统慈善向现代慈善转型缺乏共识，慈善事业发展中出现了若干问题。为了有效解决现存的问题，促进我国慈善事业健康可持续发展，非常有必要对中外慈善事业进行比较研究，并借鉴吸收国际上慈善事业发达的国家和地区的经验。本书的研究问题是：在慈善文化意识、慈善法制、慈善组织、慈善筹资和慈善监管方面，中外慈善事业各有什么特点？它们之间有何联系和区别？各国慈善事业发展有何规律？

---

[1] 参见［美］莱斯特·M.萨拉蒙等：《全球公民社会：非营利部门视界》，贾西津、魏玉等译，社会科学文献出版社2007年版，第1、24~25页。

[2] 习近平：《决胜全面建成小康社会 夺取新时代中国特色社会主义伟大胜利——在中国共产党第十九次全国代表大会上的报告》，载《人民日报》2017年10月28日，第1版。

国外在发展慈善事业方面有哪些好的做法可供借鉴？

二、研究意义

早在1912年，留美学者朱友渔就出版了《中国慈善事业的精神》一书，系统梳理中国式慈善事业传统及其精神。改革开放以来，随着慈善捐赠和救助实践的开展，中国学者开始关注慈善事业的发展，对慈善事业的各个方面进行了比较全面的研究，取得了丰硕的成果。目前中国学者从多个方面对慈善事业开展研究，论文和著作不断涌现。有关慈善事业研究的论文主要集中在中国慈善事业的现状、慈善事业的功能、慈善文化、慈善意识、慈善捐赠机制、政府在慈善事业发展中的角色、慈善事业与福利制度的关系、慈善事业发展中存在的问题及原因、发展慈善事业的对策建议等方面。有关慈善事业的论著主要分为以下几类：一是从历史学的角度研究中国传统社会的慈善事业，如梁其姿的《施善与教化——明清的慈善组织》、夫马进的《中国善会善堂史研究》，周秋光、曾桂林的《中国慈善简史》，周秋光的《近代中国慈善论稿》，王卫平、黄鸿山、曾桂林等的《中国慈善史纲》等。二是对当代慈善事业的研究，如徐麟主编的《中国慈善事业发展研究》，郑功成等的《当代中国慈善事业》，施昌奎的《北京慈善事业运营管理模式》等。三是出版年度慈善发展报告，杨团从2009年开始主编《中国慈善发展报告》，截至2019年已出版11本，这些报告包含中国慈善事业年度发展的各方面内容，并对国外情况做了介绍；此外刘京主编了《中国慈善捐赠发展蓝皮书》，孟志强等主编了《中国慈善捐助报告》等。四是关于慈善事业研究的论文集，如杨团和葛道顺主编的《和谐社会与慈善事业》，卢汉龙主编的《慈善：关爱与和谐》，上海市慈善基金会和上海慈善事业发展研究中心编的

《慈善理念与社会责任》《转型期慈善文化与社会救助》等。五是从法学的角度进行的研究,如邹世允的《中国慈善事业法律制度完善研究》,韦祎的《中国慈善基金会法人制度研究》,王雪琴的《慈善法人研究》,郑功成主编的《慈善事业立法研究》等。六是从实证的角度对中国慈善组织进行研究,如田凯的《非协调约束与组织运作——中国慈善组织与政府关系的个案研究》,陈津利的《中国慈善组织个案研究:慈善组织的成功、策略和公众参与》等。

在美国,学者对慈善事业的研究大多是从较广义的角度进行,把慈善组织看作不同于政府和企业之外的第三部门,如萨拉蒙等出版的《全球公民社会:非营利部门视界》《全球公民社会:非营利部门国际指数》《公共服务中的伙伴——现代福利国家中政府与非营利组织的关系》等著作。在第三部门研究中出现的主要理论观点有市场失灵/政府失灵理论、合约失灵理论、志愿失灵理论和第三方治理理论、政府—非营利组织关系类型学等。[1] 中国学者对发达国家慈善事业的研究大多是描述性的研究,集中在发达国家慈善事业发展现状、慈善组织、慈善捐赠的外部监督机制等方面。此外,中国学者翻译出版了一批发达国家慈善法方面的论著,如《通行规则:美国慈善法指南》《外国非营利组织法译汇》《国外慈善法译汇》等。

可以发现,中国慈善事业的研究成果较多,既有从历史角度进行的研究,也有从现实问题入手进行的研究,既有纵贯性的研究,也有对某个城市和地区的研究。相比之下,对国外发达国家慈善事业进行研究的成果还不多。其一,缺少主要发达

---

〔1〕 参见田凯:《非协调约束与组织运作——中国慈善组织与政府关系的个案研究》,商务印书馆2004年版,第11~29页。

国家如英国、德国、加拿大等国家的慈善事业的研究；其二，已有的研究成果多是介绍性的，针对某个领域的研究还不深入；其三，缺少统一的研究框架对各个国家进行比较研究。

对中外慈善事业进行研究需要建立统一的分析框架，本书建立了一个应用于中外慈善事业比较分析的框架，这个框架选择以下五组变量：慈善文化意识、慈善事业法规政策、慈善组织、慈善筹资、慈善事业监管，弥补了中外慈善事业比较研究框架方面的不足，具有重要的理论意义。尽管慈善事业在中国历史上早就存在并取得了较大发展，但由于新中国成立后相当长的一段时间内慈善事业遭到了一定的压制，直到改革开放后才恢复发展，现阶段中国慈善事业的发展与西方发达国家相比还比较落后。本书希望通过对中外慈善事业的比较研究，发现中国慈善事业发展中存在的问题和不足之处，梳理并总结西方发达国家慈善事业发展的经验，为中国慈善事业的发展提供有价值的启示和经验借鉴，因此本项研究具有重要的应用价值。

第二节　基本概念

一、慈善

（一）"慈善"的英文含义

在英文中与慈善有关的单词有两个："charity"和"philanthropy"。英文"charity"来源于拉丁词"*caritas*"（博爱）。早期基督教将慈善视为基督教教义的核心理念，强调的是一种与恩惠及感恩相联系的可贵情怀与高尚行为，包括自我牺牲、利他精神、感恩情怀等，这些往往带着"仁爱""基督之爱""为上帝而普爱众生"等浓厚的基督教文明色彩。[1] 根据《牛津高阶英汉双解词典》(第7版),"charity"主要有以下几种意思:慈善机构(或组织);慈善、赈济、施舍;仁爱、宽容、宽厚。"philanthropy"指的是博爱、慈善、乐善好施。[2] 在英文词典中,这两个词都是对他人的帮助,都可被翻译为慈善,但业内一般认为"charity"是以同情为出发点的针对穷人或贫困状态的人的帮助和救济;而"philanthropy"则不限于仅仅帮助穷人,它还有博爱的意思,常常是出于对人类福祉的关注所进行的有系统的大局面的努力和行动。譬如,卡内基(Carnegie)建立全美的公共图书馆是"philanthropy",而如果你捐了100美金给专门为低收入家庭孩子提供午餐的非营利组织,这是"charity"。[3] 可见,"philanthropy"的含义比"charity"要宽,其适用范围要比"charity"广泛得多。

(二)"慈善"的中文含义

在中国古代典籍中,"慈"与"善"两个词最初是分开使用的。"慈"大致有三种含义。一是指母亲。古人常称自己的母亲为家慈。如孟郊《游子吟》说:"慈母手中线,游子身上衣"。二是指子女对父母的孝敬奉养。如《庄子·渔父》说:"事亲则慈孝"。三是指父母的爱。如《左传》说:"父慈子孝"。尔后,"慈"在此基础上又引申出怜爱、仁慈等方面的寓意。如《新书·道术》中就有"恻隐怜人谓之慈"之说。在后世的语言运

---

〔1〕参见王名、李勇、黄浩明编著:《英国非营利组织》,社会科学文献出版社2009年版,第20~21页。

〔2〕参见《牛津高阶英汉双解词典》(第7版),商务印书馆、牛津大学出版社2009年版,第320、1486页。

〔3〕参见李颖生:《几个基本概念中折射出的中美慈善差异》,载http://www.gpcommon.org/ch/? p=370,最后访问日期:2019年4月15日。

用中,"慈"由原来较狭义的父母之爱扩展到全社会人与人之间的关爱,尤指人们对长者和孩童的关爱。"善"的本义是"吉祥""美好",与之相对应的词是"恶"。许慎的《说文解字》对"善"的解释是:"善,吉也;从言从羊,此与义(繁体作義)、美同意。篆文从言从羊,隶书省作善,二言有相善,君子之言吉,其嘉祥谓善。"[1]后来,善被引申为友好亲善,品行高尚。

由以上可知,从语源学的角度来讲,"慈"与"善"虽有一定区别,但在长期的演进过程中,两者的字义逐渐相近,均包含仁慈、善良、富有同情心的意思。到南北朝时期,"慈"与"善"常常并列在一起使用,于是便有了"慈善"这一词汇。如《北史》称崔光"宽和慈善,不忤于物,进退沉浮,自得而已"[2]。中国现代汉语中的"慈善",其含义直接承袭了中国古代的"慈善"概念。《现代汉语词典》对慈善的解释是:"对人关怀,富有同情心。"[3]

(三)本书对"慈善"的界定

从以上的分析可以看到,在英文中"慈善"有狭义和广义之区别,狭义上的"慈善"是对穷人的施舍和帮助,广义上的"慈善"是基于博爱思想为增加人类的福利所做的努力。美国学者佩顿(Peyton)和穆迪(Moody)在《慈善的意义与使命》一书中指出,"慈善"是指所有为了公益的志愿行为,这是对"慈

---

[1] 转引自周秋光、曾桂林:《中国慈善简史》,人民出版社2006年版,第2页。

[2] 转引自周秋光、曾桂林:《中国慈善简史》,人民出版社2006年版,第3页。

[3] 中国社会科学院语言研究所词典编辑室编:《现代汉语词典》(第7版),商务印书馆2017年版,第214页。

善"的广义的理解,而"慈善"的狭义概念仅包括志愿捐赠,是一个存在于税法中的词汇。[1] 诺贝尔经济学奖获得者贝克尔(Becker)认为,如果将时间与产品转移给没有利益关系的人或组织,那么,这种行为就被称为"慈善"或"博爱"。这是对"慈善"的广义的理解。[2] 在中国,"慈善"是一个富有道德色彩的词汇,它是基于同情心而给予人的关怀和帮助,现在也有趋势把慈善同公益及人们生活质量的提高联系起来。王名认为,慈善是一种社会行为,泛指富人基于仁德、怜悯、博爱之心,对穷人施予关怀、施舍、救助等行为,或对社会公益事业的慷慨捐赠。[3] 2016年9月1日施行的《中华人民共和国慈善法》(以下简称《慈善法》)所界定的"慈善"是一种大慈善概念。《慈善法》第3条规定:"本法所称慈善活动,是指自然人、法人和其他组织以捐赠财产或者提供服务等方式,自愿开展的下列公益活动:①扶贫、济困;②扶老、救孤、恤病、助残、优抚;③救助自然灾害、事故灾难和公共卫生事件等突发事件造成的损害;④促进教育、科学、文化、卫生、体育等事业的发展;⑤防治污染和其他公害,保护和改善生态环境;⑥符合本法规定的其他公益活动。"

本书认为,"慈善"是自然人、法人或其他组织基于一定的价值观和使命而从事的志愿行为。慈善的主体既包括自然人也包括法人和其他组织;慈善归根到底是一个道德范畴,蕴含着

---

[1] 参见[美]罗伯特·L.佩顿、迈克尔·P.穆迪:《慈善的意义与使命》,郭烁译,中国劳动社会保障出版社2013年版,第47~54页。

[2] 参见[美]加里·S.贝克尔:《人类行为的经济分析》,王业宇、陈琪译,上海三联书店、上海人民出版社1995年版,第321页。

[3] 王名:《浅谈慈善对科学的作用》,载《科学对社会的影响》2009年第2期。

一定的价值观和使命,体现了人类社会对弱势群体的关怀、对公益事业的支持以及对社会公平的追求;而通过某种方式自愿地向社会及受益人提供无偿的社会救助和援助的行为是慈善的核心所在,这些援助包括资金、物品和服务。

二、慈善与公益

在中文的语境中,"慈善"与"公益"有诸多共通之处,这两个词也经常混用。本书认为有必要对"慈善"和"公益"这两个概念作一下辨析,使人们认识它们之间的区别和联系。

美国慈善史专家伯姆纳(Burnham)在其著作《捐赠:西方慈善公益文明史》指出,从慈善与公益的来源看,所谓"慈善",乃犹太教、基督教和伊斯兰教信徒之神圣义务,即负有救助贫民、孤儿、无所依靠者,及无家可归者之困境的义务。对不幸者的同情,以及对人们所作出的"爱其邻人"和"爱同教之友"的告诫皆属于上述宗教的教义。这些教义拓展了"慈善"的含义,将之拓展到仁善且关心地对待他人的程度。"慈善"的特性在于给予他人未知之神的恩赐。所谓"公益",源于世俗,强调的乃是对人之爱,而非对神之爱。它也不像"慈善"一样,牵涉对穷人之救助。在17世纪,"公益"的意思是思想的仁善倾向,及其人道主义之转变。在18世纪和19世纪,"公益"又牵扯到了人道主义改革,即改善囚犯和精神病人的待遇,废除奴隶制,以及争取妇女和劳工权利等。到19世纪末期,"公益"又变为向多种事业捐赠,以增进社会各个阶层的福利。近年来,"公益"指的是政府承担其中多数职责,支付多数费用,以救助生活在贫困线以下的人。方式包括:创新和尝试新的济贫服务种类,监测政府的项目以确保公平、合理,为被遗忘者呼喊,为弱势者的赋权而奔走。[1]

  从受益对象上看,"慈善"的范围比"公益"的范围小。"慈善"比较偏重于扶持贫、弱者,往往只是"为了不特定多数人的利益",这些不特定多数人,包括需要帮助的老人,没钱读书的孩子,某类疾病的患者,等等。例如英国某一慈善信托案件中,委托人指示受托人将最终剩余财产用于受托人认为最妥当之仁爱、慷慨的目的事业,法院却认为该事业的范围已经超出某一类不特定的人,不再属于"慈善"的范畴。对于"公益",1884年德国学者洛厚德(C. E. Leuthold)发表《公共利益与行政法的公共诉讼》一文,他认为所谓"公益"意味着为了整体的需要,超越个人或集体的利益,超越一定区域或特定空间的利益、超越短期的或眼前的利益,是广泛的不特定人的长期利益。可见,"慈善"与"公益"在范围上不能完全等同。[2]

  从私人领域与公共部门提供上看,"慈善"与"公益"属于不同的部门或领域。"慈善"从诞生初始就强调个人行为,虽然这里的"个人"在20世纪之后还包含了"法人",但"慈善"属于私领域之本质从来没有变过,这从慈善活动被国家公权力长期禁止可略见一斑。对于"公益",有观点认为,"公益"与"政府提供"等价,即将市场提供利益排除在公益范围之外,由于市场失灵而由公共部门提供的成分才是公益。[3] 在国家政权强化的时代,东西方都出现过国家包办所有公益事业的企图,如中国秦汉建立统一的赈谷、赈钱、赈粥和赈工制度,罗马帝

---

[1] 参见[美]罗伯特·H.伯姆纳:《捐赠:西方慈善公益文明史》,褚蓥译,社会科学文献出版社2017年版,引言第1~2页。

[2] 参见王雪琴:《慈善法人研究》,山东人民出版社2013年版,第65页。

[3] 参见陶传进:《社会公益供给——NPO、公共部门与市场》,清华大学出版社2005年版,第23页。

国设立类似"食品基金会"的财团等,他们在提供公益服务的同时严格限制来自民间的私人慈善,如中国封建王朝对慈善活动的禁止、罗马共和国末期奥古斯都执政期间制定《优利亚结社法》对慈善团体设立的禁止等。[1] 可见,"慈善"属于私人领域,而"公益"与公共部门提供有直接的关系。

在现代社会,"慈善"与"公益"已难以区分。一方面,20世纪70年代以来,世界经济发展放缓,失业率升高,政府管理成本加大,福利国家出现了福利危机。在这种情况下,分权与参与成为解决危机的必然途径。在此背景下,国家力量逐渐退出一些公益部门,第三部门兴起,慈善组织参与服务的输送。另一方面,虽然从国家诞生之日起慈善就一直受到公权力的排挤,被严格限制在私人领域中,但慈善从来没有真正消亡过,慈善目的与公益目的不仅不冲突,反而和谐一致、相辅相成。在现代社会,慈善能力扩大的需求所带来的组织形式变更,使慈善活动呈现出更加多元化的发展趋势,"慈善"由传统扶贫济困扩展到现代的社会救助、医疗、教育、环保、卫生、文化等广泛领域,并且逐步取得了社会认同和法律的认可。因此,从活动的类别和领域上看,"慈善"与"公益"在现代社会已经没有严格的区分,可以互换使用,如"philanthropy"这个单词除了被翻译为"慈善"以外,也常被翻译为"博爱"或"公益"。[2]

此外,从英美等国的慈善立法经验来看,慈善立法特别强调慈善的公益性。前文指出,"charity"指施舍,它还是一个法

---

[1] 参见王雪琴:《慈善法人研究》,山东人民出版社2013年版,第64页。
[2] 参见王雪琴:《慈善法人研究》,山东人民出版社2013年版,第66~67页。

律术语,如英国的《慈善法》(The Charities Acts)。在英国,一个组织要成为慈善组织的话必须通过"公益性测试",美国慈善法对税法技术的倚重其实也是出于对慈善组织公益性的考虑。因为从国家与社会的关系来分析,慈善行为(例如捐赠)之所以值得鼓励,就在于其承担了本应该由政府解决的公共事务,节约了政府开支,从另一个角度来说是节约了纳税人的税款,因此法律将给予慈善(组织)免税的优惠。公益性在某种程度上对慈善的组织化提出更高的要求,由擅长运作慈善事业的组织来作为慈善行为的主要载体,既有利于慈善本身的效率,又便于公众的监督。在现代法律中的"慈善"必定是"公益性"的,因此在法律层面上,"慈善"和"公益"两个概念难以区分,也没有必要区分。[1]

三、慈善事业

慈善事业是一项政府支持的社会事业,是社会保障制度的重要补充。为了更全面地理解慈善事业,可以从慈善事业的性质、政府在慈善事业中的角色以及慈善事业的理念和价值观等方面进一步分析。

第一,从归属上看,慈善事业是一项民营社会事业,它是社会保障制度的重要补充。李迎生认为,社会保障是一项现代社会政策,是由国家通过法律实施的一种制度化举措。他将实施社会保障视为现代国家的一项义不容辞的责任,而将国民依法享有相应的保障待遇视为保障对象的权利,一种不可剥夺的

---

[1] 参见韦祎:《中国慈善基金会法人制度研究》,中国政法大学出版社2010年版,第31页。

生存权和发展权。[1] 而慈善事业是一项民营社会事业,与由政府负责的社会保障的性质不同。

第二,政府在慈善事业中的角色定位问题。毫无疑问,纵观中外慈善发展史可以发现,慈善事业的发展得到了政府的支持,针对政府介入慈善事业的情况,有学者提出官办慈善事业一说,但政府支持并不等于政府动员,更不等于政府包揽。郑功成等在《当代中国慈善事业》一书中提出政府在慈善事业发展中的角色包括:引导者的角色,要重点培育富豪慈善家,加强国际的交流与合作;支持者的角色,要推动慈善机构发展,完善社会慈善捐赠的激励机制;监督者的角色,应该明确政府监督主体的职能划分,建立完整且合理的监督评估机制。[2]

第三,慈善事业受理念和价值观的影响。慈善事业作为志愿行为或活动的体系,需要一定的理念和价值观作指引,中外慈善文化集中体现了慈善理念和价值观,对慈善事业的发展起到了潜移默化的作用。

第三节 分析框架与研究途径

一、分析框架

(一) 慈善文化意识比较

文化是人类在社会历史发展过程中创造的物质财富和精神财富的总和,特指精神财富,如文学、艺术、教育、科学等。

---

[1] 参见李迎生:《社会保障与社会结构转型:二元社会保障体系研究》,中国人民大学出版社2001年版,第3页。

[2] 参见郑功成等:《当代中国慈善事业》,人民出版社2010年版,第112~120页。

意识是人的头脑对于客观物质世界的反映，也是感觉、思维等各种心理过程的总和。慈善文化意识是中西文化和传统的重要内容，属于伦理和精神层面，对慈善事业的发展起着潜移默化的作用。中国传统的慈善文化和意识主要受中国传统儒、释、道三教影响，也深受中国传统家族文化影响，近代以来中国慈善文化和意识随着环境变化而发生变化，现代慈善文化和意识处于培育发展当中。西方国家在不同历史发展阶段，慈善文化意识不同，主要由基督教慈善思想、互济和志愿精神、现代慈善思想等构成。在这一部分，本书列出慈善文化意识的基本方面，包括贫困观、财富观、救济观和慈善功用观，对中国传统宗教慈善文化意识与西方基督教慈善文化意识加以比较，随后则根据中外历史和国情分别论述对中国和外国有重要影响的慈善文化思想，如中国传统的家族慈善文化、近代受西方影响的慈善思想以及当代中国慈善意识等；对于外国慈善文化意识重点分析现代西方福利国家体制与西方慈善思想意识。

（二）慈善事业法规政策比较

慈善事业的发展离不开法规政策的引导和约束，慈善事业法规政策构成了慈善事业发展的重要制度背景，体现着慈善事业发展程度和水平。在慈善事业发展中，国家和政府部门通过制定各种有关慈善事业的法律法规及规范性文件明确其政策原则，并通过执行各种法规政策落实各项慈善政策。各国的政治体制、法制体制和行政管理体制不同，慈善事业法规政策体系也不同。本书在这一部分比较中外慈善事业主要法规政策的基本内容和各自的特点，并在此基础上得出有价值的启示。

（三）慈善组织比较

慈善组织是慈善事业运行的重要主体，它是以社会捐赠为基础，以从事慈善活动为目的，自愿而无偿地对受助人提供帮助的非营利性社会组织。在现代社会,慈善组织实际上属于非政府组织(NGO)、非营利组织(NPO)或第三部门,有别于公权力组织(行政组织、执法组织等)和营利性组织(企业组织、金融机构等)。慈善组织有以下特点:其一,非营利性。慈善组织在存续期不得分配利润并不得分配剩余财产,即"非利润分配原则"。这一原则构成了慈善组织"非营利性"的核心,它要求慈善组织不能以营利或牟取利润作为组织的宗旨或者目标,其开展市场活动或经营性活动的所得应用于所从事的慈善事业,不得以分红或者变相分红的形式分配给组织成员。[1] 其二,公益性。慈善组织提供的服务具有惠及公众的性质,取之于社会公众用之于社会公众。[2] 其三,非政府性。慈善组织是承担慈善宗旨的非营利的民间组织,即非政府组织。并不是所有的具有慈善福利特征的机构都是慈善组织,比如一些国家机构虽然有社会服务的特征,但因为属于政府的部门,所以不能成为慈善组织。慈善组织应该是以慈善为目标同时承担慈善功能的民间组织。[3] 本书将对中国和外国的慈善组织进行比较分析。

(四)慈善筹资比较

筹资不等于募捐。募捐是将分散的社会公益资源动员并集中起来的过程。慈善募捐是指符合一定条件的慈善组织基于慈善宗旨发起的募集款物活动,包括面向社会公众的公开募捐和

---

[1] 参见廖智健、侯安琪:《慈善组织的"非营利性"分析》,载《理论与改革》2012年第6期。
[2] 参见关信平主编:《社会工作政策法规》,中国社会出版社2015年版,第236~237页。
[3] 参见潘屹:《慈善组织、政府与市场》,载《学海》2007年第6期。

面向特定对象的定向募捐。[1] 而筹资是指慈善组织通过各种方式和法定程序,从不同的资金渠道筹措所需资金的过程。筹资的主体是慈善组织,客体是资金和其他资源,筹资渠道不仅包括社会大众,而且包括政府、企业和基金会。本书将对中外慈善筹资进行比较分析。

(五)慈善事业监管比较

监管即监视管理。慈善事业监管可以从监管的主体、监管的内容和监管的方式进行界定。监管的主体既包括政府机关,也包括非政府组织和社会大众,这有利于建立多层次的现代监管体系。监管的内容包括慈善组织注册登记、日常管理、慈善捐赠、慈善组织经营活动等方面。监管的方式多种多样,随着经济社会的发展不断增加或更新,常见的监管有制定具体规章、法令,禁止特定行为,行政处罚,行政许可,认证、审查和检验,信息披露等方式。本书将对中外慈善事业监管进行比较分析。

二、研究方法

毛泽东说:"我们不但要提出任务,而且要解决完成任务的方法问题。我们的任务是过河,但是没有桥或没有船就不能过。不解决桥或船的问题,过河就是一句空话。不解决方法问题,任务也只是瞎说一顿。"[2] 本书主要应用文献法、比较法、历史研究法和规范分析法进行研究。

1. 文献分析法。本书收集了大量慈善著作、论文和政策资料,通过对这些资料的阅读和梳理,提出了分析框架,并对慈

---

[1] 参见郑功成主编:《〈中华人民共和国慈善法〉解读与应用》,人民出版社2016年版,第85~86页。

[2] 《毛泽东选集》(第1卷),人民出版社1991年版,第139页。

善文化和意识、慈善法规政策、慈善组织、慈善筹资、慈善监管等进行了全面而深入的分析。

2. 比较法。本书将各项研究内容置于中国与外国、现阶段与前一发展阶段、理想与现实的框架中进行比较分析，明确中国和外国慈善事业发展的异同点，认清实际和理想之间存在的差距，从而揭示中国慈善事业发展的特点和路径选择。

3. 历史研究法。法国著名哲学家德日进（Pierre Teilhard de Chardin）说，"过去已经向我们显示如何建设未来"[1]。本书通过研究历史上各个阶段中外慈善事业发展与当时政治、经济及社会发展的关系，对中外慈善事业未来发展进行预测。

4. 规范分析法。本书对慈善事业的性质、慈善文化评价、慈善法规政策、慈善组织、慈善筹资、慈善监管等基本问题进行分析，以相应的价值取向为出发点和标准，对中外慈善事业整体发展情况作出评价，吸收和借鉴外国慈善事业发展中的优秀成分和好的做法，以推动中国慈善事业健康可持续发展。

---

[1] 转引自［美］哈罗德·J.伯尔曼：《法律与革命——西方法律传统的形成》，贺卫方等译，中国大百科全书出版社1993年版，序言第1页。

第二章
中外慈善文化与慈善意识比较

第一节 中国慈善文化与慈善意识

一、中国传统宗教慈善思想与理念

(一) 贫困观

在历史长河中,中国传统的儒、释、道三教有许多关于贫困和济贫的思想,这些思想涉及如何认识贫困,贫困成因,以及如何救助贫困者等,形成了中国传统贫困观。总结起来,中国传统贫困观的主要内容如下:

1. 贫困是一种客观现象,即缺乏财物。《老子》第五十七章说:"天下多忌讳,而民弥贫。"[1]《庄子·让王》说:"宪闻之,无财谓之贫,学道而不能行谓之病。"[2] 这里的贫即没有财物。

2. 宋代以前贫困在道德上是中立的。《尚书》中有六极的描述:"一曰凶短折,二曰疾,三曰忧,四曰贫,五曰恶,六曰弱。"[3]《尚书》以贫为六极之第四,在凶段折、疾、忧之后。

---

[1] 李存山注译:《老子》,中州古籍出版社2004年版,第147页。
[2] 方勇译注:《庄子》,中华书局2010年版,第492页。
[3] 李民、王健撰:《尚书译注》,上海古籍出版社2004年版,第229页。

《论语》也很清楚地说出:"贫与贱,是人之所恶也"[1],但是贫困只是一种不幸的状况或命运,并没有反映当事人的道德,因此孔子接着便说如果贫贱"不以其道得之,不去也"[2]。换言之,个人的道德修养并不体现在他的经济状况上,只表现在他如何面对不同的状况,所以"小人贫斯约,富斯骄,约斯盗,骄斯乱"[3],而"君子贫穷而志广,隆仁也,富贵而体恭,杀势也"[4]。君子与小人的道德修养不同,体现在他们处理贫困与富贵状况的方式,可见贫困本身并无任何道德上的不妥,也没有道德上的优越性,是一种中立的状况。[5]

3. 随着时代的变化,人们对贫困的认识发生了变化。宋代以前,虽然社会上存在明显的贫富差别,但贫困并不是一个需要解决的特殊社会问题。宋代以后,贫困成为一种道德上的问题,成为一个社会问题。[6] 到明代末期,商业化的发展使经济实力成为决定一个人社会地位的重要因素。贫困、无业这些状况开始在社会价值上具有负面意义,受到道德上的谴责。当时的人认为,"唯真志于学者,则必能读书,必能治生……岂有学为圣贤之人而父母妻子之弗能养而待养于人者哉!"[7] 穷人之福薄通常不单是命中注定,更重要的是他们本身的缺点。用当时人的话说,"到得仔细看他起来,毕竟身上坐一件病,或贪

---

[1] 杨伯峻译注:《论语译注》(简体字本),中华书局 2006 年版,第 39 页。
[2] 杨伯峻译注:《论语译注》(简体字本),中华书局 2006 年版,第 39 页。
[3] (清)孙希旦撰:《礼记集解》,中华书局 1989 年版,第 1281 页。
[4] 张觉校注:《荀子校注》,岳麓书社 2006 年版,第 17 页。
[5] 参见梁其姿:《施善与教化:明清时期的慈善组织》,北京师范大学出版社 2013 年版,第 12 页。
[6] 参见梁其姿:《施善与教化:明清时期的慈善组织》,北京师范大学出版社 2013 年版,第 11 页。
[7] (清)陈确撰:《陈确集》,中华书局 1979 年版,第 158~159 页。

口、或懒惰、或心想不定,俗说叫百会百穷"[1]。这个时候,穷人开始被认为具有某些道德缺憾,贫困则是这些道德缺憾的反映。相应地,济贫活动也开始对受惠的穷人有了道德要求,官方和民间的慈善机构越来越偏向于援助有德行的穷人,尤其是节妇和孝子。清初的普济堂就明文规定,对游手好闲的人不予收留。[2]

4. 穷人需要帮助和救助,尤其是鳏寡独孤四类穷而无告之人。《孟子·梁惠王章句下》说:"老而无妻曰鳏,老而无夫曰寡,老而无子曰独,幼而无父曰孤。此四者,天下之穷民而无告者。"[3] 在古代人的观念中,除了因不可违的天意(自然灾害、战乱)造成的饥民、难民这些经历暂时困难的人之外,所谓的贫民只是鳏寡孤独这四种人伦上有缺憾的人。相应地,家庭和大家族弥补人伦的缺失,是穷人最重要的安全网。宋代以前,穷人之所以成为社会问题,通常并非单纯地由于他们经济匮乏,而主要缘于他们具有不完整的家庭及身患各种疾病,这些人需要政府和社会帮助。

5. 安贫乐道。对于有一定追求的人来说,他应该超越物质追求而关注精神追求。孔子充分肯定了"贫而乐"的人生境界和自处之道,他说:"饭疏食饮水,曲肱而枕之,乐亦在其中矣"。[4] 孔子对弟子颜回安贫乐道大加称赞:"贤哉,回也!一箪食,一瓢饮,在陋巷,人不堪其忧,回也不改其乐。贤哉,

---

[1] 梁其姿:《变中谋稳:明清至近代的启蒙教育与施善济贫》,上海人民出版社2017年版,第83~107页。
[2] 参见梁其姿:《变中谋稳:明清至近代的启蒙教育与施善济贫》,上海人民出版社2017年版,第83~107页。
[3] 杨伯峻译注:《孟子译注》,中华书局1960年版,第21页。
[4] 杨伯峻译注:《论语译注》(简体字本),中华书局2006年版,第80页。

回也!"[1]《论语·卫灵公》说:"君子固穷,小人穷斯滥矣。"[2] 君子可以安于困厄,小人遭受困厄就会胡作非为。《史记·仲尼弟子列传》中"贫而乐"后也有一"道"字。孔子从"守死善道"出发,提出"君子忧道不忧贫"[3],君子只担忧学不到道,担忧道不能行,而不担忧贫困。这表明对士或知识分子阶层来说,贫困并不是可耻的,反而是清高的表现,因此贫困是自己选择的结果,不一定需要别人或社会帮助。拒绝世俗地位和物质成功的"贫士"往往是受人敬重的。

(二) 财富观

中国传统思想肯定人们追求财富的权利;认识到财富对人有利也有弊,要善于使用钱财。

1. 人们有争取财富的愿望和权利,要用合适的手段谋求财富。孔子注重富贵与道德的关系,不仅不排斥财富,而且还要追求财富,在这里追求财富要遵循"道",即要符合人的道德,肯定道德的重要性。《论语·里仁》说:"富与贵,是人之所欲也。"[4]《论语·述而》说:"富而可求也,虽执鞭之士,吾亦为之。如不可求,从吾所好。"[5] 儒家拒斥不义而富,特别强调追求财富还要注意用合适的手段得到它,注重"义"。《论语·述而》说:"不义而富且贵,于我如浮云。"[6] 与其为富贵而陷入不义之地,不如甘于清贫生涯、安贫乐道,行义是人生的第一要务。宋代程颐、程颢忠实地继承了孔子财富观,反对

---

[1] 杨伯峻译注:《论语译注》(简体字本),中华书局2006年版,第65页。
[2] 杨伯峻译注:《论语译注》(简体字本),中华书局2006年版,第182页。
[3] 杨伯峻译注:《论语译注》(简体字本),中华书局2006年版,第190页。
[4] 杨伯峻译注:《论语译注》(简体字本),中华书局2006年版,第39页。
[5] 杨伯峻译注:《论语译注》(简体字本),中华书局2006年版,第78页。
[6] 杨伯峻译注:《论语译注》(简体字本),中华书局2006年版,第80页。

为求富而害义，他们说："富，人之所欲也，苟于义可求，虽屈己可也；如义不可求，宁贫贱以守其志也。"[1] 佛教奉行简朴的生活原则，强调财富来源的正当，但似乎并不排斥财富。在《阿弥陀经》中，西方极乐世界为："七重栏楯，七重罗网，七重行树，皆是四宝周匝围绕，是故彼国名为极乐。……极乐国土有七宝池，八功德水充满其中。池底纯以金沙布地，四边阶道，金、银、琉璃、玻璃、砗磲、赤珠、玛瑙而严饰之。"[2] 这也许是世界上最富丽堂皇的佛教乐土。

2. 财富命中注定。《论语·颜渊》说："死生由命，富贵在天。"[3] 富与贵都是由天命决定的，是人无法强求的。富贵具有很大程度的天意和偶然性，这为人们从事慈善提供了一定的理论基础。做好事和善事，行善积德，可以得到上天的保佑和垂青，从而使自己富有，家族繁荣。若是富贵一出生就决定了，那人们就不会去努力，就失去了从事慈善的动力，这种理论观点具有很大的弹性，与命定论、预定论不同。

3. 财富是一把双刃剑。财富特别是以金钱为代表的物质财富，是一把双刃剑，既可带来成功和幸福，也能带来失败和苦痛。《道德经》第九章说："持而盈之，不如其已；揣而锐之，不可长保。金玉满堂，莫之能守；富贵而骄，自遗其咎。功遂身退，天之道（也）。"[4] 当某种事物趋于饱和的时候，需要寻找一种合适的渠道来释放。钱财终究是身外之物，与其富贵而

---

[1]（宋）程颢、程颐：《二程集》，中华书局1981年版，第1144~1145页。
[2] 苏州市灵岩山寺印赠：《阿弥陀经白话解释》，第44~46页。
[3] 杨伯峻译注：《论语译注》（简体字本），中华书局2006年版，第140页。
[4] 李存山注译：《老子》，中州古籍出版社2004年版，第58页。

骄，自遗其咎，倒不如功遂身退，这才是天之道也。[1]《太平经》说："凡人家力强者，多畜私财，后反多贫凶，何也？神人言，此乃或多智反欺不足者，或力强反欺弱者，或反生反欺老者，皆为逆。故天不久佑之……夫财者，天地之间盈余物也。比若水，常流行而相从，常谦谦居其下。得多财者，谦者多得也。故期者，天不佑之矣。"[2] 财富是超出生活所需的盈余物，拥有财富要像水流那样谦虚谨慎，要顺应财富之性，自然而为，不可倚财骄横，恃强凌弱，否则会陷入贫凶的境地。这说明财富与贫困可相互转化。[3] 佛经对财富的看法是一分为二的，既有毒蛇之喻，也有净财之说。佛经中记载着这样一个故事：佛陀与弟子阿难外出乞食，看到路边有一块黄金，便对阿难说："毒蛇。"阿难亦应声说："毒蛇。"正在附近做农活的父子俩闻言前来观看，当他们发现佛陀和阿难所说的毒蛇竟然是黄金时，立刻欣喜若狂地将其占为己有。可结果如何呢？黄金非但没能改善他们的生活，反而使他们陷入国库被盗的案件之中。刑场上，父子俩追悔莫及，至此，他们才明白佛陀所说的毒蛇的含义。[4] 佛教认为，财物乃至自己的身体、生命都是无常的，而很多人过于贪求自己的利益，甚至去伤害其他众生，结果自害害他，就像《月灯经》中所说："此腐烂色身，命亦动无主，如梦如幻化。愚夫由贪此，造极重恶业，而随罪恶转，不智被死

---

[1] 参见刘金豪：《财富皆有道——简论道教的财富观》，载《中国道教》2011年第4期。
[2] 罗炽主编：《太平经注译》（下），西南师范大学出版社1996年版，第1155页。
[3] 参见张坤：《〈太平经〉的三种"财富观"管窥》，载《学术论坛》2005年第3期。
[4] 参见释济群等：《宗教的财富观》，载《中国宗教》2001年第5期。

乘,当往那洛迦(那洛迦意为地狱)。"[1] 资财是无常的,不管如何积聚最终都要离散,悭吝守护只会增长自己的烦恼,应当把它看作暂时寄存在自己这里而已,随时慷慨地给需要的人,这样既帮了别人,自己也减少了烦恼,积累了功德。

(三)慈善救济观

1. 儒教慈善救济观。孔子是儒家学派的创始人,他提出"仁爱"思想。《论语·颜渊》说:"樊迟问'仁'。子曰'爱人'。"[2] 孔子从道德感情的基础出发,以"爱人"来解释"仁",并将"爱人"作为人的本性。爱人要能够做到,遇事把别人的利益放在心上,做事能够替别人设身处地想一想;要做到"己欲立而立人,己欲达而达人"[3],"己所不欲,勿施于人"[4],自己想要满足的欲望,也使别人满足这种欲望,自己不喜欢的事物,也不要强加于别人。这里把"仁"阐释为一种自利利他、推己及人和助人为善的理念。孟子提出人性善的理论。在他看来,人生来就有善性,只是这种善性是作为"善端"存在于人心之中。《孟子·告子上》说:"恻隐之心,人皆有之;善恶之心,人皆有之;恭敬之心,人皆有之;是非之心,人皆有之。恻隐之心,仁也;善恶之心,义也;恭敬之心,礼也;是非之心,智也。仁义礼智,非由外铄我也,我固有之也,弗思耳矣。"[5] "人皆有不忍人之心。先王有不忍人之心,斯有不忍人之政矣。以不忍人之心,行不忍人之政,治天下可运之掌

---

[1] 转引自张映伟:《大乘佛教的慈善观及其现代意义》,载《中国宗教》2009年第8期。
[2] 杨伯峻译注:《论语译注》(简体字本),中华书局2006年版,第146页。
[3] 杨伯峻译注:《论语译注》(简体字本),中华书局2006年版,第72页。
[4] 杨伯峻译注:《论语译注》(简体字本),中华书局2006年版,第139页。
[5] 杨伯峻译注:《孟子译注》,中华书局1960年版,第259页。

第二章　中外慈善文化与慈善意识比较

上。所谓人皆有不忍人之心者，今人乍见孺子将入于井，皆有怵惕恻隐之心——非所以内交于孺子之父母也，非所以要誉于乡党朋友也，非恶其声而然也。……恻隐之心，仁之端也；羞恶之心，义之端也；辞让之心，礼之端也；是非之心，智之端也。人之有是四端者，犹其有四体也。"[1] 孟子认为"恻隐之心"就是仁，是仁之根本。而这种所谓的"恻隐之心"无非就是指人类情感中的同情心、怜悯心和爱心。缘于此，人们尊老慈幼，仁民爱物，"老吾老，以及人之老；幼吾幼，以及人之幼"[2]。随着宋明理学成为官方指导思想，这些观念在官方施政中日益贯彻，并渗透到日常生活中。宋代大儒张载在《西铭》中宣称"民，吾同胞，物，吾与也"，"凡天下疲癃残疾茕独鳏寡，皆吾兄弟之颠连而无告者也"[3]。宋代救济事业的发展，无非是国家的"仁政"或地方上有能力者的"仁心"所致。

历代贤明帝王和志士仁人以儒家"仁"的学说作为其指导思想并在政治统治中努力体现出来。孟子主张"善与人同"，这对后世影响较大，明代同善会即取义于此。明代无锡同善会的创始人高攀龙在《同善会序》中说："夫善，仁而已。夫仁，人而已。夫人，合天下言之也。合天下言人，犹之乎合四体言身，吾于身有尺寸之肤，刀斧封割而木然不知者乎？吾于天下有一人颠连困苦，见之而木然不动于中者乎？故善者，仁而已矣。仁者，爱人而已矣。"[4] 从爱人的心怀出发，必然导致博施济众的行为，这正是他创建无锡同善会的思想基础。黄晟杰在

---

[1] 杨伯峻译注：《孟子译注》，中华书局1960年版，第79~80页。
[2] 杨伯峻译注：《孟子译注》，中华书局1960年版，第16页。
[3] （明）王夫之：《张子正蒙注》，中华书局1975年版，第316页。
[4] （明）高攀龙：《高子遗书·同善会序》。转引自王卫平、黄鸿山、曾桂林：《中国慈善史纲》，中国劳动社会保障出版社2011年版，第4页。

《兴善堂会序》中对举办善堂的好处有一段妙论:"或以私善其身,邻里称善良足矣,然性之善不若共行之善之能公也。或又以修善于家,乡党称善士足矣,然而暂行之善不若常行之善之能广。"[1]清代湖北东湖知县金大镛论新建育婴堂缘由则说:"恻隐之心,人皆有之。稚子失母,邻里为之抚然;途有弃婴,行路为之惆怅,而况于为民父母者乎?"[2]宋明以来,中国社会崇礼之风大盛,儒者参与和领导乡约、正俗、保甲、赈灾、恤贫等社会自治和互助事业,就是这种仁爱思想的实践。

2. 道教慈善救济观。老子认为统治者"损不足以奉有余"[3],造成了老百姓生活的艰难困苦,他提出效法自然界"损有余而补不足"[4],学有道的贤者圣人"能有余以奉天下"。[5]只要人们都清心寡欲,"圣人不积,既以为人,己愈有;既以与人,己愈多","圣人之道,为而不争"[6],"甘其食,美其服,安其居,乐其俗"[7]的理想社会就会来临。庄子亦主张"富而使人分之"[8],救济贫者。此外,庄子认为,为政者养育百姓,应"爱人利物",应效法"古之畜天下者,无欲

---

[1] 黄晁杰:《兴善堂会序》,载光绪《大冶县志续编》第四卷《建置志》。转引自黄永昌:《传统慈善组织与社会发展——以明清湖北为中心》,光明日报出版社2012年版,第188页。

[2] 金大镛:《东湖县改建育婴堂记》,载同治《续修东湖县志》第二十六卷《艺文志》。转引自黄永昌:《传统慈善组织与社会发展——以明清湖北为中心》,光明日报出版社2012年版,第188页。

[3] 李存山注译:《老子》,中州古籍出版社2004年版,第101页。

[4] 李存山注译:《老子》,中州古籍出版社2004年版,第101页。

[5] 李存山注译:《老子》,中州古籍出版社2004年版,第101页。

[6] 李存山注译:《老子》,中州古籍出版社2004年版,第106页。

[7] 李存山注译:《老子》,中州古籍出版社2004年版,第104页。

[8] 刘建国、顾宝田译注:《庄子译注》,吉林文史出版社1993年版,第226页。

而天下足,无为而万物化,渊静而百姓定"[1]。《太平经》认为天地的一切财物都是天地中和之气所在,不应被私人所独占,"此财物乃天地中和所有者,以共养人也,此家但遇得其聚处,比若仓中之鼠,常独足食,此大仓之粟,本非独鼠有也。小内之钱财,本非独以给一人也,其有不足者,悉当从其取也。愚人无知,以为终古独当有之,不知乃万户之委输,皆当得衣食于是也"[2]。由此提出了乐以养人、周穷救急的慈善观,若"积财亿万,不肯救穷周急,使人饥寒而死,罪不除也,或身即坐,或流后生"[3]。道教提倡用财富满足生活必需以后,还有更多有益的用途。《太上感应篇》说,矜孤恤寡,乐人之善,济人之急,救人之危[4],这些都被列为26条善行之中,而做到这些,就全要仰仗财富的支持。东汉末年道教的张鲁就在蜀中广开义舍,无偿提供米、肉给当地百姓,这是扶贫济困的善举。道教还将财富的概念作了最大程度上的延伸。金钱、物质是财富,而诸如知识、技能、名望、影响力这些凡是有利于他人和社会的,都可视为财富。道教从自身教义出发,形成了自己独特的财富观和社会观,其慈善的传统历史久远、影响广泛。[5]

3. 佛教慈善救济观。慈悲观念是佛教教义的核心。在处理

---

〔1〕 刘建国、顾宝田译注:《庄子译注》,吉林文史出版社1993年版,第217页。

〔2〕 罗炽主编:《太平经注译》(上),西南师范大学出版社1996年版,第423页。

〔3〕 罗炽主编:《太平经注译》(上),西南师范大学出版社1996年版,第418页。

〔4〕 《太上感应篇》,载袁啸波编:《民间劝善书》,上海古籍出版社1995年版,第4页。

〔5〕 参见刘金豪:《财富皆有道——简论道教的财富观》,载《中国道教》2011年第4期。

人际关系时,佛教道德是以利他平等为旨趣的。这种利他主义道德观,在佛教中称为慈悲。《观无量寿经》上称"佛心者,大慈悲是",即是说佛教以慈悲为本。慈悲者,怜爱、怜悯、同情之谓也。在梵文里,"慈"与"悲"本来是有区别的,《大智度论》第二十七卷说:"大慈与一切众生乐,大悲拔一切众生苦;大慈以喜乐因缘与众生,大悲以离苦因缘与众生"。慈心是希望他人得到快乐,慈行是帮助他人得到快乐。悲心是希望他人解除痛苦,悲行是帮助他人解除痛苦。这种佛教利他主义道德观的具体实践是布施。布施是梵语音译"檀波罗蜜多"或"檀那波罗蜜多",即以慈悲之心施舍给众生财物等利益之事。[1]《大乘义章》第十二卷说:"言布施者,以己财事分布与他,名之为布;惙己惠人,目之为施。"在大乘佛教菩萨"四摄""六度"中,布施皆列第一。布施一般分为财施、法施和无畏施。财施主要是对在家人而言,其中以金银财物、饮食衣服等惠施众生,谓之外在施;以自己的体力、脑力施舍于人,如助人挑水担柴、参加公益劳动等,称为内在施。法施主要是对出家人而言,即顺应人们请求,说法教化。无畏施是指急人所急、难人所难,随时助人排忧解难。布施的极端即是舍身,如佛经中所说舍身投虎、割肉贸鸽等故事即由此而生。布施的行为完全是出于怜悯心、同情心和慈悲心,而不带有任何功利目的,具有利他的性质。在深受佛教熏陶的中国人眼里,布施以及基于博爱思想的不杀生是最主要的善行。[2]

在佛教中国化的过程中,原始佛教的慈悲观在中国也发生

---

[1] 参见张映伟:《大乘佛教的慈善观及其现代意义》,载《中国宗教》2009年第8期。

[2] 参见王卫平、黄鸿山、曾桂林:《中国慈善史纲》,中国劳动社会保障出版社2011年版,第5~6页。

第二章　中外慈善文化与慈善意识比较

了变化，基于利他平等的慈悲精神的布施行为，转而以"福田"思想为指导。"福田"梵语为"Punya-ksetra"，即能生福德之田，原指佛教徒行了布施，就以此积累了功德，犹如农夫播种于田，就有秋收之利，若行善布施种下利人救济之善事，就能受之于福报。因此，"福田"思想即以此劝导世人广行施贫救苦等善举，多积功德，以助其成就佛果。根据布施对象不同，"福田"有不同种类。起初，"福田"仅指对佛的布施，后来延及法、僧，进而推广至父母、师长、贫困孤独者以至于畜生。如《优婆塞戒经》供养三宝品第十七认为福田有三种，即"报恩田者，所谓父母、师长、和尚；功德田者，从得暖法乃至阿耨菩提；贫穷田者，一切穷苦困厄之人"[1]。即以供养父母为恩田，供佛为敬田，施贫为悲田。《像法决疑经》说："敬田者即是佛法宝，悲田者贫穷孤老乃至蚁子。此二种田，悲田最胜。善男子，若复有人，多饶财物独行布施，从生至老，不如复有众多人，不同贫富贵贱，若道若俗，共相劝他各出少财聚集一处，随宜布施贫穷孤老恶疾重病困厄之人，其福甚大"[2]。《梵网经菩萨戒本疏》阐述了四种福田，即一恩田，谓父母师主等；二德田，谓三宝等；三悲田，谓饥穷众生等；四苦田，谓困厄众生等。《梵网经菩萨戒本疏》卷五中亦提出八福田，即一造旷路美井，二水路架桥，三平治险路，四孝事父母，五供养沙门，六供养病人，七救济危厄，八设无遮大会。[3] 这是佛教教义中

---

[1] 参见（唐）释道世：《法苑珠林校注》，周叔迦、苏晋仁校注，中华书局2003年版，第663页。

[2] 转引自梁其姿：《施善与教化：明清时期的慈善组织》，北京师范大学出版社2013年版，第22页。

[3]《梵网经菩萨戒本疏》阐述的四种福田和八福田思想，参见陶新宏：《佛教福田思想与社会慈善事业》，载《青海社会科学》2013年第1期。

最有影响力的慈善思想。南北朝时的六疾馆、孤独园、唐宋时期的悲田养病坊、福田院就与佛教信仰有密切关系。

从佛法的角度来看，合理支配财富是关系人生幸福和社会安定的根本。那么，怎样才能合理使用财富呢？《涅槃经》提到一人到七宝山获得珍宝，他回来后"奉养父母，赈给宗亲"[1]。《杂阿含经》说："一份自食用，二份营生业，余一分藏密，以抚诸贫乏。"[2] 财富的正确使用方法是，将自己的收入分为四份，分别用于生活所需、储蓄、投资和慈善。用于慈善事业的布施，能使财富真正地发挥自己的作用。

佛教寺院经常参与铺路架桥、施药治病、救灾济贫等公益事业和救济活动，是佛教"福田"思想的一个方面。如崇善禅寺"近村往来病涉，建桥梁四处，以便行人"[3]。寺院可为游人提供住宿等方便，寺院多有闲房，还能为那些非游览者提供住宿。对那些无家可归、无食可餐的穷人，寺院常常提供住房、斋饭救济。[4]

（四）慈善功用观

1. 儒教慈善功用观。儒家主张和向往大同世界，提出了大同思想。儒家大同思想的形成，应该说与孔子主张的财富均分、反对贫富悬殊有关。《论语·季氏》说："丘也闻有国有家者，不患寡而患不均，不患贫而患不安。盖均无贫，和无寡，安无

---

[1]（北梁）昙元谶译：《涅槃经》（下），林世田等点校，宗教文化出版社2001年版，第537页。

[2] 参见释济群等：《宗教的财富观》，载《中国宗教》2001年第5期。

[3]（明）葛寅亮撰：《金陵梵刹志》，何孝荣点校，天津人民出版社2007年版，第286页。

[4] 参见何孝荣：《明代南京寺院研究》，南开大学1998年博士学位论文，第249页。

第二章 中外慈善文化与慈善意识比较

倾。"[1]在孔子看来,一个安定和谐的社会,财物平均分配是最重要的,物同一体,无贫富差别,人人和睦相处才是理想社会。《礼记·礼运》描述大同社会时说:"大道之行也,天下为公,选贤与能,讲信修睦。故人不独亲其亲,不独子其子。使老有所终,壮有所用,幼有所长,矜、寡、孤、独、废疾者皆有所养。"[2]大同社会人与人之间诚信和睦,互相亲爱,推己及人。大同思想对中国历代社会思想产生了深刻的影响。陶渊明的《桃花源记》就展现出一幅同耕共织、安居乐业的世外桃源的生活画卷。此外,洪秀全的《原道醒世训》、康有为的《大同书》等皆受此影响。可以说,大同思想为后世举办慈善事业引向一条通往美好前景的路途,使得许多乐善好施的仁者以"人饥己饥、人溺己溺"[3]的精神,孜孜不断地致力于济贫弱、助危困的社会慈善活动,以期天下成一家。

2. 道教慈善功用观。道教的慈善功用观主张善恶报应,这是一种必然的伦理律令,在道家经典中被反复申述。如:"积功累仁,祚流百世""施恩布德,世代荣昌""人行善恶,各有罪福,如影之随形,响之应声"等。其实,这是殷商时代就有的"积善余庆""积恶余殃"之说的进一步阐说,以及世俗化。如《周易》所说:"积善之家,必有余庆;积不善之家,必有余殃。"[4]《尚书·商书·伊训篇》说:"惟上帝不常;作善,降之百祥;作不善,降之百殃。"[5]上古时期提出的善恶观念,

---

[1] 杨伯峻译注:《论语译注》(简体字本),中华书局2006年版,第195页。
[2] (清)孙希旦撰:《礼记集解》,中华书局1989年版,第582页。
[3] 语出《孟子·离娄下》第二十九章:禹思天下有溺者,由己溺之也;稷思天下有饥者,由己饥之也,是以如是其急也。
[4] 徐志锐:《周易大传新注》,齐鲁书社1986年版,第30页。
[5] 陈戍国点校:《四书五经》(上),岳麓书社2014年版,第232页。

——被道家（教）继承和发扬，并屡屡论及。老子指出"天道无亲，常与善人"[1]，宣扬天道赏罚应时，扬善惩恶。庄子提出"为善近无名，为恶无近刑"[2]，以此可达到保身全生、养亲、尽年的目的。

东晋葛洪在《抱朴子》中宣扬一种极具神秘色彩的因果报应思想，并将儒家的纲常名教与道教长生成仙的教义相结合。他说："若德行不修，而但务方术，皆不得长生也。"[3]告诫道众欲想长生成仙，不能光靠内修外养等方术，还须积善立功，为人多谋利益。他说："欲求长生者，必欲积善立功，慈心于物，恕己及人，仁逮昆虫，乐人之吉，愍人之苦，赒人之急，救人之穷，手不伤生，口不劝祸，见人之得如己之得，见人之失如己之失……如此乃为有德，受福于天，所作必成，求仙可冀也。"[4]换言之，他要求所有信奉金丹道教的人在处理人与人的社会关系时，都要做到"乐人之吉，愍人之苦"，周急救穷，见到别人受损失如同自己受到损失，见到别人有所得如同自己有所得一样，推己及人，自觉行善。后来，人们将《抱朴子·内篇》中的《对俗》《微旨》的内容进一步阐发，改编成通俗的道教劝善书，对后来民间慈善事业的发展产生了深远影响。葛洪所提出的这些道德行为准则相承日久，至明清之际发展成影响甚广的功过格。[5]

宋代以来出现了若干民间善书，它们以道教经典为核心，

---

[1] 李存山注译：《老子》，中州古籍出版社2004年版，第103页。
[2] 韩星选释：《道家箴言录》，内蒙古人民出版社1997年版，第54页。
[3] 王明：《抱朴子内篇校释》，中华书局1980年版，第47页。
[4] 王明：《抱朴子内篇校释》，中华书局1980年版，第114~115页。
[5] 参见周秋光、徐美辉：《道家、佛家文化中的慈善思想》，载《道德与文明》2006年第2期。

又糅合儒家和佛教思想，宣扬因果报应，对后世影响深远。广泛流传于南宋初年的《太上感应篇》以道司命神"太上君"规诫的方式，宣扬善恶报应，提出"善恶之报，如影随形"。如果人们笃行善事，那就"人皆敬之，天道佑之，福禄随之，众邪远之，神灵卫之，所作必成"。反之，若犯有恶行，司命神"随其轻重，夺其纪算……算尽则死"[1]。这种以行恶遭祸减算、损害现实利益的劝诫，对注重现世利益、希求福寿的中国人来说，具有很大的吸引力。绍定六年（1233年），宋理宗在《太上感应篇》卷首御书"诸恶莫作，众善奉行"，更加促进了《太上感应篇》的流布。大约在同时期，道教的另一部重要的劝善书《文昌帝君阴骘文》也刊行于世，民间行善之举蔚然成风。

道教经典《太平经》中提出"乐生""好善"的教义，主张"乐以养人""周穷济急"[2]。还提出"承负说"，宣扬善恶相承负，现世的福祸是先人行为的结果，又会影响子孙后代，成为后世慈善活动的依据。"承负说"是在"积善余庆，积恶余殃"的善恶报应论和天人感应思想的基础上发展而来的。它认为，任何人的善恶行为不仅影响自身，而且对后世子孙也产生影响；而人的今世祸福也都是先人行为的结果。如果祖宗有过失，子孙也要承负其报应，善恶相承负的范围是承负前五代，流及后五代。"承负说"还提出，如果自身能行大善，积大德，就可避免祖先的余殃，并为后代子孙造福；如果从恶不改，神灵将依据其行为赏善罚恶，毫厘不爽。"承负说"还为人们指明了行善积德、可免余孽的行动方向。这种思想在以血缘关系为

---

[1]《太上感应篇》，载袁啸波编：《民间劝善书》，上海古籍出版社1995年版，第3~6页。
[2] 王明编：《太平经合校》（上册），中华书局1960年版，第60页。

纽带的中国封建社会，对扬善惩恶自有其特殊意义。在民间社会，人们暗暗地做好事、修阴功，其慈善活动的思想即可上溯于此。由此而论，"承负说"的提出，不仅推动了后世道教众徒力行善事义举，而且在中国民间社会也产生了不少影响。[1]

3. 佛教慈善功用观。佛教的因果报应、业报轮回思想对俗人影响最大，在一般人心目中，业报轮回就是佛教的基本观念。佛教宣扬善有善报，行善积德可以使人超脱轮回，往生西方极乐世界。中国佛教为实现劝善化俗的目的，提出了因缘业报说，也称作"果报论"。佛教认为，"业有三报：一现报，现做善恶，现受苦乐。二生报，今生作业，来生受果。三后报，或今生受业；过百千生方受业"[2]。善恶行为的潜在力量在时空中承续相沿，生起一种"业力"，它将带来或善或恶、或苦或乐的因果报应，由前世引发至今世，并延伸至来世，便形成善业善果、恶业恶果的业报轮回。这种业报轮回之说，给人以这样的伦理启示：今生修善德，来世升入天界；今生造恶行，来世堕入地狱。佛教因缘业报说有别于道教"承负说"和儒家的"积善余庆，积恶余殃"思想。"承负说"是一人作恶，殃及子孙；一人行善，惠及子孙，其范围为前后五世。儒家的"积善余庆，积恶余殃"思想属单线的报应论，局限于一个人的今生。而佛教的因缘业报说是一个人的前世、今世和来世的业力轮回，有其理论的圆通性。佛教的这种业报轮回说一经传入中土便同中国早已有之的"积善余庆，积恶余殃"思想相合拍，因而使善恶果报理论更加丰富。"倾家财，发善意，其功德巍巍如嵩泰，悠

---

〔1〕 参见周秋光、徐美辉：《道家、佛家文化中的慈善思想》，载《道德与文明》2006年第2期。

〔2〕 尚海、傅允生主编：《四大宗教箴言录》，中国广播电视出版社1993年版，第316页。

第二章　中外慈善文化与慈善意识比较

悠如江海矣。怀善者应之以祚，挟恶者报之以殃，未有种稻而得麦，施祸而获福也。"[1] 像这样的善恶果报之说，十分通俗，在佛教经卷中比比皆是，更容易为下层民众所接受，也便于行善。佛教的因缘业报说渗透社会伦理生活，唤醒了众多人的道德自觉与自律，使人们意识到"善恶报应也，悉我自业焉"[2]，"思前因与后果，必修德行仁"[3]。从某种意义上说，因缘业报说更具威慑力地规范着人们的善恶行为，并进一步充实了中国民间社会的伦理观念。由于对来世受苦受难的恐惧，人们注重对自身的修养，广结善缘，尽量地积善积德，踊跃参加修桥补路等活动，这使民间慈善活动和社会公益事业持续不衰。[4]

中国文化以包容著称，儒、释、道三教在历经千年冲突与互相渗透后，到唐宋后走向三教合一，并且日益平民化。"远处烧香，不如近处造福。"很多善行义举均有宗教色彩，其参与人，很多就是善信或出于祈福还愿等宗教目的。近代思想家郑观应指出："世间第一好事，莫如救济"，"救济之功可以赞化育，救济之事可以参天地"[5]。对于行善者而言，许多善行义举具有"宗教"价值，包含祈福免灾的初衷。清末，湖北松滋八旬老翁谭国明毅然倾尽家产，计水田十石余，价值达四千两之多，捐助倡办育婴。当被问及为何不留与子孙时，他陈述道：

---

[1]　尚海、傅允生主编：《四大宗教箴言录》，中国广播电视出版社1993年版，第316页。

[2]　智圆：《四十二章经序》，载石峻等编：《中国佛教思想资料选编》（第3卷·第1册），中华书局1987年版，第118页。

[3]　印光著、黄夏华主编：《印光集》，中国社会科学出版社1996年版，第20页。

[4]　参见周秋光、徐美辉：《道家、佛家文化中的慈善思想》，载《道德与文明》2006年第2期。

[5]　夏东元编：《郑观应集》（上册），上海人民出版社1982年版，第43页。

"水旱频年,穷黎困苦,自活为难,有婴不举,赤子坠地无罪就死者……今以垂死无用之产,为初生积命之资,是老人之生有尽,而赤子之生机无穷也。……见世之积产贻子孙者多矣,或数年而产已易姓矣,或数十年而产已易数姓矣。非贻谋之不诚也,子孙席祖父之业,往往习为宴安淫逸,不旋踵而致倾覆。是利之实以祸之也。夫留吾产以祸及子孙固不若去吾产以利子孙,且得以利他人子孙也。"[1] 他的陈述从一个侧面印证了中国传统慈善思想的生命力。

二、中国传统家族文化与慈善事业

在传统社会,家是中国社会的基础与骨干。作为家的扩大与复杂形态的家族则是一个相对独立的社会组织,它担负着多种社会功能,是人们生产和生活的主要单位,具有特定的生活方式、关系网络及行为规范,表现出一定的文化特征和功能。因此,从一定意义上说,家族也是一个特殊的文化系统。中国家族有以下三个特征:①在情感方面,家族亲情建立在血缘基础上;②在人伦秩序层面,家族具有伦理性,家族中人与人之间的关系首先体现为一种尊卑上下、贵贱长幼的伦理秩序;③在价值理想层面,体现在敬宗收族,通过祠堂、家谱等设施和制度,维系家族团结和绵延。在家族文化熏染下生长的家族慈善具有如下明显的特征:

(一) 慈善救助以血缘亲情为基础

家族建立在以血缘为基础的社会关系上,家族成员具有以血缘为基础的亲情,这是人类最基本的情感。宋袁采在《袁氏

---

[1] (清)黄燮清:《育婴堂记》,载光绪《荆州府志》第十一卷《建置志四·善堂》。转引自黄永昌:《传统慈善组织与社会发展——以明清湖北为中心》,光明日报出版社2012年版,第190页。

世范》中说:"父母见诸子中有独贫者,往往念之,常加怜恤,饮食衣服之分,或有所偏私。子之富者,或有所献,则转以与之。"[1] 父母面对不同生活境况的子女,尤其是生活贫困、难以为继的子女,适当加以照顾,伸出援手,慈爱意识表现得极为明显。全族人都出自同一祖先,本来就是一体的,即使"一族之人,有贤有不肖,当体祖宗均爱之心,曲加扶持保护,不使一人至于失所。……若专己自私,不相顾恤,有伤一体之谊,是为得罪祖宗,不孝孰大焉!"[2] 既然于"鳏寡孤独废疾之人,皆天民之穷而无告者也,他人遇此,犹将恻然动念,思有以矜恤之,况在宗族而可漠不相关?……损衣衣之,损食食之,衣食不足,曲为之所,凡有可为,勿惜余力。均为祖宗遗体,苦乐何忍绝弃?养其肩背而断其一指,能无痛乎?"[3] 在近代,"江南义庄赡族或以贫乏为主,或以亲疏为等,命意立法有所不同"[4],"一则以济贫为义,一则以亲亲为义,相辅相成,并行不悖"[5]。义庄以赡族为抓手,辅以庄规伦常约束,既为族人提供了一定的生活保障,也在客观上调适了族群关系,维护了基层社会的稳定。

(二)家族慈善主要面向家族成员

家族观念基于血缘、地缘而形成,基于家族观念进行的家族慈善在相同的宗族成员之间互助较多,而对超出宗族范围的

---

[1] (宋)袁采撰:《袁氏世范》,中华书局1985年版,第67页。
[2] 从余选注:《中国历代名门家训》,东方出版中心1997年版,第141页。
[3] 从余选注:《中国历代名门家训》,东方出版中心1997年版,第141~142页。
[4] 李学如、王卫平:《近代苏南义庄的宗族保障制度》,载《中国农史》2015年第4期。
[5] 王国平、唐力行主编:《明清以来苏州社会史碑刻集》,苏州大学出版社1998年版,第263页。

其他人救助则很少。家族慈善的救助对象主要是家族成员,家族成员之间具有亲疏远近之别,从而使救助对象的选择上按血缘关系由近及远、由亲到疏的原则确定,体现出极大的"差序格局"[1]特性。在近代,苏南义庄的赡助对象一般是始迁祖或支祖以下的子孙。如吴中陶氏迁吴始祖"始于袭职千户靖侯公",十三世孙候选员外郎陶筱建浔阳义庄,"凡吴中陶氏之出自靖侯公者,皆得与春秋时飨,而其间嫁娶丧葬之相助,困苦无告之周恤,盈缩增损,略如范氏义庄之例"[2]。一些义庄则将赡助对象限定在建庄者所在的直系支派,如武进龙溪盛氏义庄开宗明义:"义庄为我族内房分设也,外房二西分、大东分不与焉"[3]。即便建庄支派,其族众与建庄者之间的血亲距离亦有亲疏之别。亲者行亲亲之义,疏者行济贫之义。武进盛氏有两所义庄,其中苏州留园义庄,主要为建庄者子孙所建,"悉本文正规矩,不以贫富为差,而以亲疏为等"[4],带有明显的宗族福利色彩。正如著名社会学家杨懋春说:"在家族最主要的功能实际上是保证不让一个家族成员挨饿或受难。一对贫困、无子女、无以为生的老夫妇多少会得到家族的定期资助;如果男孩在能够自理前就失去了父母或近亲的照顾,家族也有责任把他抚养大,并保证他能自谋生路。……在贫穷的家族中,家庭没有多少交往,缺少互助的精神,而在繁荣兴旺的家族中,情

---

〔1〕 费孝通:《乡土中国 生育制度》,北京大学出版社1998年版,第28页。
〔2〕 (清)沈德潜:《归愚文钞余集》第四卷《陶氏义田记》。转引自李学如:《近代苏南义庄与地方社会研究》,上海三联书店2016年版,第267页。
〔3〕 盛文颐主修:《龙溪盛氏宗谱》第二十三卷《拙园义庄全案·筹支给》。转引自李学如:《近代苏南义庄与地方社会研究》,上海三联书店2016年版,第267页。
〔4〕 王国平、唐力行主编:《明清以来苏州社会史碑刻集》,苏州大学出版社1998年版,第263页。

况则相反,家族成员既有愿望又有财力照顾同族的穷人、老人和受难者。"[1]

(三) 家族慈善具有伦理道德性

梁漱溟认为中国传统社会是"伦理本位",这种伦理本位首先发轫于家庭。孔子提出"君君,臣臣,父父,子子"[2],父子之间要有上下尊卑秩序,子女对父母要尽孝,做到"敬"[3]"生事之礼""死,葬之以礼,祭之以礼"[4];孔子引《尚书》说"友于兄弟"[5],兄长对弟弟友爱;"弟子,入则孝,出则弟"[6]。孟子讲"父子有亲,君臣有义,夫妇有别,长幼有序,朋友有信"[7],这表明家族具有鲜明的伦理性,强调父慈子孝、夫义妻顺、兄友弟恭,家族慈善救助对象也选择遵守家族伦理道德的家族成员。南宋宁宗嘉定六年(1213年),范仲淹六世孙范良在《续定规矩》中规定:"诸房闻有不肖子弟因犯私罪听椟者,罚本名月米一年;再犯者,除籍,永不支米(奸盗、赌博、斗殴、陪涉及欺骗善良之类,若门户不测者,非)"[8],

---

[1] 杨懋春:《一个中国村庄——山东台头》,张雄、沈炜、秦美珠译,江苏人民出版社2001年版,第120页。

[2] 杨伯峻译注:《论语译注》(简体字本),中华书局2006年版,第143页。

[3] 子游问孝。子曰:"今之孝者,是谓能养。至于犬马,皆能有养;不敬,何以别乎?"见杨伯峻译注:《论语译注》(简体字本),中华书局2006年版,第15页。

[4] 孟懿子问孝。子曰:"无违。"樊迟御,子告之曰:"孟孙问孝于我,我对曰,无违。"樊迟曰:"何谓也。"子曰:"生,事之以礼;死,葬之以礼,祭之以礼。"见杨伯峻译注:《论语译注》(简体字本),中华书局2006年版,第14页。

[5] 杨伯峻译注:《论语译注》(简体字本),中华书局2006年版,第21页。

[6] 杨伯峻译注:《论语译注》(简体字本),中华书局2006年版,第5页。

[7] 杨伯峻译注:《孟子译注》,中华书局1960年版,第125页。

[8] 转引自王卫平、黄鸿山:《中国古代传统社会保障与慈善事业——以明清时期为重点的考察》,群言出版社2004年版,第148页。

把扬善惩恶与义庄的赡族行为相联系,加强了对族人伦理道德的要求。明代福建建阳县刘氏义庄赡族规定"患苦乡害及族党者虽贫勿给"[1]。道光三年(1823年)所立无锡安氏《义庄规条》指出:"设义田以赡族而劝惩之意寓焉。族中有孝友敦贞节可风者,为之请旌,所以振纲常而厚风俗也。其注册先孝顺义节之告匮者,次鳏寡孤独废疾之无依者"[2]。不少宗族在其赡族规条中明确指出只有"安守本分"且贫困之人才予赡助,至于游惰之人或"不守本人辱及祖先自取贫困者,全家不给"[3]。宋代以来,几乎所有的宗族在义庄章程或赡族规条中都十分强调对寡妇生活的照顾,康熙五十年(1711年)《来氏赈米条款》中规定:"无夫守志为寡,不拘年给一分,有子亦如之,至成丁母子俱罢给"。常熟《王氏怀义堂义庄规条》中提出:"族中孀妇除给米外,每年加给棉花二十斤以资纺织,俟伊子孙年交十七岁后停给;无子孙之孀妇常给;守寡不终者不给"[4]。而苏州范氏《增定广义庄规矩》、海宁查氏《酌定规条》等更专设有"恤寡""恤茕""励节""恤嫠"等项,表明鼓励妇女守节

---

[1] (清)《麻纱刘氏义庄记》,载嘉靖《建阳县志》(第六卷)。转引自王卫平、黄鸿山:《中国古代传统社会保障与慈善事业——以明清时期为重点的考察》,群言出版社2004年版,第153页。

[2] [日] 多贺秋五郎编:《宗谱の研究》第三部《资料》,第522页。转引自王卫平、黄鸿山:《中国古代传统社会保障与慈善事业——以明清时期为重点的考察》,群言出版社2004年版,第154页。

[3] [日] 多贺秋五郎编:《宗谱の研究》第三部《资料》,第524页。转引自王卫平、黄鸿山:《中国古代传统社会保障与慈善事业——以明清时期为重点的考察》,群言出版社2004年版,第154页。

[4] [日] 多贺秋五郎编:《宗谱の研究》第三部《资料》,第525页。转引自王卫平、黄鸿山:《中国古代传统社会保障与慈善事业——以明清时期为重点的考察》,群言出版社2004年版,第155页。

第二章　中外慈善文化与慈善意识比较

的态度。由此可见清代家族慈善中的道德倾向愈趋浓厚。[1]

（四）家族慈善具有整合性和保障性功能

传统社会里，家是重要的生产生活单位，家内成员间不仅分享财富、经济资源以及相互支持，而且还存在彼此照顾的义务，如赡养老人、抚养婴幼儿以及照顾遭受疾病和残疾的家庭成员等。[2] 家族通过慈善救助，为家族中的贫寒家庭织起了一道保护网，为家族生存和发展提供了重要保障。先秦时期，"赈济贫穷族人"已成为家族救助的首要任务。[3] 汉代的家族救助物品主要是钱粮、布帛等基本生活资料，以保障贫困族人的基本生存需要。[4] 魏晋南北朝时期，家族贫困救助成为民间救济的主要力量；富宗使用俸禄资财帮助贫宗，如荀彧和荀攸"皆谦冲节俭，禄赐散之宗族知旧，家无余财"[5]。在唐代，"宗族共同拥有的丰厚资产为救助宗族中之贫弱者提供了可靠的保证。宗族成员仕宦者也为宗族救助提供了大量经济来源。"[6] 北宋范仲淹首创"义庄"，它是不可分的田产，其收入用来办学或构成互助基金，以从财政上帮助贫困的亲友，其范围大大超过服

---

[1]　参见王卫平、黄鸿山：《中国古代传统社会保障与慈善事业——以明清时期为重点的考察》，群言出版社 2004 年版，第 155 页。

[2]　参见潘屹：《中国传统农村福利探寻》，载《东岳论丛》2014 年第 9 期。

[3]　参见甄尽忠：《试论先秦时期的宗族和宗族社会救助》，载《青海民族研究》2006 年第 3 期。

[4]　参见林兴龙：《汉代宗族救济问题的考察与现实思考》，载《厦门理工学院学报》2010 年第 3 期。

[5]　谢南山：《论魏晋南北朝时期民间社会救济》，载《江西广播电视大学学报》2009 年第 2 期。

[6]　盛会莲：《唐五代社会救助研究》，浙江大学 2005 年博士学位论文，第 137 页。

丧登记所界定的范围。[1] 明清时期,徽州家族通过设置义田、义仓、学田、义屋、义冢等途径开展家族内部救济,帮助贫困族人渡过难关。[2] 家庭和家族保障在传统社会福利体系中具有特殊的地位和作用,是中国传统民间福利的重要类型。[3]

(五) 家族教育和优良家风家训塑造了家族慈善传统

乐善好施、扶贫济困的家风家训与家族慈善具有传承性。家族对子女进行行善积德方面的教育,这对家族慈善有潜移默化的影响,同时又使家族慈善制度化,从而能使家族持续上百年时间。首先,家族注重对家庭成员善良品性的培养。与学校教育不同,家族内部教育重点并非只是对文化知识的培养,而是注重对家族成员进行道德品质教育。明朝朱柏庐在《劝言》中指出:"盖德亦是天性中所备,无事外求,积德亦随在可为,不必有待。"[4] 道德是人性中自带的东西,不需要外部强求。在道德诸要素中,注重与人为善。清代张履祥在《训子语》中表示:"人之为善,只是理所当为,其不为不善,亦由此心之良";"涓涓之流,积为江河;星星之灼,燎于原野,其始至微,其终至巨"[5]。古代家风家训强调善良品性的形成,要从身边事情做起,从小事做起,"勿以善小而不为,勿以恶小而为之",最终达到"止于至善"的境界,慈善自然水到渠成。其次,家

---

[1] 参见[法]安德烈·比尔基埃等主编:《家庭史》(第 2 卷:遥远的世界、古老的世界),袁树仁、姚静、肖桂译,生活·读书·新知三联书店 1998 年版,第 721 页。

[2] 参见陈瑞:《明清时期徽州宗族的内部救济》,载《中国农史》2007 年第 1 期。

[3] 参见毕天云、刘梦阳:《中国传统宗族福利体系初探》,载《山东社会科学》2014 年第 4 期。

[4] (清)陈宏谋辑:《五种遗规》,中国华侨出版社 2012 年版,第 260 页。

[5] 从余选注:《中国历代名门家训》,东方出版中心 1997 年版,第 67 页。

第二章 中外慈善文化与慈善意识比较

族族长注重教育家人和族人乐于助人，不求回报。朱柏庐在《朱子家训》中如此描述："施惠无念，受恩莫忘。凡事当留余地，得意不宜再往。人有喜庆，不可生妒忌心。人有祸患，不可生喜幸心。善欲人见，不是真善。恶恐人知，便是大恶。"[1]一方面，古人将助人为乐视为责任和义务，丝毫不考虑回报与收益，甚至严苛地认为，将所为之"善"让世人知道就不是"真善"。另一方面，他们认为受到别人的帮助，必须铭记在心，要秉持感恩之心，善待别人的恩泽，滴水之恩当涌泉相报。最后，家族注重对族人的教育资助。中国家族文化有崇文重教的传统，信奉"万般皆下品唯有读书高"的儒家教诲。"学而优则仕"的观念深入人心，很多家族都制定了家训家规。山东黄县丁氏家族故宅的楹联上有这样的诗句："古今来多少世家无非积德，天地间第一人品还是读书"，"勤俭持家遵照祖父诒训便为世业，诗书宜兴莫使子孙废读即是福基"[2]。这种传统既与科举考试相关，也与家族繁荣昌盛密切相关，家族往往不遗余力对子弟进行教育。传统社会中的家族非常重视教育，而教育需要有经济支撑。家族在资助教育方面发挥了重要作用。读书人通过科举考试进入上层社会，是提高自身和整个家族的社会地位的主要途径，但参加科举考试所需的费用比较高，"一个童试仅参加府县两试的费用，就要用去10两银子。在清初10两银子通常可以买到10石粮食，相当于一个三口之家全年口粮，甚至是全部家产"[3]，一般的平民家庭很难负担得起，这个时候家

---

[1] 程燕青译注：《颜氏家训·朱子家训》，山西古籍出版社2004年版，第240页。

[2] 李春玲：《明清胶东地区学校教育事业研究》，鲁东大学2016年硕士学位论文，第23页。

[3] 张杰：《清代科举家族》，社会科学文献出版社2003年版，第70页。

族帮助就显得异常重要。此外，明清时期，随着社会经济的发展，出现了许多富商家族，他们为了改变商人"富而不贵"的社会地位，在有了一定的经济基础之后，往往会不遗余力投资教育，使家族子弟入学读书，科考入仕。在这些优良家风的熏染下，中国古代家族行善传统代代相传，为中国古代家族慈善提供了强大的内部驱动力。

三、中国近代慈善思想

1840年鸦片战争后，西方文化，包括宗教文化、慈善文化，传进中国，给中国古代慈善文化注入了新内容，形成了不同于古代慈善文化的新的慈善文化。

（一）西方慈善思想在近代的传入

西方慈善文化对中国近代慈善文化的影响主要是通过两个途径实现的，一是传教士传教，二是媒体介绍与报道西方慈善事业和慈善文化。宗教文化是慈善文化的一个主要来源，正如亨利·艾伦·莫（Henry Allen Moe）所说"宗教乃慈善之母"[1]。近代以来，基督教的财富观和爱人观对中国慈善文化产生了重要影响。基督教认为世上的所有财富都应该属于上帝，教徒都是上帝的子民，教徒所挣到的财富只不过是上帝让其暂时保管而已。教徒散财是其进天堂的途径，更重要的还是一种应尽的义务，尤其是富人更有义务通过捐赠自己的财富来减轻被救助者的痛苦。基督教强调博爱，认为教徒都是上帝的子民，大家都是平等的，倡导"爱人如己"。博爱思想与近现代慈善的本质相吻合，有利于推动慈善事业的发展。

随着国门的打开，各个通商口岸逐渐出现各种西方人设立

---

[1] 转引自Weller、张士江、刘培峰、郑筱筠：《对话宗教与慈善公益》，载《世界宗教文化》2011年第2期。

的印书馆，印发各种宗教书刊。当时洋务派也设立了江南制造局译书处、同文馆等机构，翻译一些西方书籍。这些机构出版、翻译的书刊中也有涉及西方慈善事业，尤其是西方传教士在中国举办的赈灾、育婴和医疗等慈善活动的相关内容。一些报纸如《新知报》和《申报》也介绍和报道西方慈善事业，丰富与发展了中国近代慈善文化的内涵。

（二）教会慈善事业对中国近代慈善思想的影响

鸦片战争之后，基督教会通过在各个通商口岸举办育婴堂、孤儿院、诊所、医院等机构开展慈善事业，其中教会育婴慈善事业的事迹对中国近代慈善文化的影响最大。西方教会在华举办了孤儿院、育婴堂等慈善机构，其"养""教""工"三者相结合的救助理念对中国近代慈善文化产生了很大影响。在慈善救助过程中，"养"是最基本和必备的部分，"教"的内容包括宗教教育、文化知识和职业技能，"工"是指教会搭建平台让孤儿们参加劳动实践。例如，上海圣母院育婴堂在孩子七岁时便将其送到圣母院孤儿院。在这里，女孩子学习刺绣、做花边、编织、缝纫等，并负责勤杂事务；男孩子学习印刷、修琴、画圣像、木工、铁工和其他打杂工，教会同时对他们进行宗教灌输和必要的识字教育。[1] 即使是盲童，教会也会结合实际情况给他们提供劳动实践。例如，"男生做发刷和衣刷，并学编筐和做竹帘，他们也做扫帚、草鞋和棕衣。女生编织许多种毛线和棉线织物……"[2] "养""教""工"并重的救助理念颠覆了中国传统只重"养"而忽略"教"和"工"的消极救助理念，对

---

[1] 参见顾长声：《传教士与近代中国》，上海人民出版社1981年版，第288页。

[2] 中华续行委办会调查特委会编：《1901—1920年中国基督教调查资料》（下卷），蔡咏春等译，中国社会科学出版社1987年版，第765~766页。

中国近代慈善文化产生了深刻的影响。

（三）中国近代的慈善思想

鸦片战争后，一部分仁人志士立足中国传统思想，吸收借鉴西方慈善思想，提出了具有时代特色的慈善思想。

1. 经元善的慈善思想。经元善认为慈善救助有两种做法，"一曰兴农开荒，一曰课工教艺"[1]。他认为兴农开荒"大而费巨"，难以实施，他更看重"课工教艺"。他认为，在当时条件下设立工艺院是课工教艺、惠广泽远的最大善举。院中既推广中国已有之工艺，又创举中国未有之工艺，学习外国的先进生产技术。凡来学艺者均不收费，学成之后义务担任教习，教习时间与学习时间相等。这样，"工艺院教成一艺，则一身一家永可温饱，况更可以技教人，功德尤无限量。""此举不但恤贫，且以保富，不仅可变通赈济，亦可变通一切善堂。"[2] 因此，他建议善堂均可改为工艺院，或者在育婴堂、恤嫠院内"各设小工艺所，俾孤儿长成，可谋生成家，孀妇得资，可赡育后嗣"[3]。

2. 郑观应的慈善思想。在《盛世危言》中，郑观应主张："废八股之科，兴格致之学，多设学校，广植人才，遍兴工艺厂，收养穷民。"[4] 他说："所有无告穷民，各教以一工一艺，庶身有所寄，贫有所资，弱者无须乞食市廛，强者不致身罹法网。"[5] 他还建议："于监狱之外，另设工艺学堂。凡犯罪监禁之人，教以学习工艺，……其所作之工，给予俸值，代为存留，

---

[1] 虞和平编：《经元善集》，华中师范大学出版社1988年版，第245页。
[2] 虞和平编：《经元善集》，华中师范大学出版社1988年版，第246页。
[3] 虞和平编：《经元善集》，华中师范大学出版社1988年版，第246页。
[4] 夏东元编：《郑观应集》（上册），上海人民出版社1982年版，第481页。
[5] 夏东元编：《郑观应集》（上册），上海人民出版社1982年版，第525页。

俟罪满释出之时,全行给算。则茕茕之氓计工得值,技以精而可恃,心以感而知新。是被禁之时不啻代为造福,予以业而立基也。"[1] 郑观应希望政府设置工艺学堂,使狱囚出狱后有一技之长,且能"心以感而知新",重新返回社会,能够自食其力,不再危害社会。

3. 张謇的慈善思想。张謇认为,慈善事业与地方自治、实业、教育等各项自强救亡的举措有着密不可分的联系,而且相辅相成,缺一不可。从事地方自治必须与发展慈善、实业、教育紧密地结合在一起,才能充分发挥其作用,达到预期的目的。他曾比较详细地诠释实业、教育、慈善这三者之间的关系:"以为举事必先智,启民智必由教育;而教育非空言所能达,乃先实业;实业、教育既相资有成,乃及慈善,乃及公益。"[2] 他说:"以国家之强,本于自治;自治之本,在实业、教育;而弥缝其不及者,惟赖慈善。"[3] 张謇将慈善事业与地方自治、实业、教育的发展紧密相连,从新的层面阐述慈善事业的功能与作用,将创办图书馆、博物院、医院、公园等都纳入慈善事业之中,称得上是对中国慈善思想的一大发展。[4]

4. 康有为的慈善思想。康有为认为,慈善福利事业应该无宗族与家国之界限,全由"公养""公教""公恤"等慈善公益机构来承担。他具体的设想是:大同世界里,成年男女自由婚

---

[1] 夏东元编:《郑观应集》(上册),上海人民出版社1982年版,第510页。
[2] 张謇研究中心、南通市图书馆编:《张謇全集》(第4卷·事业),江苏古籍出版社1994年版,第468页。
[3] 转引自虞和平主编:《张謇——中国早期现代化的前驱》,吉林文史出版社2004年版,第88页。
[4] 参见朱英:《论张謇的慈善公益思想与活动》,载《江汉论坛》2000年第11期。

配,无病苦及身后之忧,"长有专门生计之学,老疾皆有所养"[1]。妇女怀孕后,送入公立的"人本院"赡养,进行胎教;婴儿出生后则由公立的育婴院、慈幼院负责养育。大同世界的儿童6岁入小学院,11岁入中学院,16岁入大学院,皆为免费的义务教育。如果人们因工作受伤致残或患病不能工作,均可得到社会举办的医疾院的精心治疗,尽早康复。人到老年,还可以进入养老院、恤贫院,安享晚年,接受公恤。[2] 通过上述社会慈善公益机构公养、公教、公恤,人类就可以达到"老有所终,壮有所用,鳏寡孤独废疾者皆有所养"的大同之世。

5. 孙中山的慈善思想。孙中山从"养民济民"的民生论出发,提出了很多颇具新意的慈善福利主张。这些主张有:一是采取社会救济措施,改善工农大众的苦难生活。二是"安老怀少"的慈善思想。孙中山十分推崇天下为公的大同世界,他认为"大同世界即所谓'天下为公'。要使老者有所养,壮者有所营,幼者有所教"[3]。孙中山还从制度上对安老怀少的慈善事业作了具体的设计:"男子五六岁入小学堂,以后由国家教之养之,至二十岁为止,……二十以后,自食其力;……设有不幸者半途蹉跎,则五十以后,由国家给予养老金……如生子多,凡无力养之者,亦可由国家资养。"[4] 在孙中山眼里,救济贫民这种慈善事业是现代政府应担负的责任。就其总体情况而言,

---

[1] 康有为:《大同书》,古籍出版社1956年版,第280页。
[2] 参见康有为:《大同书》,古籍出版社1956年版,第195~230页。
[3] 中山大学历史系孙中山研究室、广东省社会科学院历史研究所、中国社会科学院近代史研究所中华民国史研究室合编:《孙中山全集》(第6卷),中华书局1985年版,第36页。
[4] 中国社会科学院近代史研究所中华民国史研究室、中山大学历史系孙中山研究室、广东省社会科学院历史研究所合编:《孙中山全集》(第2卷),中华书局1982年版,第323页。

孙中山的主张和康有为的《大同书》所蕴含的慈善观一样，带有浓厚的乌托邦色彩，但它作为一种制度设计，确实在民国政府中产生了一些积极影响。由此而论，孙中山的慈善观在中国慈善思想史上仍占有极其重要的历史地位。[1]

四、当代中国慈善文化和慈善意识

1949年新中国成立后，政府对旧社会中的慈善机构进行了接收和改组，使其成为官办或半官办的慈善机构。政府对慈善认知的偏差导致中国慈善事业在1954—1980年大约30年时间里逐步走向衰息甚至停滞，[2] 也导致中国慈善文化的"断裂"。1994年2月《人民日报》发表了题为"为慈善正名"的社论，1994年4月中华慈善总会成立，中国现代慈善事业开始恢复发展，慈善文化逐步复苏。[3]

（一）当代中国民众个体慈善行为和慈善意识的基本情况

目前中国民众的个体慈善行为表现在以下几个方面：一是参加"慈善一日捐"活动。响应党和政府的号召，民众参加慈善总会组织的一年一度的"慈善一日捐"活动，在活动中捐出一天的工资或收入。参加者主要是政府机关、企事业单位和社区的居民。二是参加临时性的捐助活动。主要是针对大灾害和突发事件进行的捐款捐物活动。近年来各地民政部门和慈善总会在灾害发生时进行募捐，先后组织开展了为印度洋海啸灾区、南方冰雪灾害地区、汶川地震灾区、玉树地震灾区、雅安地震

---

[1] 参见周秋光、曾桂林：《中国慈善简史》，人民出版社2006年版，第225~228页。

[2] 参见周秋光、曾桂林：《中国慈善简史》，人民出版社2006年版，第378页。

[3] 参见张奇林等：《中国慈善事业发展研究》，人民出版社2014年版，第316~319页。

灾区等救灾募捐活动。三是响应政府号召捐赠物品进行对口支援。在对口支援中人们的捐助热情很高。四是参加社区慈善组织倡导的捐助活动。在这方面，社区党支部、居委会工作人员、社区慈善积极分子起到了带头作用。如天津滨海新区新港街道办事处北仑里社区居委会主任组织成立社区福利协会，进行月月捐活动，对社区内困难群体进行救助。

从以上个体慈善行为来看，中国民众个体慈善意识呈现出以下几个特点：第一，慈善意识加强，但仍然比较薄弱。从近年来慈善活动或慈善行为看，平时人们的慈善意识处于潜在的状态中，没有被激发出来。但是遇到重大灾难或事故时人们的慈善之心就会表现出来，就会有强烈的慈善助人意识，这尤其体现在重大自然灾害中人们踊跃捐款捐物的行为上。要采取各种措施进一步培养人们的慈善意识，激发人们的慈善行为，使更多的民众自觉自愿地投身到慈善事业中去。第二，人们的慈善行为呈现出被动参与的特点。前几年，"慈善一日捐"活动由政府统一举办，慈善总会组织实施。人们虽然参加"慈善一日捐"活动，但是可能不清楚捐赠活动的意义，不知道捐款的用途。这说明被动参与式的捐款不利于培养民众发自内心的慈善意识和慈善行为，容易导致人们不愿捐款，影响人们的捐赠意愿和行为。第三，慈善的内涵还有待于进一步扩展。目前很多人对慈善的理解还局限于捐款捐物进行扶贫济困，人们的慈善行为主要表现在捐款捐物上。这说明人们对慈善事业的理解还比较狭隘，需要进一步宣传慈善事业的内容和范围，促使人们更好地理解慈善事业，把它作为社会保障体系的重要补充和一项公益事业。第四，人们对政府与慈善组织的关系认识上可能存在不同的观点。全国大部分省市的慈善总会设在民政局，由民政干部从事慈善工作，特别是在重大自然灾害发生时往往与

第二章 中外慈善文化与慈善意识比较

政府部门一道开展工作。这可能导致人们认为慈善总会就是政府的一个部门，慈善总会搞募捐就是政府搞摊派，这不利于人们慈善意识的培养。

（二）中国民众慈善意识和慈善行为的原因分析

目前中国民众个体慈善意识比过去有所提升，但从总体上看，慈善意识还比较薄弱。影响中国民众慈善意识和慈善行为的因素主要有以下几个方面：

1. 与中国经济发展水平和人们的富裕程度有关。马克思说："物质生活的生产方式制约着整个社会生活、政治生活和精神生活的过程。不是人们的意识决定人们的存在，相反，是人们的社会存在决定人们的意识。"[1] 人们的慈善意识和慈善行为是建立在一定的经济条件或者是一定的收入基础之上的。虽然中国已成为世界第二大经济体，但中国人均收入还不高。据世界银行统计，2018年中国人均GDP为9770.8美元，是世界平均水平的86%，美国的16%，韩国的31%。[2] 一个要做慈善事业的企业家应是一个成功的企业家，只有资产丰厚，才有能力取之于社会，用之于社会。一个普通人只有在吃饱穿暖之后才会更有能力去帮助他人。

2. 与慈善组织公信力不高有关。慈善组织自愿组成，善款善行来自于民，服务于公益，公信力是它成功的关键。一个慈善组织是否有公信力，关键是看它是否透明。也就是说，慈善组织公信力的基础是建立在"透明的玻璃口袋"上的。这是慈善事业发展的根本所在，也是慈善事业取信于民的重要保证。

---

[1]［德］马克思：《〈政治经济学批判〉序言》，载《马克思恩格斯选集》（第2卷），人民出版社1972年版，第82页。

[2] 参见世界银行，https://data.worldbank.org/indicator/NY.GDP.PCAP.CD，最后访问日期：2019年8月18日。

慈善组织的财务制度不透明，会导致资金运用效率不高，若再加上监督机制缺失，很容易引发内部腐败行为。

3. 与平时群众动员情况有关。民众慈善意识和慈善行为的培养离不开政府和社会组织的宣传动员。群众是慈善事业的受益者，也是慈善事业的主体。广泛发动群众积极参与慈善事业能为慈善事业的开展提供保证。宣传和发动在救灾时能够起到很好的效果。但是，日常针对群众的宣传和发动工作的开展就比较困难。一是宣传动员的力度和范围不强。在大灾难和事故面前，宣传部门主管的媒体、政府有关部门都会参加宣传，而在平时一般是由民政部门和慈善总会进行这方面的宣传，由于人员、资金等方面的限制，动员的力度和规模小，不如党和政府来做有效。二是宣传发动需要专业人员和专业知识技巧，但很多街道社区可能在此方面有所欠缺。例如，在社区内针对辖区的贫困人群搞募捐活动，需要进行完备的策划，明确动员的对象、方式、手段、策略等，需要制订完备的方案，需要开展一系列的活动。由于慈善总会、有关街道和社区缺乏社会工作及慈善专业人员，这些活动可能难以开展。三是街道和社区的工作范围广、工作任务多，无暇开展宣传动员活动。目前中国街道办事处是政府的派出机关，政府的很多工作由社区来做，这使得社区工作者承担了过多的行政性工作。在这种情况下，社区工作者忙于完成上级指派的任务，就没有时间组织开展社区慈善及社区公益性的活动。

4. 与中国历史文化传统有关。中国人际关系结构是一种"差序格局"，注重自己家族的兴旺发达。民众往往认为救助家族内贫困者或失业、失学者是天经地义的，而对于外人则不大愿意帮忙。尤其是在本家族内贫困者没有得到救助时，更不会救助外人。家族救济有其温情的一面，为失业和不幸者提供保障，但其褊狭性也显而易见，会削弱人的公共精神，阻碍慈善事业发展。

第二节 外国慈善文化与慈善意识

一、西方基督教慈善观

(一) 贫困观

1.《圣经》的贫困观。在《圣经旧约·创世纪》中耶和华按照自己的形象造人，后来亚当和夏娃违背命令，偷吃智慧果，被神赶出伊甸园。《圣经旧约·箴言》说："富户穷人在世相遇，都为耶和华所造。"[1] 神不看重富人，也不轻视穷人，相反，神眷顾穷人。"他从灰尘里抬举贫寒人，从粪堆中提拔穷乏人，使他们与王子同坐，就是与本国的王子同坐。"[2] 当然，这些穷人不仅是物质上贫穷的人，更指生命中谦卑的人。神保护穷人。"耶和华保护寄居的，扶持孤儿和寡妇，却使恶人的道路弯曲。"[3] 在《圣经·新约》中，耶稣按着这使命，关心每个人的需要。他行神迹是为了人的需要：患病的得医治、瞎眼的重见光明、饥饿的得饱足。他把怜悯穷人的工作做到了最大化，他在论福时说："你们贫穷的人有福了，因为神的国是你们的；你们饥饿的人有福了，因为你们将要饱足；你们哀哭的人有福了，因为你们将要喜笑。"[4] 在拿匝勒讲道时，他引用先知以赛亚的话说："主的灵在我身上，因为他用膏膏我，叫我传福音

---

[1]《圣经旧约·箴言》第22章第2节。
[2]《圣经旧约·诗篇》第113章第7~8节。
[3]《圣经旧约·诗篇》第146章第9节。
[4]《圣经新约·路加福音》第6章第20、21节。

给贫穷人。"[1] 耶稣的弟兄雅各伯在书信中也写道："卑微的弟兄升高，就该喜乐；富足的降悲，也该如此。"[2]《圣经新约·路加福音》说："要尽心、尽性、尽力、尽意爱主你的神；又要爱邻舍如同自己。"[3] 爱邻舍如同自己，就是怜悯有需要的人，无论他们的种族、肤色、信仰，都要爱他们，怜悯他们，怜悯贫穷应该成为我们生活的一部分。《圣经旧约·箴言》说："怜悯贫穷的，就是借给耶和华，他的善行，耶和华必偿还。"[4] 怜悯贫穷是爱的奉献的具体表现，使徒保罗和提摩太说："各人要随本心所酌定的，不要作难，不要勉强，因为捐得乐意的人是神所喜爱的。"[5] 耶稣也曾做过这样的应许："你们所听的要留心，你们用什么量器量给人，也必用什么量器量给你们，并且要多给你们。"[6]

耶稣曾多次警告持有过多财富的危险，在山中施教时，他教导说："一个仆人不能侍奉两个主，不是恶这个爱那个，就是重这个轻那个；你们不能又侍奉神，又侍奉玛门（'玛门'是'财利'的意思）。"[7] 此外，他在回答富少年有关承受永生的问题时，有过一则相当著名的教导："有钱财的人，进神的国是何等的难啊！骆驼穿过针的眼比财主进神的国还容易呢！"[8] 使徒保罗在给罗马教会的书信中写道："你竟任着你刚硬不悔改

---

[1]《圣经新约·路加福音》第4章第18节。
[2]《圣经新约·雅各书》第1章9、10节。
[3]《圣经新约·路加福音》第10章第27节。
[4]《圣经旧约·箴言》第19章第17节。
[5]《圣经新约·哥林多后书》第9章第7节。
[6]《圣经新约·马可福音》第4章第24节。
[7]《圣经新约·路加福音》第16章第13节。
[8]《圣经新约·路加福音》第18章第24、25节。

的心，为自己积蓄愤怒，以致神震怒，显他公义审判的日子来到。"[1] 在写给格林多教会的书信中，他又写道："你们知道我们主耶稣基督的恩典；他本来富足，却为你们成了贫穷，叫你们因他的贫穷，可以成为富足。"[2] 不难发现，囤积财富、财产私有在《圣经》中是受到谴责的行为。《圣经》中的态度，决定了后世教会的贫困观，而这也是后世信徒自愿选择贫困的源头所在。[3]

2. 中世纪的贫困观。中世纪的教会声称，贫困是不可能也不应当清除的，因为它为千千万万渴望拯救的信徒提供了施舍的对象：穷人。教会人士说给穷人施舍就是给上帝谢恩，因为人们无法直接供奉上帝或基督，上帝就特选一批穷人作为他的替代和受纳人。因此，"无论给予他们什么样的帮助，都是给基督本人。"[4] 穷人本身也是中世纪最高美德——谦卑的化身。因此，"穷人是圣洁的"[5]，他们的祈祷最为上帝所喜。17世纪初年一位英国国教牧师在布道中为这种馈赠关系作了很好的注解。他说："富人通过施舍赈济穷人，否则穷人就会挨饿；但穷人通过向上帝祈祷回报更多，富人因此在今世更有福分，而且还会获得来世永生。"[6] 中世纪的教会宣扬"善功得救"，因

---

[1]《圣经新约·罗马书》第2章第5节。
[2]《圣经新约·哥林多后书》第8章第9节。
[3] 参见赵博阳：《中世纪教会济贫法律研究》，华东政法大学2015年博士学位论文，第20页。
[4] Paul Slack, *Poverty and Policy in Tudor and Stuart England*, London New York: Longman Press, 1988, p. 19.
[5] Paul Slack, *Poverty and Policy in Tudor and Stuart England*, London New York: Longman Press, 1988, p. 19.
[6] W. K. Jordan, *Philanthropy in England*, 1480 – 1660, London: G. Allen & Unwin, 1959, p. 183.

此,行善、施舍不再是爱心的自然表露,而是个人进入天堂的必需条件。但是,不分对象的施舍并未给真正的穷人多大帮助。真正穷人大多是老弱病残,他们行动不便,不可能像身强体壮的流浪汉那样四处奔食。1391 年,罗拉德教派的威廉·斯文德比(William Swinderby)说我们"不要给每个不知廉耻的乞丐施舍,他们身体强壮有力,能自己谋生",谁故意给这样的人,"谁就会为支持懒惰而犯罪"。[1] 1655 年,教会史专家托马斯·富勒(Thomas Fulle)更是一针见血地指出:"修道院只是供养了他们制造出来的穷人。"[2]

3. 新教贫困观。16—17 世纪,英国的基督教人文主义者和新教徒坚持基督教文化中的另一传统,即人有"道德自主"。一个人穷或富取决于自身的选择与努力。因此,他们宣称贫困主要是穷人本身懒惰、不知节俭或缺乏远见等原因造成的;治理贫困的根本途径在于教育,在于改造人。在这样一种思想指导下,英国制定了《伊丽莎白济贫法》,通过救助实现人的改造。《伊丽莎白济贫法》一直沿用到 1834 年,不仅大大减轻了英国近代化过程中贫民的痛苦,而且有力地推动了这一时期英国经济的发展。[3]

(二)财富观

1.《圣经》财富观。《圣经旧约》希伯来文的"财富"一

---

[1] Christopher Hill, *Society and Puritanism*, http://www.doc88.com/p-9919131596140.html, 2018, p.62.

[2] Sidney Webb, Beatrice Webb, *English Local Government: English Poor Law History: Part I. the Old Poor Law*, London and New York: Longmans, Green, and Company, 1927, p.17.

[3] 参见向荣:《论 16、17 世纪英国理性的贫穷观》,载《武汉大学学报(哲学社会科学版)》1999 年第 3 期。

第二章　中外慈善文化与慈善意识比较

词内涵十分丰富，包括以下几层含义：①家产、财产；②积蓄、货物、牲畜；③劳动所得；④众多、富裕、宽广；⑤被造之财物，包括天地山川、鸟兽虫鱼等一切"上帝的造物"。《旧约》的财富思想主要表达了两大主题：第一，一切财富来自上帝。上帝作为财富之源仍然主要体现在赐予而非剥夺上。人类及万物的给养追根溯源仍然来自上帝，"他使草生长，给六畜吃，使蔬菜发长，供给人用，使人从地里能得食物。又得酒能悦人心，得油能润人面，得粮能养人心。"[1] 第二，财富是上帝的嘉许，因而也是荣耀和值得赞美的。《旧约》里约伯的故事说明虔诚者终得善果，财富是上帝对信仰者的赏赐。[2] 对财富的充分肯定与对上帝的绝对信仰融为一体，构成了《旧约》财富观的基调。耶稣对财富问题的阐述也始终没有离开过信仰的基石。他在《新约》中表达了这样两个中心思想：一是财富与信仰是相对立的，二是天国的财富优于地上的财富。从某种意义上说，耶稣继承了《旧约》关于财富来自上帝的信仰。他教导信徒："不要为生命忧虑吃什么，喝什么，为身体忧虑穿什么。……你们需用的一切东西，你们的天父是知道的。你们要先求他的国和他

---

[1] 《圣经旧约·诗篇》第104章第14、15节。
[2] 约伯是个好人，行为端正，敬畏上帝，不做任何坏事。他有7000只羊，3000只骆驼，500对牛，500母驴，一大群仆人，是东方人中的首富。一次，耶和华夸赞约伯的正直虔诚，撒旦却说，约伯敬神不都是因为你赐予他的一切吗？你若伸手毁掉他的所有，他必当面背弃你。耶和华允许撒旦对约伯进行一次考验。于是，约伯在转瞬之间连遭天灾人祸：他的牛和驴被抢，羊群被雷电击毙，骆驼被掠。他的儿女全被倒塌的房屋压死，而他自己则从头到脚长满了毒疮。不少人为约伯的遭遇抱不平，对信仰提出质疑。但约伯始终没有放弃对上帝的信仰，他经受住了撒旦的考验。于是，在约伯的晚年，上帝赐福给他，比他早年所得的还多。他拥有14 000只羊，6000只骆驼，1000对牛，1000母驴。他有7个儿子，3个女儿（《圣经旧约·约伯记》）。

的义，这些东西都要加给你们了。"[1] 耶稣在肯定财富来自上帝的同时，又强调财富是信仰的障碍。《新约》所载两则耶稣与财主的故事就生动地表达了这一思想。第一则故事讲的是一个年轻财主，一天，他来向耶稣求问永生之道，耶稣先叫他遵守诫命，他问之后又当如何。耶稣说："你若愿意作完全人，可去变卖你所有的，分给穷人，就必有财宝在天上，你还要来跟从我。"[2] 年轻人听罢，垂头丧气地走开了，因为他太有钱了。于是，耶稣向门徒发表了一段著名评论："我实在告诉你们：财主进天国是难的。我又告诉你们：骆驼穿过针的眼，比财主进神的国还容易呢！"[3] 耶稣在第二则故事中却肯定了另一财主得救的可能。这个财主在耶利哥虔诚地迎候耶稣，对他说："主啊，我把所有的一半给穷人，我若讹诈了谁，就还给他四倍。"[4] 耶稣说："今天救恩到了这家，因为他也是亚伯拉罕的子孙。"[5] 这两则结果迥异的故事恰从正反两面表达了耶稣的同一个思想：财富与信仰是不相容的。如前所述，耶稣曾论过神和财利："你们不能又侍奉神，又侍奉玛门"[6]。

耶稣将财富问题从尘世引向了天国。《圣经新约·路加福音》中有一则故事：一天，有个信徒来找耶稣为他裁决家产纠纷。耶稣并未做出答复，却给众人讲了一个故事："有一个财主，田产丰盛，自己心里思想说：'我的出产没有地方收藏，怎么办呢？'又说：'我要这么办：要把我的仓房拆了，另盖更大

---

[1] 《圣经新约·马太福音》第6章第25~33节。
[2] 《圣经新约·马太福音》第19章第22节。
[3] 《圣经新约·马太福音》第19章第23、24节。
[4] 《圣经新约·路加福音》第19章第8节。
[5] 《圣经新约·路加福音》第19章第9节。
[6] 《圣经新约·马太福音》第6章第24节。

的，在那里好收藏我一切的粮食和财物，然后要对我的灵魂说：灵魂哪，你有许多财物积存，可作多年的费用，只管安安逸逸地吃喝快乐吧！'神却对他说：'无知的人哪，今夜必要你的灵魂，你所预备的要归谁呢？'凡为自己积财，在神面前却不富足的，也是这样。"[1] 在这个故事中，耶稣通过否定世间财富的永恒性而否定了财富的真实性，告诫信徒这样的财富只能提供虚假的安全和满足，并不具有终极意义。与此相反，天国的财富却是永恒的、真实的。耶稣教导信徒把天国本身视为最宝贵的财富，它好比田中的宝藏，珍珠中的珍品。耶稣说："不要为自己积攒财宝在地上，地上有虫子咬，能锈坏，也有贼挖窟窿来偷；只要积攒财宝在天上，天上没有虫子咬，不能锈坏，也没有贼挖窟窿来偷。因为你的财宝在哪里，你的心也在那里。"[2]

2. 中世纪财富观。16世纪西欧城市工商业得以迅速发展，贸易极大地扩张，金融的规模集中，财富急剧增长。在这一背景下，财富成为人们热切追求的对象，哥伦布甚至写道："金子构成财富，谁拥有它，谁就能得到他在尘世所需要的一切，也就有办法把灵魂从炼狱拯救出来，让他们重获天堂的欢乐。"[3] 因此，基督教的改革家不得不对原有的财富观加以修正或者进行变革。马丁·路德（Martin Lurther）仍在为传统教义寻找出路，他说，"人可以拥有财物，但必须懂得善于管理，做财物的

---

[1]《圣经新约·路加福音》第12章第16~21节。
[2]《圣经新约·马太福音》第6章第19~21节。
[3] 转引自卢德之：《资本精神——人类文明协同发展的力量》，东方出版社2016年版，第94页。

主人。使用财富,但不可被财富奴役和使用"[1]。约翰·卫斯理(John Wesley)提出的财富观则是,"尽你所能赚钱,尽你所能节省,尽你所能奉献"[2]。而加尔文则更进了一步,他反对的不是积聚财富,而是为了纵欲或炫耀滥用财富。显然,新教是第一种承认并欢迎经济美德的系统的宗教教义,新教的胜利扫清了使用金钱的所有限制或指导,这就意味着西方世界打通了经济发展所必需的物质资本积累渠道。[3]

3. 新教财富观。行善是基督徒的职责,用清教徒的话说,是他们的"天职"之一。新教徒继承和发展了中世纪托马斯·阿奎那(Thomas Aquinas)关于富人是上帝受托人的思想。按照这种思想,他们只不过是受托管理着上帝恩赐的财富。S. 伯德在1598年写道:"人们之所以不愿施舍,是因为他们认为财产是他们自己的。他们没有考虑到自己只是上帝洪福的执掌者,即受托人。"[4] 他还引申说富人是"穷人的司库",理应从自己受托管理的财产中支付部分给穷人。著名的清教神学家W. 珀金斯(W. Perkins)说:"穷人有权得到每个人财产的一部分,这是上帝的意愿。因此,要是他们不流浪、行乞或号叫啼哭就得不到

---

[1] 转引自张晓立:《财富意识与文明演化:一个美国案例的诠释》,光明日报出版社2013年版,第73页。

[2] 转引自卢德之:《资本精神——人类文明协同发展的力量》,东方出版社2016年版,第94页。

[3] 参见张志鹏:《宗教对积累财富的态度》,载《中国民族报》2009年4月8日,第6版。

[4] W. K. Jordan, *Philanthropy in England*, 1480-1660, London: G. Allen & Unwin Press, 1959, p. 168. 转引自向荣:《论16、17世纪英国理性的贫穷观》,载《武汉大学学报(哲学社会科学版)》1999年第3期。

救济的话，将是一件可耻的事。"[1]

新教徒反对"善功得救"，强调重要的是内心的爱，而不是外在的行为。国王詹姆士说出的一段话反映了这种思想："如果我只是为了名誉而施舍，那么，这是不义的行为；因为那是无效的，凡没有信心的，都是有罪的。"[2] 珀金斯说："不是施舍的物品，而是施主的慈悲之心……才使得施舍成为真正的善事。"[3] 尽管新教徒不把行善作为上天堂的途径，但他们同样有理由重视善事。

行善是"上帝的选民"的标志。英国新教徒信奉加尔文教。加尔文教的核心是"双预定论"。按照这种神学观点，在人们出生之前上帝就已经预定一部分人将蒙受其恩典，得到拯救，另一部分人则被抛弃，受到永罚。由于上帝对自己的决定秘而不宣，人们无法探知自己身后的命运。但是，人们可以从自己的日常生活中找到蒙受恩典的迹象。因为蒙受恩典的人有圣灵指引，会自然而然地履行上帝赋予的世俗责任。清教牧师理查德·巴克斯特（Richard Baxter）认为信仰和善功是不可分割地联系在一起的，一方是另一方的验证。他进一步宣称基督教是"由实践而不是由理论构成的"。因此，归根到底，是我们的善行"使得我们的选民身份确凿无疑"。[4]

---

[1] Margo Todd, *Christian Humanism and the Puritan Social Order*, Cambridge New York: Cambridge University Press, 1987, p. 160.

[2] Christopher Hill, *Society and Puritanism*, http://www.doc88.com/p-9919131596140.html, 2018, p. 64.

[3] Christopher Hill, *Society and Puritanism in Pre-Revolutionary England*, London: Secker & Warburg Press, 1964, p. 246. 转引自向荣：《论16、17世纪英国理性的贫穷观》，载《武汉大学学报（哲学社会科学版）》1999年第3期。

[4] W. K. Jordan, *Philanthropy in England*, 1480-1660, London: G. Allen & Unwin, 1959, p. 183.

(三) 慈善救济观

1. 善待穷人。在基督教教义中，上帝是一位仁慈的圣主，他厌恶贫富差距，要求富人对穷人慷慨解囊，把他们的财物分给需要帮助的穷人。《圣经旧约·箴言》曾多次提倡要善待穷人，不仅要在钱财物资上施以穷人，在审判上也要对穷人公道正义，秉公处理。如："你手若有行善的力量，不可推辞，就当向那应得的人施行。"[1]"怜悯贫穷的，就是借给耶和华，他的善行，耶和华必偿还。"[2]"戏笑穷人的，是辱没造他的主，幸灾乐祸的，必不免受罚。"[3]"周济贫穷的，不致缺乏；佯为不见的，必多受咒诅。"[4]"你当为哑巴开口，为一切孤独的伸冤。你当开口按公义判断，为困苦和穷乏的辨屈。"[5]《圣经旧约·以赛亚书》记载，上帝责问那些一边在禁食祈祷，一边却在欺负穷人的人："我所拣选的禁食，不是要松开凶恶的绳，解下轭上的索，使被欺压的得自由，折断一切的轭吗？不是要把你的饼分给饥饿的人，将漂流的穷人接到你家中，见赤身的给他衣服遮体，顾恤自己的骨肉而不掩藏吗？"[6]基督教主张善待穷人，对待穷人一视同仁，是西方慈善的重要思想来源。

2. 慈爱。在早期希伯来或犹太教文化那里，基督教慈善观被理解成"倾听与回应穷人"这样一种基础性观念，而希腊文化则构建了基督教慈善观另一个基础，即是"慈爱"。在希腊文中，"慈爱"除了表达爱的意思之外，还有对上帝的爱这样一种

---

[1]《圣经旧约·箴言》第3章第27节。
[2]《圣经旧约·箴言》第19章第17节。
[3]《圣经旧约·箴言》第17章第5节。
[4]《圣经旧约·箴言》第28章第27节。
[5]《圣经旧约·箴言》第31章第8、9节。
[6]《圣经旧约·以赛亚书》第58章第6、7节。

第二章 中外慈善文化与慈善意识比较

特殊的含义。这种爱不需要满足,也不依赖于被爱的事物;它是慷慨之爱,它试图传达善,而不是占有它。因此慈爱是创造性和自发的,它源于充盈。"慈爱"的意思是坚定地相信上帝是爱着人类的,爱邻人的人也是为着彼此的。"仅仅是因为上帝在开始无条件地爱我们,我们才被命令去爱上帝,才能够坚定地爱上帝,也才能像爱我们自己一样爱邻人。"[1]《圣经新约》中"慈爱"描述了三种关系:对他人之善的无条件承诺;平等地照顾他人福祉;以及热情地服务他人,为他人而牺牲自我。[2]

3. 爱人如己。《圣经新约·马太福音》第22章中有记载,有人曾问耶稣,律法中哪一条诫命最大。耶稣答:"你要尽心、尽性、尽意,爱主你的神,这是诫命中的第一,且是最大的。其次也相仿,就是要爱人如己。这两条诫命是律法和先知一切道理的总纲。"[3] 耶稣把爱人如己提高到了极其重要的程度,除了爱上帝之外,最重要的就是爱人如己,把它同爱上帝一同视作基督教律法的总纲来加以诠释,足见其对人的关爱和重视。

4. 尊重爱护人。耶稣提倡尊重并爱护人,不仅对穷人,而且对每一个人,即每一个人都会被给予尊重和关爱。在《圣经新约·马太福音》第18章中有记载,耶稣以"迷路的羊"为喻向门徒进道:"你们要小心,不可轻看这小子里的一个……一个人若有一百只羊,一只走迷了路,你们的意思如何?他岂不撇下这九十九只,往山里去找那只迷路的羊吗?若是找着了,我

---

[1] Timothy P. Jackson, *Love Disconsoled*, Cambridge: Cambridge University Press, 1999, p. 12. 转引自毕素华:《论基督教的慈善观》,载《南京社会科学》2006年第12期。

[2] 参见毕素华:《论基督教的慈善观》,载《南京社会科学》2006年第12期。

[3] 《圣经新约·马太福音》第22章第37~40节。

实在告诉你们:他为这一只羊欢喜,比为那没有迷路的九十九只欢喜还大呢!你们在天上的父也是这样,不愿意这小子中失丧一个。"[1] 基督教对人的尊重和关爱,再一次得到了彰显。

（四）慈善功用观

基督教认为,人生来就是有罪的,从他们的祖先亚当和夏娃偷吃智慧果开始。"原罪"是人类世世代代相传下来的罪过,婴儿从一生下来时就在上帝面前成为罪人,"原罪"也是人类一切灾难和罪过的根源。原罪使人背离上帝的真理,分不清是非对错、善与恶,认恶为善,失去上帝的指引和庇护,最终不仅使人陷入迷茫和苦难的深渊,而且使他人和整个世界陷入混乱和灾难之中。尽管上帝的恩典在不断宽恕着人类,但人类叛逆的本性却从未消失。基督教所看到的人性缺陷主要是精神的、价值观上的,尤其是道德价值观上的,强调的是道德的瑕疵。如在《圣经旧约·箴言》中上帝厌恶的主要是人对同类犯下的罪、做出的不道德的行为:"就是高傲的眼,撒谎的舌,流无辜人血的手,图谋恶计的心,飞跑行恶的脚,吐谎言的假见证,并弟兄中布散纷争的人"[2]。任何人都不能解除这一罪恶,只有笃信上帝才能获得灵魂的救赎。《圣经新约·约翰福音》记载:"神爱世人,甚至将他的独生子赐给他们,叫一切信他的,不至灭亡,反得永生。"[3] 因此,基督教主张,人们只有通过虔诚的信仰和深刻的忏悔,广行善举,祈求上帝救赎的恩典,才能够完成灵性升华、道德更新和人性净化。

---

[1]《圣经新约·马太福音》第18章第10~14节。
[2]《圣经旧约·箴言》第6章第17~19章。
[3]《圣经新约·约翰福音》第3章第16节。

二、近代慈善文化和慈善思想

19世纪前后,西方济贫工作规模急剧增长,慈善主体不再局限于教会及王室贵族,新兴的商人阶层逐渐成为慈善捐赠的主力。除早期的宗教思想之外,新兴商人阶层从事慈善事业主要得益于这一时期形成的财富及道德责任观念。

(一)富人施恩文化

随着商人在慈善界影响的增大,许多商人视慈善事业为获得社会声望、寻求事业永生的手段。专业从事慈善工作的博爱主义者开始出现,他们往往是上层精英的代表,胸怀大志,动辄以"全社会""全世界"的幸福为目标,强调向问题的根源动刀。现实生活中,人们并不敬仰富人,而是敬仰对社会有所回馈的富人。这种现象被英国空想社会主义者罗伯特·欧文(Robert Owen)称之为"富人施恩"。

(二)互助文化

除富人施恩文化外,互助行为也在不断增加。互助会在18世纪的欧洲就已经是个非常流行的名称。19世纪中后期,随着工业革命的进行,西方国家的城市中出现了大量的贫困人群和贫困社区。面对这种情况,一些上层阶级的人士自愿到贫困社区和贫困人群中从事服务工作,从而涌现了一批杰出人物,出现了一些社区服务中心,其中最为有名的是英国伦敦的汤因比馆、美国的赫尔馆。这就是19世纪后期的社区睦邻组织运动,其重要特点是尽量发动当地人力、培养自动自发、互助合作的精神,为地方服务。[1]

---

[1] 参见高鉴国主编:《社区工作》,山东人民出版社2013年版,第14页。

（三）个人责任文化

受自由主义思想的影响，西方国家的民众对政府有一种本能的不信任感以及相应的社会责任感，因此不管哪一社会阶层的人，他们捐款都含有一种回馈社会的意识，认为很多事应该交给社会管，实现小政府、大社会的管理模式。这一时期，王室和贵族开展的慈善活动主要局限于农村贫困人口的救济，而新型商人阶层则在城镇中从事捐建救济院、医院、管教所、贫民习艺所、初级学校、大学和市政改善等慈善活动。如 17 世纪中后期，德国遭遇饥荒，各地商人阶层纷纷想办法筹集资金，先后组织了"公爱协会""强迫工作所"等机构，配合议会推选出的志愿委员会开展工作，收容乞丐和贫民，直接促进了汉堡制的形成。18 世纪，英国富有的博爱主义者们发展出了一种全新的捐赠形式——联合慈善事业，将分散的慈善资金集中起来，开展规模更大、影响更广的慈善活动。这些慈善事业一般仍交由宗教组织管理，免费或收取极少的一部分钱再提供衣物、教育、医疗等服务。与此同时，为配合慈善事业的开展，由宗教组织建立的各种志愿组织和慈善组织如各种协会、工会、友善协会、城市教区、地区访问团、母亲协会、节俭协会等纷纷建立并蓬勃发展。1869 年，英国伦敦成立了慈善组织会社，随后统一性的全国性慈善组织也开始建立。1877 年，美国布法罗出现了第一个以解决贫民问题为目标的慈善协会。到 1900 年，美国慈善协会几乎在所有的州都有了分支机构。越来越多的平民也加入慈善事业的行列。据英国 19 世纪 70 年代的研究，当时的大多数英国成年人都参加志愿活动，平均每个人属于 5~6 个志愿组织。

西方慈善理念主要起源于宗教，然而慈善事业的蓬勃发展却在很大程度上得益于政府的重视和新兴商人阶层的推动。在

第二章 中外慈善文化与慈善意识比较

传统宗教慈善思想与近现代商品经济理念与现实的碰撞及相互影响过程中,宗教慈善思想逐步内化成为人们内心之中的道德及责任观念,作为救助个人的慈善开始向作为道德和社会责任的慈善转化,慈善事业逐步走向了世俗化。[1]

(四)科学慈善思想

随着宗教改革与资本主义的兴起,新教伦理和资本主义的价值观念强烈地影响了后世的慈善思想。在1889年6月,美国钢铁巨头安德鲁·卡内基(Andrew Carnegie)创作了著名的《论财富》,该文分为两期在《北美评论》上发表,不久又以"财富的福音"为题传遍欧美。在《财富的福音》一文中,卡内基为西方后世的慈善事业确立了思想基础。

卡内基认为,在资本主义环境中,财富的积累不但合理而且有益。卡内基认为社会的不公平是由竞争法则导致的,而竞争法则所带来的利益,要大于它的代价,"尽管竞争法则有时候对个人而言是残酷了些,但它对整个种族而言却是很好的,因为它确保了适者生存"[2]。因此,财富集中于少数人的手里是这一竞争法则的理性结果,它有益于社会的进步。卡内基认为:"我们应当欣然接受每个人所处境况并不平等、这个世界的许多财富集中到少部分人手中这些事实。"[3]

卡内基认为:"获得财富需要的是能力,而在有生之年如何

---

[1] 参见耿云:《国外慈善事业简论》,中国社会出版社2014年版,第10~13页。

[2] [美]安德鲁·卡耐基:《财富的福音:如何获得财富及有效利用它》,李旭大译,中国言实出版社2005年版,第192页。

[3] [美]安德鲁·卡耐基:《财富的福音:如何获得财富及有效利用它》,李旭大译,中国言实出版社2005年版,第192页。

更好地利用财富需要的也是能力。"[1] 过多的财富,实际上可以有三种不同的处理方式。第一,它可以被传给子孙后代,但对继承巨额财富的孩子是一种负担,而且对他们日后成才不是一件好事;第二,它的拥有者去世之后它被用于公益事业,但人们并不清楚用于公益事业究竟是不是他们的初衷;第三,它可以被其拥有者在有生之年支配,除了自己花费之外,把剩余的财富以纳税或捐款的形式交入国库,要比给每个人分发一小部分财富,更有利于推动人类的进步。[2]

卡内基提出了捐助慈善事业应当考虑的三个方面:第一,它应当被用来帮助那些走正道的人们;第二,一部分人想在获得资助后能够发家致富,随后再拿出钱来帮助其他穷人;第三,只能提供部分资助,不能提供全部资助,以便让受资助的人可以自食其力,避免他们养成依赖捐助、坐享其成的不良习惯。[3] 此外,卡内基还提出了将剩余财富用于慈善事业的最佳领域,包括为社区建立免费图书馆,建立医院、医学院、实验室以及其他一些与解除人类痛苦息息相关的机构,修建公园,用于教堂。[4]

卡内基代表着一种所谓的"自由慈善主义"。这种慈善精神认为某种特殊的道德品性起了关键性的作用,它结合了资本主义和清教的理性精神。它主张捐赠不是为了有钱人精神上的救

---

[1] [美]安德鲁·卡耐基:《财富的福音:如何获得财富及有效利用它》,李旭大译,中国言实出版社2005年版,第153页。

[2] 参见[美]安德鲁·卡耐基:《财富的福音:如何获得财富及有效利用它》,李旭大译,中国言实出版社2005年版,第197~204页。

[3] 参见[美]安德鲁·卡耐基:《财富的福音:如何获得财富及有效利用它》,李旭大译,中国言实出版社2005年版,第209~212页。

[4] 参见[美]安德鲁·卡耐基:《财富的福音:如何获得财富及有效利用它》,李旭大译,中国言实出版社2005年版,第215~244页。

赎,而是为了改善受惠者的品性。所以,任何捐赠都要精心计算其后果,高度理性化。不智的捐赠害多益少,助长懒惰和依赖。如同富兰克林所说:"慷慨并不是意味着多多地捐赠,而是明智地捐赠。"[1] 该思想暗含了西方文化中的"philanthropy"和"charity"的区别,它为后世树立了一个标准的慈善家形象。

在卡内基之前,已有多位先驱者在慈善领域有所探索,但他们大多局限于传统的个人捐赠行为,以出资人的意志为转移,难以取得长远效益。卡内基则是"科学慈善"的开拓者,是对巨额财富的管理与运用做出科学分析的第一人,并且对慈善的最佳领域提出了具体的建议,因此,卡内基可以称得上是"科学的慈善家"。他所揭示的"财富福音"的基本原则,成为影响美国乃至全球现代慈善家的原则。卡内基思想中的"科学慈善"的观念也成为西方基金会制度发展的最重要的思想源泉。[2]

三、现代西方发达国家的慈善文化与慈善理念

(一)福利国家体制对西方发达国家慈善理念的影响

在英国,20世纪20年代艾德礼(Attlee)曾批评19世纪的英国慈善总是呈现出一副骄傲自满和自命不凡的嘴脸,缺乏现代社会所需要的自我批评精神。[3] 二战后艾德礼工党政府坚持国家主义主张,主张政府包揽福利服务责任,对志愿组织则持批评意见,认为是精英主义和业余主义的。1973年理查德·克罗斯曼在一次演讲中回顾福利国家建立初期工党对慈善的态度

---

[1] 转引自薛涌:《慈善事业如何改善财富再分配》,载《南方周末》2006年7月13日。

[2] 参见韦祎:《中国慈善基金会法人制度研究》,中国政法大学出版社2010年版,第24~26页。

[3] See C. R. Attlee, *The Social Worker*, London: George Bell & Sons Press, Ltd., 1920, pp. 9-10.

时说道:"慈善对我们而言是社会寡头和资产阶级观点的可憎表现,我们厌恶慈善募捐时期的志愿医院"。[1] 工党政府出台的政策限制志愿组织作用发挥。通过《社会保险法》,国家不再委托友谊会作为社会保险的管理者。友谊会"在1911年因社会保险'嫁给'了国家,现在却被国家单方面地解除了婚约"[2]。免费的国民健康服务体系以志愿医院的国有化为代价,缩减了志愿行动的活动范围。工党崇尚国家集权,认为社会主义集体福利是国有化目标的内在组成部分,用高度专业化的服务管理人员代替了业余性的志愿工作者。在这种情况下志愿组织发挥作用的领域和范围大为缩小,人们主要依赖国家提供的福利服务,尽管一些志愿服务组织仍然在从事志愿服务,但就整体上来说人们的慈善意识处于低谷。

1951年保守党执政,保守党政府坚持自由主义思想,主张人有结社自由,认为政府的角色应该最小化,尽可能少地干预和管理社会生活;主张志愿组织在个人服务中扮演重要角色,为人们提供服务。鼓励志愿组织挖掘和发挥自身灵活性和创新性的独特优势,加强与志愿组织的合作来补充和完善国家社会服务,成为保守党对志愿组织的基本政策。在1952年纳森委员会关于《慈善信托法及其实施的报告》中,保守党首先高度赞扬了志愿组织在为弱势群体提供服务上具有的特殊优势。它总结道:"与国家行为相比,志愿活动的优势在于其更大的灵活性,志愿组织能够设立新标准或凭借自己的判断力从事新工作,

---

[1] R. H. S. Crossman, "The Role of the Volunteer in the Modern Social Services", *Memorial Lecture*, 1973, in A. H. Hasley ed., *Traditions in Social Policy*, Oxford: Blackwell Press, 1976, p. 265.

[2] House of Lords, Parliament Debates, Hansard, 22 June, 1949, vol. 163, col. 94.

第二章　中外慈善文化与慈善意识比较

它具有创新能力,它能够对遭受不利情形的人和残疾人提供额外的或特殊的服务。"[1] 保守党强调志愿组织在补充和完善国家社会服务上的"锦上添花"和"拾遗补缺"的重要作用,它认为"如今社会福利的公共提供只有在许多志愿工作者的帮助下和最大程度利用志愿组织的前提下才能够顺利开展"[2]。国家与志愿组织合作有三种方式:第一,慈善组织可以通过扮演公共当局的代理人的角色提供社会服务来补充法定社会服务;第二,慈善组织通过提供超出公共当局资源能力的专门服务来填补公共服务;第三,志愿组织可以努力实现在各项服务工作上的形式创新。[3] 由于政府对志愿组织在社会服务中发挥重要作用的认识和出台关于志愿组织基本政策,此时志愿组织扮演了重要角色,提供了若干社会服务,满足了人们多方面的需要,人们的慈善意识也得到提升。彼得·霍尔(Peter Hall)在 20 世纪 50 年代后期的研究中指出,第三部门的活动——即志愿性工作——在过去 40 年中呈现出不断扩大的趋势。[4]

1964 年至 1979 年工党和保守党轮流执政期间,福利国家危机初现端倪,人们也认识到福利国家的弊端,两党政府对志愿组织的认识趋于一致,主张发挥志愿组织的作用。1968 年工党政府《西博姆委员会报告》就非常明确地提到工党政府与志愿组织在社会服务领域中的有效合作需要双方都改变传统的思想

---

[1] Nathan Committee, *Report of Committee on the Law & Practice Relating to Charitable Trusts*, London: H. M. Stationery Office, 1952, p. 56.

[2] Nathan Committee, *Report of Committee on the Law & Practice Relating to Charitable Trusts*, London: H. M. Stationery Office, 1952, p. 63.

[3] See Nathan Committee, *Report of Committee on the Law & Practice Relating to Charitable Trusts*, London: H. M. Stationery Office, 1952, p. 642.

[4] 参见[英]安东尼·吉登斯:《第三条道路——社会民主主义的复兴》,郑戈译,北京大学出版社、生活·读书·新知三联书店 2000 年版,第 85 页。

和观念。该报告充分肯定志愿组织在社会服务中做出的重要贡献，建议未来的社会服务部门在财政上给予志愿组织大力支持。[1] 1973年，保守党在对志愿组织政策顶层设计上跨出了历史性的一步，在中央成立了对志愿组织的政策机构。保守党在内政部下新设志愿服务部门（Voluntary Service Unit，简称VSU），作为指导政府与志愿部门关系的协调机构。志愿服务部门的成立标志着志愿组织开始成为政府社会政策制定中要考虑的一支不可或缺的重要力量。1974年后工党在保守党对待志愿组织的既有政策基础上更进了一步。英国政府对志愿组织的角色和地位开始进行系统评估，1978年沃尔芬登委员会《关于志愿组织的未来》报告诞生。该报告认为慈善部门应当在福利国家中扮演更为重要的角色。一年后，格莱斯顿在其著作《变动世界中的志愿行为》中再次强调了慈善部门在福利国家中的功能。他认为，在一个"偏好导向的社会"中，关注平等与正义的政府将保留为福利提供财政支持的职责，而大多数的福利供给职能应当由志愿性的慈善部门来接管。[2] 由于福利国家面临的财政危机及政府在福利服务提供中的弊端，工党和保守党对志愿组织的认识趋于一致，都把慈善组织作为重要的福利提供者，出台了若干有利于慈善组织发展的政策，进一步提升了人们的慈善意识。

20世纪80年代以来，福利多元主义或混合经济体制主张志

---

[1] See Bohm Committee, *Report of the Committee on Local Authority and Allied Personal Social Services*, London: H. M. Stationery Office., 1968, p. 496.

[2] See M. Taylor, "The Changing Role of the Nonprofit Sector in Britain: Moving toward the Market", in Benjamin Gidron, R. M. Kramer, L. M. Salamon, *Government and the Third Sector: Emerging Relationships in Welfare State*, San Francisco: Jossey-Bass Press, 1992, pp. 147–175.

第二章 中外慈善文化与慈善意识比较

愿组织是福利提供的重要主体。罗斯（Richard Rose）提出福利主体包括政府和市场。1993年以伊瓦斯（Adalbert Evers）和斯维特里克（Ivan Svetlik）合著的《平衡的三角：老年照顾中的新福利多元主义》将志愿组织、非正式组织、市场和国家一并视为福利的供应主体，并认为"有关国家与市场责任、公正与差异、公共计划与个人选择的福利多元组合是难以有精确定论的，需要不同的国家根据不同的传统和问题而设计"[1]。1999年，诺曼·约翰逊（Norman Johnson）将福利多元主体扩充为四个维度，即提供直接或间接福利的国家福利、提供职工福利或营利性福利的市场福利、家庭和邻里提供的非正规福利、自助或互助组织提供的志愿组织福利[2]。2009年，伊瓦斯和德克（Dekker）进一步强调第三部门的作用，并表示"尽管第三部门不能在创造、培育公民权和公民性的过程中起到天然的优势作用，但是却能够对两者的构建路径和社会服务的概念转型起到重要作用"[3]。与早期国家与市场之间的融合不同，现代意义上的福利多元主义已经摆脱了国家、市场的二元论，更多关注国家、市场、家庭、社区、志愿组织之间的体系性融合。从福利多元主义的转型路径可以发现，国家福利的衰退和家庭福利的挑战使社会福利建构的过程再也不能依靠一个主体而设置，国家、市场、家庭、社区、志愿组织等力量的大致均衡才能使福利多元体系保持平衡。同时，志愿组织逐步发展壮大并在福

---

[1] A. Evers, I. Svetlik, *Balancing Pluralism: New Welfare Mixes in Care for the Elderly*, London: Averbury press, 1993, pp. 79–103.

[2] See Norman Johnson, *Mixed Economies of Welfare: A Comparative Perspective*, London: Prentice Hall Europe, 1999, pp. 31–37.

[3] P. Dekker, A. Evers, "Civicness and the Third Sector: Introduction", *Voluntus*, 20 (2009), pp. 217–219.

利供应中发挥越来越重要作用,也使诸如梅杰斯(Meijs)[1]、苏萨(Zsuzsa)[2]这样的学者有更大的空间对原有的福利供应体系进行理论上的重组。可以说,在当前新的社会风险之下,国家面临着财政危机,家庭也面临着巨大的社会风险,市场在承担社会责任的能力上相对有限,而志愿组织的发展则方兴未艾,因此,珍森(Jenson)在《重新构筑家庭的福利组合:政策挑战》中说,"福利再也不能仅仅依靠任何一个主体来提供,而是需要一个由市场、家庭、国家、社区组成的福利供应联合体提供"。[3]

在混合经济中,志愿机构与家庭、社区以及私人企业一起发挥重要作用。志愿组织代表社会服务当局承担了许多功能。由志愿组织为老年人和残疾人群体提供的服务正在增加,其中某些志愿部门可以在全国范围内调动资金。同时,志愿组织还是住院服务的重要提供者。在个人社会服务领域里,个人志愿者提供的服务多种多样。他们可能受雇于某个志愿部门;也可能按照罪犯改造的需求计划提供社区服务;或者为失业者提供工作使其能够领取某种津贴;或者,他们可能是由当局直接安排的个人,为某项工作提供帮助。志愿者的工作范围广泛,包括支持性的客户访问,用汽车带入院的人外出,帮助服务客户

---

[1] Lucas C. P. M. Meijs, "Changing the Welfare Mix: Going from Acorporatist to a Liberal Non-profit Regime", ISTR Sixth International Conference, 2004, pp. 71-86.

[2] Zsuzsa Széman, Vera Gáthy, "The Voluntary Sector in the Welfare Mix: The Hungarian Maltese Charity Service", *Journal of European Social Policy*, 1 (1993), pp. 15-23.

[3] Jane Jenson, "Redesigning the 'Welfare Mix' for Famillies:. Policy Challenges", Canadian Policy Research Networks Inc., 2003.

第二章 中外慈善文化与慈善意识比较

布置房屋或修整草坪,协助经营俱乐部和日间服务中心,等等。[1]

1995年工党政府重新上台,布莱尔政府推行公共部门"现代化"改革,重新定位了政府公共部门、私人企业和民间组织的关系,开始特别强调国家和志愿部门之间的新型关系。1998年,英国推行"政府与民间组织伙伴关系计划"(COMPACT),着重提高志愿组织的能力。志愿组织又开始在英国公共服务供给上发挥越来越大的作用。1995年,英国只有50 000个活跃的慈善机构,而到2005年7月,英国已经有169 247个活跃的慈善机构。志愿者活动也在不断增加。据英国内政部2004年的一项调查显示,估计有42%的英国人经常参与志愿活动,在2003年到2004年期间至少参与了一次志愿活动,比2003年的39%提高3个百分点。此外志愿和社区组织对公共服务供给的参与度已有很大提高。[2]2002年,英国153 000个一般性慈善机构的总收入(毛收入)达到208亿英镑,拥有约701亿英镑的资产。到2004年3月,一般性慈善机构雇佣大约569 000个带薪工作人员,占英国全部工作者的2%。[3] 另有调查显示,在过去10年里,英国带薪的志愿部门工作者增加了26%,2003年为567 000名,2005年则已经达到611 000名。2003年,至少每个月从事一次志愿活动的人占28%,2005年上升到29%。2003

---

[1] 参见[英]迈克尔·希尔:《理解社会政策》,刘升华译,商务印书馆2003年版,第232~233页。

[2] See Carnegie UK Trust, *The Shape of Civil Society to Come*, Carnegie UK Trust Press, 2007.

[3] See Stuart Etherington, "Public services and the Future of the UK Voluntary Sector", *International Journal of Nonprofit and Voluntary Sector Marketing*, 2(2004), pp. 105-109.

年,至少每年从事志愿活动的人占到42%,2005年的比例则为45%。[1]

在美国,根据萨拉蒙的研究,在1980年之前50年的绝大部分时间里,随着注意力在国家明显扩张上的集中,非营利部门基本上从美国的公共话语中消失了。萨拉蒙认为,这种消失并不是事实上的消失,而是由于缺乏合适的理论来发现和解释新的社会现象。他认为,福利国家理论和志愿部门理论都没有提出非营利部门应该在政府出资的服务中起重要作用。实际上,美国等福利国家利用大量第三方机构来实施政府职能,其结果是出现了一个精巧的"第三方治理"体系,在这个体系中,政府与第三方执行者在很大程度上共享对公共资金支出和公共权威运用方面的裁量权。非营利组织是参加第三方治理体系的最自然的候选人。与私人企业不同,这些组织有着与政府相似的目标。资助和提升已有的私人机构比创造全新的政府机构要经济得多。第三方治理说明了非营利组织在社会服务提供中起了非常重要的作用。萨拉蒙不认为志愿组织是弥补政府失灵的产物,相反,他认为志愿失灵使政府的行动成为必需,并使政府对志愿部门的支持有了更为充足的理由。志愿部门的弱点正好是政府的长处,反之亦然。无论是志愿部门替代政府,还是政府替代志愿部门,都没有二者之间的合作有意义。第三方治理的概念强调公共和私人机构之间大量的责任共享,以及公共部门和私人作用的大量混合,这是美国福利国家的特点。[2] 通过

---

[1] 参见丁开杰:《英国志愿组织联盟与志愿者参与实践——以英格兰志愿组织理事会(NCVO)为例》,载《理论月刊》2009年第3期。

[2] 参见[美]莱斯特·M.萨拉蒙:《公共服务中的伙伴——现代福利国家中政府与非营利组织的关系》,田凯译,商务印书馆2008年版,第42~51页。

第二章 中外慈善文化与慈善意识比较

运用新的理论工具进行研究，可以发现，政府与非营利部门广泛的伙伴关系变得更为清楚了，它不再是反常的现象，而是对国家和非营利部门各自的优缺点的合理适用。萨拉蒙和他的同事在20世纪80年代早期，对美国全国范围内的12个大城市社区和4个乡村的非营利公益服务组织进行了调查。他们发现，在地方背景下，非营利部门甚至比国家层次上更大，非营利部门的花费等于或两三倍超出地方政府的支出。这些数据显示了政府资金在促使非营利部门达到如此大的规模中所起的实质性作用。在20世纪80年代早期，这些资金构成了非营利人类服务机构的主要生计来源，远远多于私人慈善和收费收入。[1] 萨拉蒙认为，现代美国人生活中最出人意料的事情之一，是在国家快速扩张的阶段，急剧出现了一批社会组织，这生动地体现了美国人运用私人办法解决公共问题的倾向。国家扩张和非营利部门增长不仅在时间上是相关的，而且有着因果联系。在20世纪50年代和80年代之间，美国私人非营利部门的范围和规模得到了快速增长，这种增长更多是由美国福利国家日益加速的发展推动的，而不是由于私人慈善资助的增加。事实上，到20世纪70年代末，私人非营利部门已经成为提供那些由政府出资的服务的主要工具，政府也相应成为提供服务的非营利机构的主要资金来源。[2]

萨拉蒙运用新的理论工具分析了政府和非营利组织合作关系现状，强调政府对非营利组织的支持和资助，而本书所关注的是福利国家的理论与实践对人们慈善意识的影响，福利国家

---

[1] 参见［美］莱斯特·M.萨拉蒙：《公共服务中的伙伴——现代福利国家中政府与非营利组织的关系》，田凯译，商务印书馆2008年版，简介第7页。

[2] 参见［美］莱斯特·M.萨拉蒙：《公共服务中的伙伴——现代福利国家中政府与非营利组织的关系》，田凯译，商务印书馆2008年版，简介第1页。

是否抑制了人们的慈善意识和慈善热情。通常的认识是国家承担了公民福利责任，原有的非营利组织就处于边缘地位了，当然人们的捐赠也随之减少。但是正如萨拉蒙的研究所表明的，在福利国家黄金时代和20世纪70年代以来的福利国家转型阶段，仍然存在着大量非营利组织，这些非营利组织依靠政府资助、社会捐赠和收费维持生存，大量的雇员和志愿者在非营利组织中工作，为人们提供各种服务。人们的慈善意识和慈善热情并没有随着福利国家的建立而消失，反而随着国家政治、经济、社会、文化的变化而与时俱进。近年来沃伦·巴菲特（Warren Buffett）、比尔·盖茨（Bill Gates）等富豪都纷纷承诺在有生之年捐出全部财产用于慈善事业，他们本人也身体力行，积极从事各种慈善活动。从20世纪90年代末开始，比尔·盖茨和他的夫人梅琳达（Melinda）就逐渐开始花时间去做慈善事业。2000年，比尔·盖茨将自己的全部财产捐出成立了比尔及梅琳达·盖茨基金会，主要任务和目标是通过科技和药物手段来提高出生率、降低死亡率，帮助脱离贫困。自从成立基金会，盖茨将更多的精力投入慈善事业，他一边管理基金会的工作，一边学习新的知识充实自己。2008年以后，他在疾病和药物的研究、研发领域投入了更大的支持，并鼓励人们采取行动，促进解决发展中国家的问题。[1] 早在几年前，巴菲特就已经许下了承诺，宣布要将自己名下99%的资产捐献给慈善事业。截至目前他已捐出近230亿美元，仅次于已捐出280亿美元的比尔·盖茨。在2010年，巴菲特和盖茨一起发起了"捐赠誓言"活

---

〔1〕 参见《比尔盖茨再上节目谈慈善，〈巅锋问答〉首开新模式》，载 https://v.qq.com/x/cover/kdhn7ls8vlm8dbm/z0024brljhy.html，最后访问日期：2019年5月20日。

动，号召亿万富翁生前或者死后至少用自己的一半财富来做慈善。[1]

美国国家慈善信托基金网的数据显示，2018年，美国人捐赠4277.1亿美元，比2017年增加了0.7%。其中个人捐赠2920.9亿美元，占总捐款的68%；企业捐赠200.5亿美元，占5%；基金会捐赠758.6亿美元，占18%；遗赠397.1亿美元，占9%。2018年，美国慈善捐赠占国内生产总值（GDP）的比例为2.1%。大约90%的高净值家庭给慈善机构捐款。2017年，高净值捐赠人给慈善机构平均捐款29 269美元。相比之下，普通人口家庭平均捐出2514美元。2018年个人志愿服务人数占全国成年人口的30%，大约7700万人贡献了自己的时间、才干和精力。2017年全国志愿者的时间价值是每小时24.69美元。换句话说，美国人对社区贡献1670亿美元的时间。全国志愿活动的前四名是筹款或出售项目筹集资金（36.0%），食物收集或分配（34.2%），收集、制作或分发服装、工艺品或其他物品（26.5%）和辅导青年（26.2%）。排名前四的志愿者领域分别为宗教（32.0%），运动、爱好、文化或艺术（25.7%），教育和青年服务（19.2%）以及公民、政治、专业或国际（6.2%）。[2]

（二）现代慈善文化和慈善思想

无论是欧洲还是美洲，在慈善事业的蓬勃发展过程中，逐渐形成了现代慈善理念，其核心思想主要体现在：

---

[1] 参见涂恬：《"股神"巴菲特是怎么玩慈善的？》，载http：//caijing.chinadaily.com.cn/2014-07/16/content_17804086.htm，最后访问日期：2019年5月20日。

[2] 参见美国国家慈善信托基金网，https：//www.nptrust.org/philanthropic-resources/charitable-giving-statistics/#__NO_LINK_PROXY，最后访问日期：2019年8月17日。

1. 慈善的公益观和公民观。救助不再以个人恩赐的方式直接给予他人，而是通过一定的社会公益机制间接地到达他人手上，接受帮助是现代社会中困难群体"应得"的基本权利。这种以慈善组织为中介的现代慈善文化，使捐赠者与受赠者分离，免除了感恩与求回报的心理，超越了施舍与恩赐的狭隘思想。从事和参与慈善活动不仅是一项权利，更是每个公民都应履行的一种义务。这种慈善义务远远跨越了熟人社会的边界，遵循普遍、平等的原则，在更为开放的陌生人社会中进行，让公民更好地融入社会、回报社会。

2. "志愿精神"的普及。"志愿精神"在美国有悠久的历史，是公民社会必不可少的部分，是对利益驱动的市场经济的一种平衡。"志愿精神"超越个人主义，体现为对弱势群体的同情心和对群体和社会的责任感。在实践中，普通大众往往每年都要捐钱，例如"联合劝募"组织每年通过各单位行政部门向员工散发表格使员工认捐一定数额的金钱，从工资中扣除，这成为大家都接受的方便的捐赠方式。当然这绝对是自愿的，而不是"摊派"，而且捐献数额是保密的，与个人荣誉无关。各种基金会的宗旨和原则大多强调"志愿精神"，可在其宣言或说明书宣传品中看到。例如帕卡德基金会（The David and Lucile Packard Foundation）的创始人帕卡德夫妇抱有这样一种信念：美国最适宜于私人出资、志愿在一些领域内起带动作用的捐赠机构的成长。目前有一半美国人每星期至少有 4 小时在某个志愿社团中服务。总之，不论上层还是下层，"志愿精神"在美国有根深蒂固的基础，有人甚至把"给予的自由"列为四大自由的基础,认为捐赠不仅是义务,而且是一种权利。[1]

第三节 比较和启示

一、比较

(一) 中国慈善文化与慈善意识的特点

中国慈善文化与慈善意识的特点如下:

1. 中国慈善文化具有"德治"与"仁政"特征。由于对道德教化功能的重视以及对慈善主体的官方机构的强调,中国慈善文化具有鲜明的"德治"和"仁政"特征。"仁政"是封建社会统治者的专制工具,统治者通过儒家思想如"三纲五常"等实现对社会进行政治和思想上的控制。统治者对民间活动非常警惕并严格限制甚至取缔,因此慈善活动也必然成为统治者包办的专制统治的一部分。按照传统政治观念,政府应是社会福利的主要甚至是唯一提供者,如孔子弟子子路在卫国出私财救贫,孔子制止说:"汝以民为饿也,何不白于君,发仓廪以赈之?而私以尔食馈之,是汝明君之无惠而见己之德美。"[2] 唐玄宗时宰相宋璟反对佛寺所办的养病坊,他的奏文里即引用孔子与子路的对话,并主张废除悲田养病坊,其原因之一就是他认为只有政府才有资格做济贫工作,对佛寺的施舍并不信任,民间济贫除了标榜自身的道德优越外,还可能意味着政府无

---

[1] 参见资中筠:《财富的归宿:美国现代公益基金会述评》(增订本),生活·读书·新知三联书店2011年版,第247~249页。

[2] 廖名春、邹新明校点:《孔子家语》,辽宁教育出版社1997年版,第19页。

能。[1] 此种思想在 20 世纪中期以后的高度集权时代得到进一步强化，对人道主义的猛烈批判使得民间慈善同旧制度一起被埋进历史垃圾堆，结果人们形成了一种思维定式：有困难找政府，"这事要老百姓来捐款，政府都干什么去了。"这种思维定式阻碍着慈善意识的养成。

2. 中国慈善文化是"家国同构"下的政府慈善文化。公民精神的养成、社会领域的发育是现代慈善事业崛起的内在前提和现实土壤，传统中国的"家国同构"或家国高度一体化的政治治理格局，使中国社会没有发展出一个独立于政治国家而自主存在的社会空间。钱穆先生说，"唯中国传统，政府与社会为一体"；"中国人本不言社会，家国天下皆即社会"。[2] 梁漱溟先生说，传统中国"政治之根本法则与伦理相结合，二者一致而不分"，"国家消融在社会里面，社会与国家相浑融"。[3] 家国一体的模式决定了慈善运作方式，在家的层面主要是家庭（家族）的互助，进而扩展至社区层面。在国家层面上，政府主导慈善。国家集权程度越高，这种状况就愈明显。计划经济体制的确立，将这种家国一体治理模式推向极致。国家和社会高度一致。[4] 国家通过单位制和人民公社的制度设计满足社会成员几乎所有生存福利需求，从这个意义上来说，慈善组织在计划经济时代的存在是多余的。正是这种国家与社会胶合状态，

---

[1] 参见梁其姿：《施善与教化：明清时期的慈善组织》，北京师范大学出版社 2013 年版，第 24 页。

[2] 钱穆：《晚学盲言》（上），广西师范大学出版社 2004 年版，第 167、284 页。

[3] 梁漱溟：《中国文化要义》，学林出版社 1987 年版，第 17、168 页。

[4] 参见刘威：《从"中国经验"到"中国模式"——慈善救助之文化逻辑、经验局限与发展走向》，载《福建论坛（人文社会科学版）》2010 年第 2 期。

第二章　中外慈善文化与慈善意识比较

使国家理所当然地成为履行社会救助责任的唯一主体，作为国家意志体现的政府机构扮演着执行主体的主导角色。改革开放后，市场经济的建立并没有扭转这种局面，国家在慈善的发展过程中始终占主导地位。慈善组织的发展始终有政府的身影，比如，筹资依赖行政命令，管理运作行政化。慈善组织高度依附于政府，慈善救助是政府职能的一种延伸。[1]

3. 中国"差序格局"社会关系结构使得"爱有差等"。费孝通指出，中国古代的社会关系结构，不是西方式的"团体格局"，而是一种"差序格局"，是"以'己'为中心，像石子一般投入水中，和别人的社会关系，不像团体中的分子一般大家立在一个水平面上，而是像水的波纹一般，一圈圈推出去，愈推愈远，也愈推愈薄"，社会范围是一个根据私人联系所构成的网络。故严格来说，在中国古代的社会关系结构中，没有一个超乎私人关系的道德规范，而每一种人际关系都需要一种道德要素维持。[2] 孔子之所以对"仁"有这样那样的解释，也就是这个缘故。也就是说，"仁"在孔子这里并不是不分亲疏贵贱的人类之爱，它首先是爱自己的父母、兄弟。因此，"仁"与孝悌是密切联系的。儒家讲爱人是由爱亲扩展到爱人，即所谓的"推己及人"。孔子针对不同对象提出的对"仁"的解释，是处理各种人际关系的准则。就济贫救困来说，人们也受到这种差序格局的影响。河北大午集团监事长孙大午就说："首先是救亲不救疏，我的亲人、朋友要关照；其次救近不救远，我得先救我这个村庄的人，以及周围村庄的人。我没有力量做得很大，

---

〔1〕 参见赵海林：《行政化到多元化：慈善组织运作研究》，南京大学2012年博士学位论文，第41页。

〔2〕 参见费孝通：《乡土中国 生育制度》，北京大学出版社1998年版，第24~30页。

我也不想让别人知道。"[1]即使公众偶有慈善活动，也没有将慈善活动转化成一种本能意识。慈善本能意识的缺乏是几千年自给自足小农经济的结果，它造成人们一种"鸡犬之声相闻，老死不相往来"的闭锁心理和自我纾困解难意识。

4. 中国文化主流肯定人性善，与基督教的原罪说相反。中国传统文化认为，因"性"先天具有道德的潜质，因此，"性"必然是善的，而且必然是向善、趋善的，人人皆可成为尧、舜那样的圣人。即使主张人性恶的荀子也坚信"涂之人可以成禹"。诚如徐复观所说："在中国文化中的'罪孽感'，是比一般宗教乃至基督教要轻微得多"，中国文化中的"罪孽感"较轻的原因，是儒家肯定生命及现世的价值，"对生命的自身，不认为是罪孽，于是原罪的观念，自不能成立"。[2] 由此，在中国思想史上，性善论逐渐成为一种主导的价值信仰，孟子的性善论得到思想家普遍认同。后来的董仲舒、王弼、郭象、韩愈、李翱、二程、朱熹、王守仁，甚至佛性说，尽管他们在具体阐述或说法上各有差别，但就其思想实质而言，都认同人性善。在大众文化层面，人们首先接受的是《三字经》，其首句就是"人之初，性本善"。历代人们相信并追求"君子国""大同世界"，期盼明君与清官来拯救社会和自我，相信世上总是好人多。这些都是对人性善的认同或者说是以该理论作为其价值信念基础的。

---

[1]《民营企业家生存启示录——孙大午、乔木谈民企求发展之道》，载 http://sundawu1.blog.sohu.com/303756524.html，最后访问日期：2013 年 10 月 11 日。

[2] 参见徐复观：《中国文化中的罪恶感问题》，载《徐复观文录选粹》，学生书局 1980 年版，第 216~219 页。转引自游子安：《劝化金箴：清代善书研究》，天津人民出版社 1999 年版，第 206 页。

5. 中国宗教慈善思想有待进一步开发。中国没有产生像基督教那样的"大一统"的宗教信仰，宗教思想对人的影响也比较复杂。以佛教为例，佛学在中国转化为禅宗后在宗教意识形态方面以大乘佛学的"功德圆满"为基础，但在实践理性方面则以小乘佛学的"自我圆满"为取向，变得自私自爱了。至于基督教在中国的发展则与新教联系更为密切，世俗化取向比较强，强调博爱以近上帝。在目前中国多元的宗教文化背景之下，正确认识和对待宗教慈善资源至关重要。可以说，中国宗教慈善事业的发展亟待完善，宗教慈善资源在某种程度上并未得到有效使用，信众对宗教慈善团体的捐赠和宗教慈善组织对慈善资源的使用还处于原始的状态。因此，正确界定宗教慈善资源的性质，并在实践中促进宗教慈善资源的合理使用是完善中国慈善事业的重要组成部分。[1]

(二) 外国慈善文化与慈善意识的特点

总结来看，外国慈善文化与慈善意识的特点如下：

1. 外国的宗教慈善观念根深蒂固。西方发达国家宗教信仰深入骨髓，即使是在多元化的当今社会，基督教徒仍占西方宗教信仰者的绝大多数，如美国仍然有80％的人信仰基督教。无论是古代社会还是现代社会，西方社会的宗教信仰深厚且持久，影响着包括慈善活动在内的社会的方方面面。"博爱""罪富"文化是基督教慈善思想的根源。

2. "博爱"不同于中国儒家的"仁爱"。基督教倡导"博爱"，而爱恰恰是慈善的来源和动力，"博爱"的宗教思想为慈善提供了丰厚的养料。与儒家"爱有差等"的"仁爱"相比，

---

[1] 参见韩丽欣、郑国：《中西方慈善文化传统资源的比较研究》，载《南昌大学学报（人文社会科学版）》2014年第1期。

基督教的"博爱"有两个显著的特点：一是建立在宗教基础上的"博爱"，是对人类与生俱来的同情心和血缘亲情等自然情感的否定，因而是一种超越了民族、肤色、阶层、性别、文化和国家等界限的普遍性的爱。二是它排除了对道德回报的期待，使"博爱"的道德信念成为一种与生俱来的本能的意义，进而演绎为人的生活常态。以"博爱"自身为价值目的的"为爱而爱""为道德而道德"的精神境界，乃是各种宗教尤其是基督教、天主教把慈善事业视为自己的一种责任和义务的思想基础。[1] 西方社会基督教的"罪富"文化深入人心，也是基督教慈善思想的根源，促使富人大行慈善之举，形成了西方发达的慈善文化。

3. 慈善事业具有民间性。西方的慈善事业具有浓厚的民间性，这源于西方社会的个人主义和互济文化。西方人具有独立自由的品质，他们认为个人在成年后不应该依赖家庭而是要独立生活。一个家庭并不希望把财产留给后代，每个人都要对自己负责。这种独立自由的个人主义使个人捐赠非常活跃，民间慈善得以发展。个人的独立自由是慈善的前提，仅仅倡导个人独立自由还不够，还要有互济的文化。试想一下，如果人人都是独立自由的葛朗台，那慈善就无从谈起。美国的成立是互济文化的最典型的代表，一群清教徒为免遭迫害乘坐五月花号漂洋过海来到美洲新大陆，他们签订了五月花号公约，这既是建国的社会契约，也是互相帮助的约束。互济从他们同乘一条船就开始了，这种文化也是基督教教义的延伸。所以个人独立自

---

[1] 参见黄家瑶：《比较视野下的中西方慈善组织》，载《华东理工大学学报（社会科学版）》2009年第2期。

由是前提，互相帮助的互济文化是基础。[1]

二、启示

（一）积极借鉴与弘扬人类共同的慈善资源

慈善文化是中外慈善事业发展的内在动力，要以批判的态度对待这些慈善文化，去其糟粕，取其精华，从中寻觅更多的符合现代国人心态的、适应现代社会道德认同感的慈善理念，构建一种古今贯通、中西汇聚的现代慈善价值观。如前所述，中国儒家思想中"己欲立而立人，己欲达而达人""己所不欲，勿施于人""仁者爱人""恻隐之心"，佛教的慈悲观念，道教的"济人之急，救人之危"以及西方的"博爱"、互济文化、志愿精神、科学慈善都是人类发展慈善事业所需要的重要精神资源，都应将它们融入中国慈善文化核心价值观中。[2]

（二）克服中国慈善事业的封闭性和内敛性

慈善是"富人"所为，慈善受惠"施由亲始"，慈善是给予者"施恩"，把善行与自己身家性命和个人前途、祖宗荫庇和子孙报应等联系起来，把善行作为免灾积德的手段，把对弱者救助看成是悲天悯人行为等观念，与公民的社会责任意识不相符，与崇尚人格平等的人本价值观与权利观不相符，与以"公益"为特征的现代慈善要求不相符，也不利于现代慈善事业的健康发展，因此应当改变这些封闭、内敛的观念。

（三）努力营造慈善文化深入人心的氛围环境

营造良好氛围，让慈善心、公德心、博爱心、公民责任等

---

[1] 参见韩丽欣、郑国：《中西方慈善文化传统资源的比较研究》，载《南昌大学学报（人文社会科学版）》2014年第1期。
[2] 参见黄家瑶：《比较视野下的中西方慈善文化》，载《科学·经济·社会》2008年第3期。

文化元素渗透社会各个领域，渗透各个社会阶层，渗透衣、食、住、行等社会生活的各个物质和技术层面，并使之演绎为一种惩恶扬善、扶危济困、助人为乐、乐于奉献的道德自觉和伦理环境。

（四）建立现代慈善文化的基本价值观

现代慈善文化的基本价值观包括健康的财富观、人道主义和人文关怀理念、"助人就是助己"的特殊功利观和让受助者有尊严等，而建立在这一基本价值观基础上的慈善文化，就是现代慈善文化。其中，让受助者有尊严是现代慈善文化区别于传统慈善文化的一个重要特征。捐赠者居高临下，忽略受助者的人格感受，受助者只有感恩意识，缺乏权利意识，没有人格尊严，这些现象是现代慈善社会天天可能遇到的。倡导公正的慈善文化，首要的就是尊重每个人尤其是受助者的人格和尊严，这应该成为所有慈善组织进行慈善赠予的法则。对慈善捐赠的包容心不足、不够宽容等社会心理的引导也属于慈善文化建设的一项重要内容。[1]

（五）进一步培养中国公民个体慈善意识

1. 大力发展经济，为慈善事业的发展奠定物质基础。如前所述，经济是基础，它影响和制约着人们的慈善行为和慈善意识。各地要根据国民经济和社会发展计划立足地区、区位优势努力发展经济，东部发达地区要利用技术、资金优势，中西部地区要充分利用资源优势发展经济，切实增加人民的收入，为慈善事业发展奠定坚实的物质基础。

2. 改变多头募捐的格局。我国各地虽然都成立了慈善会，

---

〔1〕 参见邓国胜主编：《公益慈善概论》，山东人民出版社2015年版，第70页。

第二章 中外慈善文化与慈善意识比较

但这些组织都是独立的社团法人，没有形成协作整合的格局，容易造成多头募捐的局面。所以可以在地市或省的层面上成立慈善协会，该协会应该是各类慈善组织的协会，而不仅仅是募捐和救助的协会，该慈善组织协会重要职责是对从事募捐和社会公益的社会组织进行指导和协调，建立捐助主体、救助对象、政府、媒体等的信息网络，在进行募捐时提高募捐的针对性和时效性。具体职能包括：一是在政府的授权下对慈善总会、残联、妇联、工会、红十字会等组织的募捐和救助活动进行统筹协调。二是联系捐助主体，及时同企业、富人、社会大众、媒体等沟通，了解捐款的意愿和能力，并向他们提供救助对象的信息，供他们参考和选择。三是了解救助对象的情况，要同民政、残联、妇联、工会等建立密切的联系，实现资源的共享。例如，可以建立低保对象、残疾人、企业中的贫困职工、单身母亲、孤儿等信息的数据库，并实现信息的会员共享，这样才能明确有多少需要救助的对象、他们的具体情况，安排优先顺序进行募捐，避免多头募捐和重复救助现象。四是制定年度募捐计划，针对不同的救助对象安排募捐和救助活动，面向不同的群体开展宣传和发动工作。

3. 加强慈善组织自身建设，提升公信度，进而推动公众慈善意识的提升。慈善组织是慈善事业的组织者、执行者，是慈善事业在公众心目中的形象代表，慈善事业的成败取决于慈善组织的自身建设以及能否取得社会公众的普遍信任。就慈善组织而言，公信度是指公众对慈善组织的信任程度和社会舆论对慈善组织的评价。慈善组织只有具有良好的信誉和社会公信度，才能生存、发展、壮大，才能够不负众望，实现其宗旨和使命。慈善组织要实现运作的公开化、透明化，要建立规范、公开的财务管理和信息披露制度，对慈善资金的运作进行全程监控，向捐赠者乃至全社会公布各项收支及财务审计报告、慈善活动效率的指标数值等有关信息，自觉接受社会各界的监督。要大力加强慈善组织管理，借鉴吸收西方慈善组织内部管理和外部监督的经验和做法，树立良好的机构形象。政府部门要加强监督，确保慈善组织的运作符合法制规范。

4. 确立完善、统一的慈善财税制度，充分发挥税收的社会杠杆作用。运用税收政策引导和激励人们的慈善捐赠行为一直是各国通行的做法。慈善意识的培养单靠道德说教是难以持久的，还需要充分发挥所得税等税收政策的激励作用。中国不存在遗产税，所以绝大多数富人都倾向于把其积累的财富留给自己的子孙后代。2007年3月，第十届全国人大第五次会议通过《中华人民共和国企业所得税》，国家给出了倡导慈善公益捐献的强烈信号，免税额度由以往的3%提高到12%。2016年3月16日，第十二届全国人民代表大会第四次会议通过《中华人民共和国慈善法》规定了慈善税收优惠措施，要制定可操作的实施细则，使税收优惠的法律规定落到实处，激励人们的慈善捐赠行为，使更多的富人投身到慈善事业中去。

5. 进行慈善教育和慈善理念宣传。家庭教育承担着传承文化知识、培养道德品质、指导行为规范、帮助自主营生等责任。从一般意义上说，家庭的长期教育和影响将决定一个人的品行和性格。所以，善良之心、仁爱的理念、慈善捐赠的行为从家庭教育开始最为适宜。要在家庭生活的点滴事务中，努力养成孩子感恩、诚挚、友爱的美好品格，逐渐培养孩子尊重生命、热爱人类、奉献社会的健康意识。同时，家长应该以身作则，自觉关心和积极参与慈善捐赠，引导孩子将慈善捐赠意识转化为实实在在的行动。青少年接受教育、获取知识以及世界观形成的最佳和持续最长的时间是在学校期间。因此，学校教育应

第二章　中外慈善文化与慈善意识比较

是青少年学习、获得系统慈善知识、接受慈善理念教育的主要渠道。一方面，学校可以开设专门的慈善教育课程，让学生有系统、分阶段地了解慈善事业的意义、作用、宗旨、途径等慈善知识；另一方面，学校应组织学生参与力所能及的慈善活动，使学生通过社会实践获得慈善工作的感性认识。要在青少年学生中倡导慈善理念，营造慈善新风；要积极探索青少年慈善教育的手段和方法以及学生慈善行为的可操作性和有效途径，推动学校慈善教育的系统化、制度化和经常化。

慈善理念的有效宣传大致可以通过如下途径进行：第一，运用网络传媒，在线筹集善款。在线筹集善款是当前美国公益慈善机构最为流行的筹款方式，而且所筹款项逐年提高。一些慈善机构也在借助互联网来达到引起外界关注和吸引善款的目的。第二，与企业结盟，扩大筹款渠道。一些公益慈善机构还尝试加强与企业的联系，希望通过某种形式的合作来扩大筹款渠道，增加善款所得。协作企业可以借此提升自己的公众形象和知名度。第三，推进慈善事业的社区化和社会化。要加大对个体公民与慈善捐赠和志愿性活动的引导力度，加强对慈善组织公信力的宣传，建立公众对慈善事业的信心和社会责任感。第四，"欢娱慈善"方式，如慈善晚宴、慈善义卖以及慈善舞会都是较为常见的形式。参与者在播撒爱心的同时也可以享受类似于派对的娱乐活动，为富人们搭建了一个担当一定社会责任的消费舞台。当然，以上做法都要符合我国有关法规政策的规定，要满足规定的条件，履行必要的程序。

第三章
中外慈善事业法规政策比较

第一节 中国慈善事业法规政策

一、中国慈善事业法规政策概况

慈善事业法规政策主要是指与慈善事业发展相关的法律、行政法规、部门规章、司法解释、地方性法规、地方政府规章及其他规范性文件以及对于这些法律、法规的修改和补充。中国现代慈善事业在新中国成立后至改革开放之前基本处于停滞状态，慈善立法工作也处于停滞状态。改革开放之后，慈善事业才重新起步，经过多年发展，中国特色的慈善法规政策体系呈现了初步轮廓。

（一）国家法律

国家法律是由全国人民代表大会及其常务委员会制定的各种法律的总称。由国家立法机构制定正式的法律来规范慈善组织和慈善活动，是当今各国的普遍做法。在中国，关于慈善事业的国家法律主要有《中华人民共和国慈善法》、《中华人民共和国公益事业捐赠法》（以下简称《公益事业捐赠法》）、《中华人民共和国企业所得税法》（以下简称《企业所得税法》）、《中华人民共和国个人所得税法》（以下简称《个人所得税法》）、《中华人民共和国信托法》（以下简称《信托法》）和《中华人民共和国合同法》(以下简称《合同法》)等。《慈善法》主要规定了以下 11 个方面的内容：明确了慈善活动的定义和范围，建立了慈善组织登记认定制度，明确了开展慈善募捐的主体范围，鼓励和规范慈善捐赠，专章规定了慈善信托，规范了慈善组织财产使用管理，将志愿服务纳入慈善立法，强化了信息公开义务和责任，完善了慈善活动税收优惠政策等促进措施，打造了全方位综合监管体系，构建了全面系统的法律责任规范。《公益事业捐赠法》规定，捐赠应当是自愿和无偿的，禁止强行摊派或者变相摊派，不得以捐赠为名从事营利活动。捐赠财产的使用应当尊重捐赠人的意愿，符合公益目的，不得将捐赠财产挪作他用。捐赠应当遵守法律、法规，不得违背社会公德，不得损害公共利益和其他公民的合法权益。公益性社会团体受赠的财产及其增值为社会公共财产，受国家法律保护，任何单位和个人不得侵占、挪用和损毁。《合同法》对赠与人与受赠人的权利和义务作出了规定：赠与人在赠与财产的权利转移之前可以撤销赠与。具有救灾、扶贫等社会公益、道德义务性质的赠与合同或者经过公证的赠与合同，不适用前款规定。赠与人承诺捐赠财产以后就具有履约的义务，如果赠与人因故意或重大过失使赠与财产毁损、灭失的，赠与人应当承担损害赔偿责任。同时《合同法》还赋予了受赠人的交付请求权：具有救灾、扶贫等社会公益、道德义务性质的赠与合同或者经过公证的赠与合同，赠与人不交付赠与的财产的，受赠人可以要求交付。《信托法》规定：为了下列公共利益目的之一而设立的信托，属于公益信托：救济贫困；救助灾民；扶助残疾人；发展教育、科技、文化、艺术、体育事业；发展医疗卫生事业；发展环境保护事业，维护生态环境；发展其他社会公益事业。公益信托的信托财产及其收益，不得用于非公益目的。《企业所得税法》

和《个人所得税法》对公益慈善税收优惠作了规定。

（二）行政法规

所谓行政法规是指国务院根据宪法和法律制定的有关行政管理等方面的规范性文件。行政法规的名称一般称"条例"，也可以称"规定""办法"等。《社会团体登记管理条例》《民办非企业单位登记管理暂行条例》和《基金会管理条例》是中国三部慈善组织登记管理的行政法规，对慈善组织的成立进行严格管理，它们最重要的特点是确立了双重管理体制，即由登记管理机关和业务主管单位分别行使对社会组织的监督管理职能。目前有关部门正在对这三部法规进行修订。《中华人民共和国企业所得税法实施条例》（以下简称《企业所得税法实施条例》）和《中华人民共和国个人所得税法实施条例》分别对企业和个人对公益事业捐赠税收优惠作了规定。

（三）国务院部门规章

国务院部门规章是指国务院根据法律和国务院的行政法规、决定、命令，在部门的职权范围内依照《规章制定程序条例》制定的规章。规章的名称一般称"规定""办法"等，但不得称"条例"。有关慈善事业的部门规章主要有：《取缔非法民间组织暂行办法》《基金会名称管理规定》《民办非企业单位年度检查办法》《基金会年度检查办法》《基金会信息公布办法》《社会组织评估管理办法》《社会组织登记管理机关行政处罚程序规定》《社会组织信用信息管理办法》《慈善组织信息公开办法》《慈善组织保值增值投资活动管理暂行办法》等。

（四）地方性法规

地方性法规是指根据《中华人民共和国宪法》《中华人民共和国立法法》等有关法律的规定，省、自治区、直辖市和设区的市的人民代表大会及其常务委员会，根据本行政区域的具体情况和实际需要,在不与宪法、法律、行政法规相抵触的前提下制定的规范性文件,以及自治区、自治州、自治县的人民代表大会依照法定职权和程序制定的自治条例和单行条例。地方性法规可以称"条例"。有关慈善事业的地方性法规有:《江苏省慈善事业促进条例》《湖南省募捐条例》《上海市募捐条例》《宁夏回族自治区慈善事业促进条例》《广东省社会救助条例》《广州市募捐条例》《宁波市慈善事业促进条例》等,它们对慈善事业各个方面作出规范。[1]

(五)地方政府规章

地方政府规章是指省、自治区、直辖市和较大的市的人民政府根据法律、行政法规和本省、自治区、直辖市的地方性法规,依照《规章制定程序条例》制定的规章。地方政府规章的名称一般称"规定""办法"。如《北京市促进慈善事业若干规定》《甘肃省慈善捐助管理办法》等。

(六)政府政策文件

所谓政府政策文件,是指各级党政部门向其下属单位和社会发布有关政策的文件。在慈善事业法规政策体系中,这一类数量最多,现列举如下:《国务院关于促进慈善事业健康发展的指导意见》(国发〔2014〕61号)、《国务院批转发展改革委等部门关于深化收入分配制度改革若干意见的通知》(国发〔2013〕6号)、《国家宗教事务局关于接受境外宗教组织和个人捐赠批准权限问题的通知》(国宗发〔1993〕214号)、《卫生部办公厅关于印发〈卫生部接受社会捐赠财产管理暂行办法〉的

---

[1] 参见李永军:《慈善法律责任立法问题研究》,载《聊城大学学报(社会科学版)》2014年第6期;林闽钢、朱锦程:《中国慈善立法的目标定位和基本框架》,载《湖北社会科学》2014年第11期。

通知》(卫办规财发〔2006〕7号)、国家宗教事务局等六部门《关于鼓励和规范宗教界从事公益慈善活动的意见》(国宗发〔2012〕6号)、《财政部关于加强企业对外捐赠财务管理的通知》(财企〔2003〕95号)、《财政部关于企业公益性捐赠股权有关财务问题的通知》(财企〔2009〕213号)、《中共中央办公厅、国务院办公厅关于转发〈民政部、国务院扶贫开发领导小组关于在大中城市开展经常性捐助活动支援灾区、贫困地区的意见〉的通知》(中办发电〔1996〕1号)、《中共中央办公厅、国务院办公厅关于转发〈民政部关于进一步开展经常性社会捐助活动的意见〉的通知》(厅字〔2001〕33号)、《财政部、国家税务总局、民政部关于公益性捐赠税前扣除有关问题的通知》(财税〔2008〕160号)、《民政部办公厅关于加强指导和规范管理基层慈善活动的通知》(民办函〔2009〕22号)、《民政部关于基金会等社会组织不得提供公益捐赠回扣有关问题的通知》(民发〔2009〕54号)、《民政部关于增加社会组织行政处罚统计指标的通知》(民函〔2010〕235号)、《民政部关于印发各类社会组织评估指标的通知》(民发〔2011〕127号)、《民政部关于完善救灾捐赠导向机制的通知》(民发〔2012〕208号)、《民政部关于加强和创新慈善超市建设的意见》(民发〔2013〕217号)、《民政部关于建立儿童福利领域慈善行为导向机制的意见》(民发〔2014〕19号)、《民政部、全国工商联关于鼓励支持民营企业积极投身公益慈善事业的意见》(民发〔2014〕5号)、《民政部、财政部关于加强社会组织反腐倡廉工作的意见》(民发〔2014〕227号)、《民政部、财政部关于规范全国性社会组织年度财务审计工作的通知》(民发〔2015〕47号)、《民政部关于探索建立社会组织第三方评估机制的指导意见》(民发〔2015〕89号)、《民政部关于进一步加强基金会专项基金管工作的通知》(民发〔2015〕241号)、《民政部关于印发〈社会组织登记管理机关行政执法约谈工作规定(试行)〉的通知》(民发〔2016〕39号)、《民政部、海关总署关于社会团体和基金会办理进口慈善捐赠物资减免税手续有关问题的通知》(民发〔2016〕64号)、《民政部关于印发〈社会组织登记管理机关受理投诉举报办法(试行)〉的通知》(民发〔2016〕139号)、《民政部关于慈善组织登记等有关问题的通知》(民函〔2016〕240号)、《民政部、中国银行业监督管理委员会关于做好慈善信托备案有关工作的通知》(民发〔2016〕151号)、《民政部、工业和信息化部、国家新闻出版广电总局、国家互联网信息办公室关于印发〈公开募捐平台服务管理办法〉的通知》(民发〔2016〕157号)、《民政部关于社会组织成立登记时同步开展党建工作有关问题的通知》(民函〔2016〕257号)、《民政部、财政部、国家税务总局关于印发〈关于慈善组织开展慈善活动年度支出和管理费用的规定〉的通知》(民发〔2016〕189号)、《民政部关于印发〈社会组织抽查暂行办法〉的通知》(民发〔2017〕45号)、《民政部办公厅关于全国性社会组织办理法定代表人离任审计、注销清算审计有关问题的通知》(民办函〔2017〕336号)、《民政部办公厅关于报送社会组织活动异常名录和严重违法失信名单信息的通知》(民办函〔2018〕34号)、《民政部关于在社会组织章程增加党的建设和社会主义核心价值观有关内容的通知》(民函〔2018〕78号)、《民政部办公厅关于在社会组织登记管理工作中加强名称管理有关问题的通知》(民办发〔2018〕11号)、《民政部关于印发〈民政部受理境外非政府组织设立代表机构业务主管单位申请工作办法(试行)〉的通知》(民发〔2018〕79号)、《民政部关于印发〈民政部直管社会组织重大事项报告管理暂行办法〉的通知》(民发

〔2018〕85号)、《财政部、税务总局、民政部关于公益性捐赠税前扣除资格有关问题的补充通知》(财税〔2018〕110号)等。

二、慈善目的

慈善目的是慈善活动的主要领域或者目标指向。它是一项活动是否属于法律上慈善活动的最基本判断标准之一,因而是各国慈善法的最基本内容。[1]中国慈善活动目的的主要内容在《公益事业捐赠法》《信托法》《慈善法》中都有所规定,跟西方发达国家"大慈善"活动范围接近。

依据中国《公益事业捐赠法》,自然人、法人或者其他组织自愿无偿向依法成立的公益性社会团体和公益性非营利的事业单位捐赠财产,用于公益事业。公益事业的范围包括:①救助灾害、救济贫困、扶助残疾人等困难的社会群体和个人的活动;②教育、科学、文化、卫生、体育事业;③环境保护、社会公共设施建设;④促进社会发展和进步的其他社会公共和福利事业。[2]

《信托法》第60条规定的公共利益目的包括:①救济贫困;②救助灾民;③扶助残疾人;④发展教育、科技、文化、艺术、体育事业;⑤发展医疗卫生事业;⑥发展环境保护事业,维护生态环境;⑦发展其他社会公益事业。[3]

《慈善法》立足中国国情,结合慈善活动发展的趋势,广义

---

[1] 参见聊城大学慈善法研究课题组:《〈中华人民共和国慈善法〉专家建议稿》,法律出版社2015年版,第35页。

[2] 参见《中华人民共和国公益事业捐赠法释义》,载http://www.npc.gov.cn/npc/flsyywd/jingji/2001-08/01/content_140355.htm。

[3] 参见《中华人民共和国信托法释义》,载http://www.npc.gov.cn/npc/flsyywd/jingji/2003-11/14/content_324171.htm。

界定慈善活动,规定慈善活动是指自然人、法人和其他组织以捐赠财产或者提供服务等方式,自愿开展的下列公益活动:①扶贫、济困;②扶老、救孤、恤病、助残、优抚;③救助自然灾害、事故灾难和公共卫生事件等突发事件造成的损害;④促进教育、科学、文化、卫生、体育等事业的发展;⑤防治污染和其他公害,保护和改善生态环境;⑥符合本法规定的其他公益活动。[1]

可以看出,不管是公益捐赠、公益信托还是以捐赠财产或者提供服务开展慈善活动,它们的目的都是公益,这与企业一般以营利为目的不同。尽管慈善活动参与者的慈善活动目的是公益,但它与政府活动所实现的公益也不尽相同。慈善活动参与者自愿实现公益目的,他们通过捐赠财产、慈善信托或提供服务等方式来实现;而政府公益目的是法定的,政府利用税收等经济手段、立法等法律手段、行政许可等行政手段进行经济调节、市场监督、社会管理和公共服务,最终实现公益目的。

三、慈善组织的设立、管理及终止

(一)慈善组织的设立:由双重许可向直接登记转型

一般而言,慈善组织的设立有许可主义和准则主义两种模式。在许可主义模式下,"许可"是慈善组织存在的前提和基础。没有经过许可,慈善组织无法登记自然不可能成为合法的社会组织。准则主义模式也即慈善组织只需按照法定的条件和程序登记即可取得合法资格。在中国,慈善组织的设立需经行政许可,而这种行政许可经历了从双重许可到直接登记的转变。

1. 双重许可。在《慈善法》实施前,依据国务院颁布的

---

[1] 参见《中华人民共和国慈善法》,载 http://www.gov.cn/zhengce/2016-03/19/content_5055467.htm。

《基金会管理条例》《社会团体登记管理条例》和《民办非企业单位登记管理暂行条例》三大条例及其他相关法律法规,对慈善组织的设立实行双重许可,即慈善组织在申请成立时必须先获得业务主管部门的批准,然后才能到登记管理机构申请登记。[1] 在双重许可制度下,一些从事慈善活动的社会组织无法或不愿到民政部门登记,转而到工商部门或其他部门登记或者干脆不登记。这种慈善组织的管理模式影响了慈善组织本应具有的独立性和自治性,扼杀了部分从事公益慈善人士的爱心,成为慈善事业发展的瓶颈。

2. 直接登记。2008年9月,深圳市规定公益慈善类社会组织可直接登记注册。[2] 2013年4月1日起,北京市区两级民政部门全面接受公益慈善类社会组织的直接登记申请。根据党的十八届二中全会精神,十二届全国人大一次会议审议通过的《国务院机构改革和职能转变方案》中明确提出:"重点培育、优先发展行业协会商会类、科技类、公益慈善类、城乡社区服务类社会组织。成立这些社会组织,直接向民政部门依法申请登记,不再需要业务主管单位审查同意。"[3] 随后不久,国务院办公厅下发《国务院办公厅关于实施〈国务院机构改革和职能转变方案〉任务分工的通知》,要求民政部会同国务院法制办于2013年12月底前完成《社会团体登记管理条例》等相关行政法规修订工作,民政部门按新制度加强监督管理,促进社会

---

[1] 参见郑功成主编:《〈中华人民共和国慈善法〉解读与应用》,人民出版社2016年版,第263页。

[2] 参见何增科:《深圳市社会组织登记管理体制改革的案例研究》,载《甘肃行政学院学报》2010年第4期。

[3] 《国务院机构改革和职能转变方案》,载http://www.china.com.cn/news/2013lianghui/2013-03/14/content_28245220_3.htm.

组织健康有序发展。2017年基本形成统一登记、各司其职、协调配合、分级负责、依法监管的社会组织管理体制。[1]

中国慈善立法吸收了社会组织登记改革的成果，取消了双重管理体制，代之以直接登记制。《慈善法》第10条第1款规定："设立慈善组织，应当向县级以上人民政府民政部门申请登记，民政部门应当自受理申请之日起30日内作出决定。符合本法规定条件的，准予登记并向社会公告；不符合本法规定条件的，不予登记并书面说明理由。"该条规定只规定了民政部门的职责，没有规定业务主管单位的职责，也就是说正式在法律中确立了慈善组织直接登记制。申请成立慈善组织时只需要向民政部门申请，各级民政部门是慈善组织的登记部门，也是行使慈善业务监管权力的部门。登记后的慈善组织获得了合法的主体资格，可以以慈善组织的名义从事慈善活动，符合公开募捐资格条件的，依法获得公开募捐的资格。慈善组织地位的获得也为慈善组织享有税收优惠奠定了基础。此后，民政部等部门开展了《社会团体登记管理条例》《民办非企业单位登记管理暂行条例》和《基金会管理条例》的修订工作，2018年8月，民政部起草了《社会组织登记管理条例（草案征求意见稿）》（以下简称《征求意见稿》）。《征求意见稿》第10条规定，设立提供扶贫、济困、扶老、救孤、恤病、助残、救灾、助医、助学服务的公益慈善类社会组织可直接登记。[2]

---

[1] 参见《国务院办公厅关于实施〈国务院机构改革和职能转变方案〉任务分工的通知》，载http://www.gov.cn/zhengce/content/2013-03/28/content_7601.htm.

[2] 参见《民政部关于〈社会组织登记管理条例（草案征求意见稿）〉公开征求意见的通知》，载http://yjzj.mca.gov.cn:8280/consult/noticedetail.do?noticeid=52.

《慈善法》还对该法颁布前已经设立的非营利性组织认定为慈善组织作了规定。《慈善法》第 10 条第 2、3 款规定:"本法公布前已经设立的基金会、社会团体、社会服务机构等非营利性组织,可以向其登记的民政部门申请认定为慈善组织,民政部门应当自受理申请之日起 20 日内作出决定。符合慈善组织条件的,予以认定并向社会公告;不符合慈善组织条件的,不予认定并书面说明理由。有特殊情况需要延长登记或者认定期限的,报经国务院民政部门批准,可以适当延长,但延长的期限不得超过 60 日。"已经设立的非营利性组织可根据自愿原则提出认定申请。这里的认定不同于国外能够直接获得税收优惠政策待遇的慈善认定,而是对既有的社会组织转变为慈善组织的后置认定。

(二) 慈善组织的管理

1. 规范慈善组织内部治理结构和行为。慈善组织应当建立健全内部治理结构,明确决策、执行、监督等方面的职责权限。在具体内容上,《慈善法》作了如下规定:

(1) 规定慈善组织应当执行国家统一的会计制度,依法进行会计核算,建立健全会计监督制度,并接受政府有关部门的监督管理。

(2) 要求慈善组织履行年度报告义务。《慈善法》规定,慈善组织应当每年向其登记的民政部门报送年度工作报告和财务会计报告。

(3) 规范慈善组织与管理人员的关联交易行为。《慈善法》规定,慈善组织的发起人、主要捐赠人以及管理人员,不得利用其关联关系损害慈善组织、受益人的利益和社会公共利益;与慈善组织发生交易行为的,不得参与慈善组织有关该交易行为的决策,有关交易情况应当向社会公开。

(4) 规定慈善组织不得从事、资助危害国家安全和社会公共利益的活动，不得接受附加违反法律法规和违背社会公德条件的捐赠，不得对受益人附加违反法律法规和违背社会公德的条件。

(5) 明确慈善组织剩余财产处理原则。《慈善法》规定，慈善组织清算后的剩余财产，应当按照慈善组织章程的规定转给宗旨相同或者相近的慈善组织；章程未规定的，由民政部门主持转给宗旨相同或者相近的慈善组织，并向社会公告。

2. 关联交易与投资监管。关联交易原本是企业经营领域的概念。根据财政部 2006 年颁布的《企业会计准则第 36 号——关联方披露》的规定，在企业财务和经营决策中，如果一方控制、共同控制另一方或对另一方施加重大影响，以及两方或两方以上同受一方控制、共同控制或重大影响的，构成关联方。关联方之间转移资源、劳务或义务的行为，不论是否收取价款，均被视为关联交易。从某种意义上来说，慈善组织与其发起人、主要捐赠人以及管理人之间也存在类似的控制或重大影响的关联关系，也可能发生类似的关联交易。《慈善法》第 14 条对慈善组织关联交易事项分两款作了规定："慈善组织的发起人、主要捐赠人以及管理人员，不得利用其关联关系损害慈善组织、受益人的利益和社会公共利益。""慈善组织的发起人、主要捐赠人以及管理人员与慈善组织发生交易行为的，不得参与慈善组织有关该交易行为的决策，有关交易情况应当向社会公开。"《慈善法》所说的关联交易，是指慈善组织与在本组织直接或间接占有权益、存在利害关系的关联方之间所进行的交易。关联方包括自然人、法人和其他组织，主要是慈善组织的发起人、主要捐赠人及行政管理人员。

关联方与慈善组织发生的交易行为，一般包括以下几种类型：①购买或销售商品；②购买或销售除商品之外的其他资产，如设备、建筑物等；③提供或接受劳务；④担保，如贷款担保；⑤提供资金，如以现金或实物形式提供贷款或股权投资；⑥租赁；⑦代理，如代理销售货物或代理签订合同等；⑧研究与开发项目的转移；⑨代表企业或由企业代表另一方进行债务结算；⑩支付关键管理人薪酬。[1]

在实际工作中，前三类关联交易是发生频率最高的，也是应当重点关注的情形。《慈善法》禁止不当的关联交易。慈善组织的发起人、主要捐赠人以及管理人员在和慈善组织之间发生的交易如买卖、租赁、贷款、担保、承揽、投资等关系中，有可能利用其影响力或控制力，假公济私，进行利益输送。与不存在关联关系、完全独立的交易主体之间达成的相同类型的交易相比，关联交易往往违背公平交易原则，在交易价格上或其他成交条件上，存在不公平之处，容易造成慈善组织的财产或利益以低于公允价值的价格转移给关联人或者是慈善组织以高于公允价值的价格向关联人购买需要的产品和服务，从而损害慈善组织、受益人的利益和社会公共利益。

中国《公益事业捐赠法》和《基金会管理条例》都规定，基金会应当按照合法、安全、有效的原则实现基金的保值、增值。在实践中，基金会既有采用传统的办法来保值增值，如银行存款等，也有一些开展了投资经营。《慈善法》第54条规定："慈善组织为实现财产保值、增值进行投资的，应当遵循合法、安全、有效的原则，投资取得的收益应当全部用于慈善目的。慈善组织的重大投资方案应当经决策机构组成人员2/3以上同

---

[1] 阚珂主编：《中华人民共和国慈善法释义》，法律出版社2016年版，第57页。

意。政府资助的财产和捐赠协议约定不得投资的财产，不得用于投资。慈善组织的负责人和工作人员不得在慈善组织投资的企业兼职或者领取报酬。前款规定事项的具体办法，由国务院民政部门制定。"这明确了慈善组织为实现财产保值增值进行投资的基本原则和相关要求，并授权国务院民政部门制定具体办法。

为了贯彻落实《慈善法》，2018年10月30日，民政部公布了《慈善组织保值增值投资活动管理暂行办法》（以下简称《办法》）。《办法》规定了投资的基本原则——合法、安全、有效，对慈善组织的投资领域做了以下规定：①直接购买银行、信托、证券、基金、期货、保险资产管理机构、金融资产投资公司等金融机构发行的资产管理产品；②通过发起设立、并购、参股等方式直接进行股权投资；③将财产委托给受金融监督管理部门监管的机构进行投资。

《办法》第6条对以上三类投资行为作了进一步的规定：慈善组织在投资资产管理产品时，应当审慎选择，购买与本组织风险识别能力和风险承担能力相匹配的产品。慈善组织直接进行股权投资的，被投资方的经营范围应当与慈善组织的宗旨和业务范围相关。慈善组织开展委托投资的，应当选择中国境内有资质从事投资管理业务，且管理审慎、信誉较高的机构。

《办法》第7条规定：慈善组织不得进行下列投资活动：①直接买卖股票；②直接购买商品及金融衍生品类产品；③投资人身保险产品；④以投资名义向个人、企业提供借款；⑤不符合国家产业政策的投资；⑥可能使本组织承担无限责任的投资；⑦违背本组织宗旨、可能损害信誉的投资；⑧非法集资等国家法律法规禁止的其他活动。

《办法》第16~18条规定了民政部门的监督管理责任和社

会监督：民政部门可以要求慈善组织就投资活动、风险控制、内部管理等事项作出说明，必要时可以进行约谈。慈善组织将不得用于投资的财产用于投资，民政部门依据《慈善法》第99条的有关规定进行处罚。慈善组织违反本办法规定，民政部门可以给予警告，并责令限期改正。慈善组织的财务和资产管理制度、重大投资情况应当依法依规向社会公开，接受社会监督。

（三）慈善组织的终止

慈善组织终止是指慈善组织退出机制，是慈善组织制度的重要组成部分。《慈善法》第17条规定："慈善组织有下列情形之一的，应当终止：①出现章程规定的终止情形的；②因分立、合并需要终止的；③连续2年未从事慈善活动的；④依法被撤销登记或者吊销登记证书的；⑤法律、行政法规规定应当终止的其他情形。"《征求意见稿》从慈善组织主体的角度规定了慈善组织终止时要向登记管理机关申请注销登记，其第34条规定："社会组织有下列情形之一的，应当向登记管理机关申请注销登记：①出现章程规定的终止情形的；②因分立、合并需要终止的；③依法被撤销登记或者吊销法人登记证书的；④因其他原因终止的。"不管是终止还是注销，都表明慈善组织彻底结束慈善活动并使其主体资格归于消灭的事实状态。规定慈善组织的终止制度，建立慈善组织的退出机制，能够维护慈善组织管理秩序，促进慈善组织健康发展。

四、慈善税收优惠法规政策

针对慈善税收优惠，中国已有法律、行政法规，以及财政部、国家税务总局等部门的规章与规范性文件，再加上一些地方性立法，总计达 60 多部（件）。[1] 总体来看，中国现行慈善税收优惠主要由四部分构成：一是慈善组织免税资格与税前扣除资格的确认与取得；二是慈善组织自身活动的税收优惠；三是对企业、个人等捐赠者的税收优惠；四是受益人的税收优惠。

（一）慈善组织免税资格与税前扣除资格的确认与取得

2009 年以来，财政部、国家税务总局下发了三个关于非营利组织免税资格认定管理有关问题的通知，对包括慈善组织在内的非营利组织免税资格申请条件、所需材料、申请、有效期限等作出了规定。根据《财政部、税务总局关于非营利组织免税资格认定管理有关问题的通知》（财税〔2018〕13 号），申请免税资格的非营利组织需要同时满足 8 个条件，具体如下：①依照国家有关法律法规设立或登记的事业单位、社会团体、基金会、社会服务机构、宗教活动场所、宗教院校以及财政部、税务总局认定的其他非营利组织；②从事公益性或者非营利性活动；③取得的收入除用于与该组织有关的、合理的支出外，全部用于登记核定或者章程规定的公益性或者非营利性事业；④财产及其孳息不用于分配，但不包括合理的工资薪金支出；⑤按照登记核定或者章程规定，该组织注销后的剩余财产用于公益性或者非营利性目的，或者由登记管理机关采取转赠给与该组织性质、宗旨相同的组织等处置方式，并向社会公告；⑥投入人对投入该组织的财产不保留或者享有任何财产权利；⑦工作人员工资福利开支控制在规定的比例内，不变相分配该组织的财产，其中：工作人员平均工资薪金水平不得超过税务登记所在地的地市级（含地市级）以上地区的同行业同类组织

---

[1] 参见郑功成主编：《慈善事业立法研究》，人民出版社 2015 年版，第 160 页。

平均工资水平的两倍，工作人员福利按照国家有关规定执行；⑧对取得的应纳税收入及其有关的成本、费用、损失应与免税收入及其有关的成本、费用、损失分别核算。

同2009年和2014年发布的通知相比，这个通知的申请条件的变化主要是关于工作人员工资水平的规定，之前的标准为税务登记所在地人均工资水平的两倍，现在为税务登记所在地的地市级（含地市级）以上地区的同行业同类组织平均工资水平的两倍。另外，取消了申请前年度的检查结论为"合格"的条件。这主要是为了配合社会组织管理将年检改为年报方式的改革。非营利组织免税优惠资格的有效期为5年。非营利组织必须按照《中华人民共和国税收征收管理法》（以下简称《税收征收管理法》）及《中华人民共和国税收征收管理法实施细则》（以下简称《税收征收管理法实施细则》）等有关规定，办理税务登记，按期进行纳税申报。取得免税资格的非营利组织应按照规定向主管税务机关办理免税手续，免税条件发生变化的，应当自发生变化之日起15日内向主管税务机关报告；不再符合免税条件的，应当依法履行纳税义务；未依法纳税的，主管税务机关应当予以追缴。

关于慈善组织税前扣除资格，财政部、国家税务总局、民政部已多次下发通知、办法和指引。根据现行《财政部、国家税务总局、民政部关于公益性捐赠税前扣除资格确认审批有关调整事项的通知》（财税〔2015〕141号），"公益性捐赠税前扣除资格确认"作为非行政许可审批事项予以取消，改由财政、税务、民政等部门结合社会组织登记注册、公益活动情况联合确认公益性捐赠税前扣除资格，并以公告形式发布名单。通知对新设立和已经运行的社会组织的公益性社会团体捐赠税前扣除资格确认程序分别作出了规定：

第三章　中外慈善事业法规政策比较

1. 对在民政部登记设立的社会组织，由民政部在登记注册环节会同财政部、国家税务总局对其公益性进行联合确认，对符合公益性社会团体条件的社会组织，财政部、国家税务总局、民政部联合发布公告，明确其公益性捐赠税前扣除资格。

2. 对在民政部登记注册且已经运行的社会组织，由财政部、国家税务总局和民政部结合社会组织公益活动情况和年度检查、评估等情况，对符合公益性社会团体条件的社会组织联合发布公告，明确其公益性捐赠税前扣除资格。

3. 在省级和省级以下民政部门登记注册的社会组织，由省级相关部门参照本条第1项、第2项执行。[1]

（二）慈善组织自身的税收优惠

《慈善法》第79条规定："慈善组织及其取得的收入依法享受税收优惠。"本条概括性明确了慈善组织及其收入税收优惠的规范。下面分两个方面具体阐述：[2]

1. 慈善组织自身的税收优惠。根据中国现行税收法律制度，并非任何慈善组织均可享受税收优惠。慈善组织获得税收优惠的前提是慈善组织先行获得免税资格（见上文）。慈善组织的税收优惠主要包括企业所得税、增值税、营业税、契税、房产税、进口关税、进口环节增值税等。

早在企业所得税法及其实施条例颁布实施之前，中国税法对于非营利组织非因从事经营活动而获得的收入都予以免征企业所得税。1997年，财政部和国家税务总局根据企业所得税暂

---

〔1〕 参见《财政部、国家税务总局、民政部关于公益性捐赠税前扣除资格确认审批有关调整事项的通知》（财税〔2015〕141号），载http://www.chinatax.gov.cn/n810341/n810755/c2001026/content.html.

〔2〕 参见郑功成主编：《〈中华人民共和国慈善法〉解读与应用》，人民出版社2016年版，第242~243页。

行条例及其实施细则,根据事业单位和社会团体的有关特点颁布了《财政部、国家税务总局关于事业单位、社会团体征收企业所得税有关问题的通知》,这一规定被1999年国家税务总局颁布的《事业单位、社会团体、民办非企业单位企业所得税征收管理办法》几乎全盘接受。对社会团体、民办非企业单位的不同收入实施不同的税收政策:来自政府的财政拨款和财政资助、社会团体收取的会费和社会各界的捐赠收入免征企业所得税,其他收入依法计征所得税。1999年国家税务总局还针对基金会出台了《关于基金会应税收入问题的通知》,规定基金会在金融机构的基金存款取得的利息收入,暂不作为企业所得税应税收入;对其购买股票、债券(国库券除外)等有价证券所取得的收入和其他收入征收企业所得税。同年颁布实施的《公益事业捐赠法》第四章专章规定了相关支持政策,对于捐赠人(包括单位和个人)的所得税方面的优惠进行了原则性规定。[1]

2009年11月发布的《财政部、国家税务总局关于非营利组织企业所得税免税收入问题的通知》(财税〔2009〕122号)中规定:非营利组织的下列收入为免税收入:①接受其他单位或者个人捐赠的收入;②除《企业所得税法》第7条规定的财政拨款以外的其他政府补助收入,但不包括因政府购买服务取得的收入;③按照省级以上民政、财政部门规定收取的会费;④不征税收入和免税收入孳生的银行存款利息收入;⑤财政部、国家税务总局规定的其他收入。

对慈善组织提供的慈善服务有部分免征营业税的规定。托儿所、幼儿园、养老院、残疾人福利机构提供的养育服务、婚

---

[1] 参见金锦萍编著:《社会组织财税制度》,中国社会出版社2011年版,第87~88页。

姻介绍、殡葬服务，非营利医疗机构按照国家规定价格收取的医疗卫生服务收入，学校、其他教育机构提供的教育劳务，社会团体收取的会费收入等，免征营业税。

与慈善组织相关的税收优惠还有，经国务院授权的政府部门批准设立或登记备案并由国家拨付行政事业费的各类社会团体自用的房产（办公用房、公务用房）免征房产税；政府部门和企事业单位、社会团体以及个人等社会力量兴办的福利性、非营利性的老年服务机构，国家拨付事业经费和企业办的各类学校、托儿所、幼儿园，以及疾病控制机构和妇幼保健机构等卫生机构自用的土地免征城镇土地使用税；另外，还有免征车船使用税、契税、增值税等方面的规范。

2. 慈善组织收入的税收优惠。根据修订后的《企业所得税优惠政策事项办理办法》，符合条件的非营利组织的收入免征企业所得税，非营利组织可以按照《企业所得税优惠事项管理目录（2017年版）》列示的时间自行计算减免税额，并通过填报企业所得税纳税申报表享受税收优惠。[1]

需要指出的是，慈善组织的收入多种多样，哪些收入应当免税，哪些收入应当合理减税，哪些收入需要全额征税，还需要通过税收法律制度的修订完善，加以明确。

(三) 捐赠者的税收优惠

《慈善法》第80条规定："自然人、法人和其他组织捐赠财产用于慈善活动的，依法享受税收优惠。企业慈善捐赠支出超过法律规定的准予在计算企业所得税应纳税所得额时当年扣除

---

[1]《国家税务总局关于发布修订后的〈企业所得税优惠政策事项办理办法〉的公告》，载http：//www.chinatax.gov.cn/n810341/n810765/n3359382/n3359449/c3627772/content.html。

的部分，允许结转以后3年内在计算应纳税所得额时扣除。境外捐赠用于慈善活动的物资，依法减征或者免征进口关税和进口环节增值税。"本条规定了捐赠者的税收减免。捐赠者包括个人、企业、其他社会力量、国际组织、外国慈善组织等各种可能的捐赠主体。对捐赠者的税收优惠主要是运用税法激励个人和企业等为慈善组织提供资助，并以税收减免的形式保证捐赠者的经济利益。在税种方面，广泛覆盖到所得税、印花税、增值税、营业税等。

2017年2月24日，第十二届全国人民代表大会常务委员会第二十六次会议对《企业所得税法》第9条作了修改，修改后的第9条规定："企业发生的公益性捐赠支出，在年度利润总额12%以内的部分，准予在计算应纳税所得额时扣除；超过年度利润总额12%的部分，准予结转以后3年内在计算应纳税所得额时扣除。"《企业所得税法》在结转机制上与《慈善法》相衔接。2019年4月29日，国务院公布了《国务院关于修改部分行政法规的决定》（以下简称《决定》），对《企业所得税法实施条例》等行政法规作了修改。其中对《企业所得税法实施条例》修改包括：修改了第51条，明确了公益性捐赠的含义，它是指"企业通过公益性社会组织或者县级以上人民政府及其部门，用于符合法律规定的慈善活动、公益事业的捐赠"；修改了第52条，对公益性社会组织作了界定；将第53条第1款修改为：企业当年发生以及以前年度结转的公益性捐赠支出，不超过年度利润总额12%的部分，准予扣除。[1]

《个人所得税法》第6条第3款规定："个人将其所得对教

---

[1] 参见《国务院关于修改部分行政法规的决定》，载 http://www.gov.cn/zhengce/content/2019-04/29/content_5387404.htm.

育、扶贫、济困等公益慈善事业进行捐赠,捐赠额未超过纳税人申报的应纳税所得额30%的部分,可以从其应纳税所得额中扣除;国务院规定对公益慈善事业捐赠实行全额税前扣除的,从其规定。"

对于企业、个人等社会力量在特定时期内为汶川地震、舟曲泥石流、芦山地震、玉树地震的灾后重建,举办北京奥运会和上海世博会等特定事项的捐赠,依据国务院的要求和财政部、国家税务总局下发的相关通知文件,可以在当年交纳企业所得税前和当年个人所得税前据实全额扣除。另外,为支持上述特定灾害的灾后重建,对单位和个体经营者将自产、委托加工或购买的货物通过公益性社会团体、县级以上人民政府及其部门捐赠给受灾地区的,免征增值税、城市维护建设税及教育费附加,财产所有人将财产(物品)直接捐赠或通过公益性社会团体、县级以上人民政府及其部门捐赠给受灾地区或受灾居民所书立的产权转移书据,免征印花税。

2019年4月10日,《财政部、税务总局、国务院扶贫办关于扶贫货物捐赠免征增值税政策的公告》发布,自2019年1月1日至2022年12月31日,对单位或者个体工商户将自产、委托加工或购买的货物通过公益性社会组织、县级及以上人民政府及其组成部门和直属机构,或直接无偿捐赠给目标脱贫地区的单位和个人,免征增值税。在政策执行期限内,目标脱贫地区实现脱贫的,可继续适用上述政策。在2015年1月1日至2018年12月31日期间已发生的符合上述条件的扶贫货物捐赠,可追溯执行上述增值税政策。在本公告发布之前已征收入库的按上述规定应予免征的增值税税款,可抵减纳税人以后月份应缴纳的增值税税款或者办理税款退库。已向购买方开具增值税专用发票的,应将专用发票追回后方可办理免税。无法追回专用发票的，不予免税。"目标脱贫地区"包括 832 个国家扶贫开发工作重点县、集中连片特困地区县（新疆阿克苏地区 6 县 1 市享受片区政策）和建档立卡贫困村。[1]

在涉外捐赠方面，根据《中华人民共和国进出口关税条例》，以及财政部、国家税务总局、海关总署出台的规章、文件，境外捐赠人无偿向受赠人捐赠的直接用于慈善事业的物资，免征进口关税和进口环节增值税。

（四）受益人的税收优惠

《基金会管理条例》第 26 条规定："基金会及其捐赠人、受益人依照法律、行政法规的规定享受税收优惠。"首次专门规定了受益人依法享受税收优惠。《慈善法》第 81 条规定："受益人接受慈善捐赠，依法享受税收优惠。"根据《个人所得税法》（第 4、5 条）及其实施条例的规定，福利费、抚恤金、救济金免征个人所得税；残疾、孤老人员和烈属的所得，因自然灾害遭受重大损失的，以及国务院规定的其他减税情形，其个人所得税也可减免征收。

第二节　外国慈善事业法规政策

本部分包括以下内容：国外发达国家慈善事业法规政策概况，慈善目的，慈善组织的设立、管理及终止与慈善税收法规政策。

---

〔1〕 参见《财政部、税务总局、国务院扶贫办关于扶贫货物捐赠免征增值税政策的公告》（财政部、税务总局、国务院扶贫办公告 2019 年第 55 号），载 http://szs.mof.gov.cn/zhengwuxinxi/zhengcefabu/201904/t20190418_3227846.html。

第三章 中外慈善事业法规政策比较

一、国外发达国家慈善事业法规政策概况

(一) 英国

英国的慈善法有400多年的历史,1601年英国女王伊丽莎白一世颁布了世界上第一部规范慈善事业的法律——《慈善用途法》,该法序言列举了10项慈善行为。1853年英国政府根据颁布施行的《慈善信托法》正式设立了慈善委员会,作为英国慈善事业的总监管机构。二战后英国于1954年制定了《慈善信托法》、1958年制定了《娱乐慈善法》,1960年出台的《慈善法》则对之前的慈善法规进行了高度的整合,此后1992年、1993年、2006年、2011年,立法者又对《慈善法》进行了修订和更新。2011年《慈善法》对慈善组织、慈善目的、慈善委员会、慈善组织的登记和名称、慈善组织土地、慈善组织账户、报告及年报、受托人、慈善公司、法人慈善组织、非法人慈善组织、特殊信托、地方慈善组织、法庭等作出了规定。

(二) 美国

美国没有专门和独立的关于慈善的法律,有关慈善的规定和条款散见于宪法、税法、公司法、非营利组织法、雇佣法、信托法、社会保障法等联邦和州的法律法规中。美国《宪法》在其宪章中明确规定了每个公民都有自愿参与慈善的权利。美国税法和公司法分别从慈善组织的外部激励、监督及慈善组织的内部治理两个角度进行分工,并达到相互配合、相互补充、共同管理慈善事业的目标。1969年《税收改革法》引入了针对私人非运营基金会资助美国国内税务局(Internal Revenue Service,简称IRS)注册免税组织的投资收益免税制度;美国《统一非法人非营利法人示范法》规定了慈善组织作为独立法律主体起诉和被起诉的权限;美国《慈善目的信托受托人监管统一

法》则要求所有慈善受托人必须到总检察长办公室注册；美国《福利改革法》专设"慈善选择"条款。经过长期发展，美国已经形成了"由一系列税收、公司、非营利组织、基金管理、信托、就业、社会福利等联邦制定法相关条款和国家税务局相关行政法规、州慈善相关法律法规构成的非系统化的法律制度体系"。慈善法律制度体系、优良的税收优惠政策和健全的非营利组织内部治理规则，为美国慈善事业的发展插上了腾飞的翅膀。[1]

（三）加拿大

加拿大的慈善法主要由联邦和省（地区）的判例法和制定法所组成。1867年加拿大《宪法》第92（7）条规定了对慈善事业的规范主要是省政府的权力，省政府对该省运行的慈善组织的设立、维护和管理负责。就立法模式而言，加拿大联邦立法与各省分别立法并存。联邦立法主要有：1917年《战争慈善组织法》、1950年《所得税法修正案》和1970年《公司法》。此外，加拿大所有的10个省3个区域也有相应规范慈善事业的法律法规。以安大略省为例，相关的立法有安大略省《慈善捐赠法》《慈善会计法》《慈善机构法》《企业法》《信托法》等诸多地方法律。

（四）德国

德国的慈善法律采取的是分散立法的模式，在德国，没有一部统一的慈善法律来对慈善事业予以规范，相应的法律规范和准则分散在各个部门法中，这与英国的集中立法模式不同。德国的慈善法律主要包括慈善组织立法和慈善税收优惠立法两

---

〔1〕参见邹世允：《中国慈善事业法律制度完善研究》，法律出版社2013年版，第75~76页。

个方面，慈善组织立法主要适用于民法典中关于法人制度的规定和结社法，慈善税收优惠立法则分散在各部税法之中。

德国慈善立法主要集中在联邦法层面，其中有关慈善组织的法律主要包括德国《民法典》《基本法》《结社法》三部法律。德国是近代世界各国最早规定法人制度的国家，1896年德国《民法典》在其总则中专门规定社团法人和财团法人两种基本的法人类型，并对社团的基本分类（营利社团和非营利社团）、治理结构、登记注册以及监督等问题作出了详细的规定，对各类财团法人（如慈善组织）的捐赠、组织以及运作也作了具体的规定。二战结束后，联邦议会颁布的德国《基本法》赋予了公民结社自由的权利，这为慈善组织的自由成立奠定了基础。为了有效规范慈善组织，1964年德国联邦议会通过了专门性的德国《结社法》。该法对结社的原则、社团的定义、社团的权利、社团的注册、解散、监管和管制等内容，作了详细具体的规定。[1]

二、慈善目的

（一）英国

在英国慈善法制发展历史上，英国1601年《慈善用途法》序言部分列举了很多慈善目的，奠定了慈善目的的现代法律含义的基础。1891年，英国税务局认为麦纳顿勋爵（Lord MacNaghten）在帕姆塞尔案中所确立的四种类型是权威的意见，包括：①救助贫困；②促进教育；③推广宗教；④除上述之外，其他有益于社会而具慈善性质的宗旨。

经过上百年的判例发展，政府认为上述四种类型以及英国

---

[1] 参见邹世允：《中国慈善事业法律制度完善研究》，法律出版社2013年版，第94~98页。

1601年《慈善用途法》的序言会产生大量的法律不确定性与混乱，并且已不能代表21世纪诸多慈善目的类型。在此背景下，制定了2006年《慈善法》，引入了13类慈善目的，取代传统的四分法慈善目的分类。最近，2006年《慈善法》关于慈善目的的界定又被原封不动地合并进了2011年《慈善法》中。根据2011年《慈善法》的规定，慈善目的包括：①防治或救济贫困；②促进教育事业；③促进宗教事业；④增进健康与生命救助；⑤促进公民权与社区发展；⑥促进艺术、文化、遗产或科学；⑦促进业余体育运动；⑧促进人权、冲突解决或和解或者推动宗教或种族的和谐或平等与多样性；⑨促进环境保护或改善；⑩救助因年幼、高龄、不健康、残疾、经济困难或者其他劣势而需要帮助者；⑪促进动物福利；⑫促进皇家武装部队的效能或者警察、防火、营救服务或救护服务机构的效能；⑬其他与上述目的相似或在其精神之中的目的。[1]

（二）美国

在美国，1986年美国《国内税收法典》第501（c）条规定："推进科学发展、减轻政府负担、缓解邻里紧张关系、消除偏见和歧视、保护法律赋予的人权和公民权利、防止社区恶化和青少年犯罪，以及其他具有公益性的目的。"[2] 美国判例法对慈善目的的理解经过了一段时间的发展以适应不断变化的公共利益理念。2001年通过的《第三次信托法重述》明确了慈善目的包括英国法所界定的四类首要目的，即关于贫困、教育、宗教和其他有利于社区的目的，同时增加了推进健康和市政目

---

[1] See Descriptions of Purposes, Charities Act 2011, s.3（1），http：//www.legislation.gov.uk/ukpga/2011/25/section/3.

[2] 参见聊城大学慈善法研究课题组：《〈中华人民共和国慈善法〉专家建议稿》，法律出版社2015年版，第41~42页。

的。对于向慈善法人和慈善信托的捐赠和遗赠是否有效的问题，慈善目的的定义颇为重要，而在判断是否适用近似原则或偏差原则时，这一问题意义更大。[1]

（三）加拿大

在加拿大，关于慈善目的，法院一般根据英国帕姆塞尔案中的四分类法来认定慈善目的。在亚伯达省，该省2000年《慈善筹款法》将慈善目的界定为，一个博爱、善举、教育、卫生、人道、宗教、文化、艺术或者娱乐目的，只要其目的并不是商业的一部分。[2] 在萨斯喀彻温省，该省《慈善资金募集企业法》关于慈善目的的规定是"乐善好施、善意的、教育、健康、人道的、宗教、文化、艺术、体育、环保或娱乐目的"[3]，可见，在地方层面，关于慈善目的的界定也基本一致。

三、慈善组织的设立、管理及终止

（一）英国

1. 慈善组织登记。在英国，根据2011年《慈善法》，除了无须登记的慈善组织，任何慈善组织均须在登记簿中登记。无须登记的慈善组织包括以下四类：①豁免登记的慈善组织；②依据慈善委员会命令永久或暂时无须登记，且符合无须登记所需的任何条件，总收益不超过10万英镑；③总收益不超过10万英镑符合如下条件的慈善组织：依据部长制定的条例永久或暂时无须登记或符合无须登记的性质，而且符合无须登记所需

---

[1] 参见［美］玛丽恩·R. 弗莱蒙特-史密斯：《非营利组织的治理：联邦与州的法律与规制》，金锦萍译，社会科学文献出版社2016年版，第47页。

[2] See Charitable Fund‐raising Act 2000, http://www.qp.alberta.ca/documents/Acts/c09.pdf.

[3] 参见杨道波等译校：《国外慈善法译汇》，中国政法大学出版社2011年版，第184页。

的任何条件;④总收益不超过5000英镑的慈善组织。[1]

在英国,除了豁免登记和符合条件无须登记的慈善组织,以及总收益不超过5000英镑的慈善组织,其他慈善组织皆要进行登记。这些慈善组织在进行登记后,可以享受一些特殊权利。如果慈善组织的行为直接或间接地为整个或者部分英格兰带来利益,这些慈善组织可以得到财政帮助。[2]这种"抓大放小"的适度宽松的注册登记制度,能够使慈善委员会将监管重点放在大型慈善组织上,集中力量加强对大型慈善组织的监管。同时,放松对小型慈善组织的约束,使它们能够更加自由地发展,从而发挥这些组织为基层社区和民众提供公共服务的作用,以推动公共服务现代化并且提升公民的社会责任感。[3]

2. 慈善组织的建立步骤。根据英国慈善委员会制定的《英国慈善委员会指引》,建立慈善组织需要遵循以下七个步骤:

(1)申请登记或确认为慈善组织。根据法律,若要设立慈善性法人组织(Charitable Incorporated Organisation,简称CIO)或年收益超过5000英镑的慈善组织,必须向慈善委员会申请登记,但不需要登记的特殊类型的慈善组织除外。发现需要登记的慈善组织未登记的,慈善委员会将采取措施,确保其登记。若慈善组织不属于CIO且收益低于5000英镑的,无须在慈善委员会登记,但必须向英国税务与海关总署申请确认其为慈善组织,这样才能要求返还救援捐赠物资等的税款。

---

[1] 参见金锦萍译:《非营利组织法译汇(三)英国慈善法》,社会科学文献出版社2017年版,第237~238页。

[2] 参见杨道波等译校:《国外慈善法译汇》,中国政法大学出版社2011年版,第66页。

[3] 参见张霞:《英国现行慈善立法的特征》,载《中国社会报》2014年3月17日,第3版。

(2) 决定慈善组织目的。①决定慈善目的。②用语言表达慈善组织目的。慈善目的中应说明：工作的预期成果是什么；在哪里产生这些成果；如何实现这些成果；谁可以从该成果中受益。

(3) 选择慈善组织结构。一旦决定了慈善目的，就需要决定慈善组织的结构。慈善组织的结构主要有以下四种类型：慈善性法人组织；慈善保证公司；非法人组织；信托机构。

(4) 拟定规章。慈善组织规章是创建慈善组织并说明应如何运作的法律文件，包括以下内容：①慈善组织的名称；②慈善组织的慈善目的（"目标"）；③为实现目标可以做的有哪些（"权力"），如借款；④慈善组织由谁运营（"受托人"）以及谁可以成为成员（若有的话）；⑤如何召开会议；⑥任命多少受托人以及如何任命；⑦有关给受托人付款、投资和持有土地的任何规定；⑧受托人是否可以修订规章，包括慈善目标（"修订条款"）；⑨如何关闭慈善组织（"解散条款"）。

(5) 选择名称。作为受托人，要负责为慈善组织选择一个名称。若登记慈善组织时使用的名称具有误导性或已被其他慈善组织使用，委员会会要求变更名称，相关费用由该慈善组织承担。

(6) 寻找受托人。慈善组织受托人是决定如何运营慈善组织的人，负责对慈善组织总体管控和管理。慈善组织需招募充足具有相关技能和经验的受托人。慈善组织规章中应说明需要任命多少名受托人。委员会建议至少有3名不相关受托人，且具备不同技能。

(7) 资助慈善组织工作。建立慈善组织后，开始筹集资金。

慈善组织筹集的资金必须安全保管,并合理做账。[1]

3. 变更名称。英国 2011 年《慈善法》规定慈善委员会可以通过指令的形式要求慈善组织在规定的时间变更其名称,新名称由慈善组织受托人决定,并需经由委员会批准。应当变更名称的情形有:①慈善组织申请注册时,其名称同于或者委员会认为非常类似于另外一个慈善组织名称(不论该组织登记与否);②委员会认为该组织的名称会误导公众,使公众对该组织设立时的目的以及该组织为实现该目的而进行的活动本质产生误解;③该组织的名称中包含国务大臣制定的规章中所罗列的字词和措辞,并且委员会认为该组织在名称中使用这些字或者措辞会误导公众对该慈善组织地位的认识;④委员会认为该慈善组织的名称的使用会使公众认为该组织与女王政府、任何一个地方政府、任何其他团体或者个人有一定联系,虽然该慈善组织事实上与它们并无任何关系;⑤委员会认为该慈善组织名称的使用有违礼仪。

4. CIO 的合并。英国 2011 年《慈善法》对 CIO 的合并作了规定。任何两个或更多的 CIO 可根据规定向慈善委员会申请合并,并将合并后的机构登记为新的 CIO 慈善组织。原有 CIO 应向慈善委员会提交以下材料:新 CIO 拟定的组织章程副本;CIO 条例可能规定的其他文件或信息,以及慈善委员会为申请之目的要求的其他文件或信息。原有的 CIO 还应向慈善委员会提交除以上文件和信息之外的其他材料:每个原有 CIO 批准拟定合并的决议副本,以及每个原有 CIO 采纳新 CIO 章程的决议副本。慈善委员会若准许合并申请,则必须在慈善组织登记簿中登记

---

[1] 参见英国慈善委员会:《英国慈善委员会指引》,林少伟译,法律出版社 2017 年版,第 411~416 页。

第三章 中外慈善事业法规政策比较

新 CIO。在新 CIO 登记时，所有原有 CIO 的财产、权利和义务均由新 CIO 享有或承担，且原有 CIO 解散。[1]

（二）美国[2]

在美国，慈善组织的设立有两种方式：法人和信托。20 世纪中期开始，法人成为美国最普遍的慈善组织设立方式。慈善组织也可以以非正式的志愿社团形式设立，但是这种方式很少被采用。20 世纪 90 年代，一种被称作有限责任公司（Limited Liability Company，简称 LIC）的新的法律形式发展起来，并在 20 世纪 90 年代末被各州立法所承认。

1. 慈善法人的设立、管理和终止。与信托不同，法人非经州政府的批准不得设立。在美国，若想获得批准，首先须按制定法要求准备一系列文件，然后在该州负责法人设立的官员（通常是州务卿）处备案。有些州还要求将这些文件在法人办公场所所在地的区或郡的负责官员处备案。许多州仅要求设立申请中包括至少一名发起人以及一些基本信息，如设立目的、权限划分、理事的姓名和地址、成员名单（如有的话）。递交申请并在要求缴纳费用的情况下缴纳备案费用后，该州具体负责的官员会直接向公司发起人或其代表人颁发许可证或执照，法人即宣告成立，并依其设立目的开展活动。

慈善法人的治理方式最初由发起人决定，并在章程中详细规定法人治理的基本框架结构。除决定法人慈善目的外，治理框架中最重要的事项是将法人的控制权交给理事会，或是由理事会和法人的成员共同行使。慈善法人多数由一个永久存续的

---

[1] 参见金锦萍译：《非营利组织法译汇（三）英国慈善法》，社会科学文献出版社 2017 年版，第 374~377 页。
[2] 参见［美］玛丽恩·R. 弗莱蒙特-史密斯：《非营利组织的治理：联邦与州的法律与规制》，金锦萍译，社会科学文献出版社 2016 年版，第 111~176 页。

理事会（通常称为受托人）来治理。理事义务有两大类：第一类是忠实义务和勤勉义务，第二类是管理义务。下面主要讨论理事的管理义务。

（1）理事的管理义务如下：①委托中的义务。早期的法人治理规则，允许理事将法人绝大部分管理职责委托给他人行使，自己只保留一般监督权。尽管如此，理事也不能放弃他们管理法人事务的职责，如法人因理事的不作为而遭受损失的，理事还要对此损失负个人责任。理事不能将权力集中委托给一个人或一个团体行使，也不能只当名义理事。即使法律没有明文规定，每个法人都有任命执行委员会的固有权限，以便在理事会闭会期间履行其职能。理事会治理法人的终极职责不可委托他人代为行使。与慈善信托不同，慈善法人通常可以将投资决策权委托给财务委员会行使，有些州的法律还允许其将此权限交给外部投资顾问行使。②制作并呈递账目的义务。美国《非营利法人示范法》并不要求理事递交年度报告，但规定法人必须制作正确且完整的账目并保存所有会议记录，以便其会员和代理人出于任何合理目的在任何时候查看、监督。美国《非营利法人示范法（修订版）》进一步规定：经会员或理事要求，法人应提供最新财务报告，并提供注册会计师、总裁或财务执行官的说明，阐明报告是基于通行会计准则制作的，并列明报告与以往年度报告的不同之处。当法人作为受托人管理信托基金时，还负有报告义务。宾夕法尼亚州法律规定慈善法人的理事会应将信托资金区别于法人的其他财产单独记账。除信托条款另有规定外，理事会应向有关成员做信托年度报告。③其他义务。其他一些规制受托人的义务也对理事同样适用，包括根据信托条款进行管理，管控信托财产，使信托财产保值，起诉和应诉，使信托财产增值义务。

（2）理事的管理权限。法人依法享有自然人权利中为实现其合理目的所必需的所有权利。各州公司法的一般性规定赋予法人以特定权限。法院还默认了一些因法人存在这一事实而自然获得的其他权限。这些权限的获取仅须基于法人设立的事实。许多州的非营利法人法参照营利公司法规定了这些权限，并删去了不适用于非营利法人的权限，如股票发行权。《非营利法人示范法（修订版）》第3.02条规定：每个法人可以以其名称永久存续，享有同自然人一样的，开展其业务活动所必需的或者合理的权限，并明确规定了17项权限（但不限于此），其中包括：起诉和应诉；持有并使用法人印章；制定或修改章程细则；自由取得所有类型的财产及财产权益，包括抵押或保证的权限；缔结契约，贷款，提供担保，向他人（理事和管理人员除外）提供借款；在州内外开展业务活动；选举或者委任理事、管理人员、雇员、代理人，并规定其报酬；支付养老金；从事慈善捐赠；规定接收会员条件，向会员收取会费和其他费用；进行商业活动等。上述权限都属于非营利法人典型权限，不是直接采用《非营利法人示范法（修订版）》的其他州的非营利法人法中也规定了这些权限。

财税法规规定，慈善法人若想获得联邦免税待遇，章程中就不能有明示条款授权法人在实质上参与任何与实现免税目的无关的活动。而且，这些法律规定不得授予法人任何与免税目的相悖的权限。此类规则有力告诫理事们，在成立慈善法人时应注意其权限只能在促进该法人慈善目的之内。在判断理事未经授权进行活动是否承担责任时，这一规则使理事不能以无心之失作为辩解理由。

美国《非营利法人示范法》第14章专门规定了非营利法人的解散方式，包括自愿解散、行政解散和司法解散，这三种解散方式都有政府监管的介入。慈善组织的创办者可以自愿解散慈善组织,但应当事先取得州首席检察官的批准;法人未按时支付罚款或税款、未按时向州务卿提交年度工作报告,州务卿可以行政解散公益法人;州首席检察官如果发现慈善组织的财产被挪用或者被浪费,可以通过启动诉讼的方式司法解散慈善法人。[1]

2. 慈善信托的设立、管理和终止。

(1)慈善信托的设立。慈善信托和慈善法人的设立和管理分别由不同的法律来调整,并分别予以规定。美国《信托法第二次重述》将慈善信托定义为:"一种有关财产的信任关系,产生于一种设立信托的意思表示,它使一人持有财产并负有衡平法上的义务,必须为慈善目的而处理财产。"[2]设立慈善信托有三个要件:①即将成为信托标的的财产;②设立信托意图的证明;③经信托设立地的州法院认定为慈善性的目的。设立慈善信托的意图的证明通常是一个书面的声明或是契约,被称为信托文书或信托契约。个人也可以通过口头宣布自己作为受托人为了一些具体的慈善目的而持有特定的具体财产来创设一个慈善信托。捐赠人在有生之年创设的生前信托无须依靠法院或州政府即可设立。遗嘱信托则是由遗嘱创设的,仅当捐赠人去世时才生效。证明遗嘱信托的创设文件必须符合遗嘱执行所在州关于遗产处置的相关规定。其中,遗嘱信托会在遗嘱人死亡时住所地的州法院监督下设立。法院将监督遗嘱人全部遗产的

---

[1] 参见董蕾红、李宝军:《论慈善组织的政府监管》,载《山东大学学报(哲学社会科学版)》2015年第6期。

[2] 参见 Restatement (Second) of Trusts, §348. 转引自[美]玛丽恩·R.弗莱蒙特-史密斯:《非营利组织的治理:联邦与州的法律与规制》,金锦萍译,社会科学文献出版社2016年版,第128页。

处置，并且在许多情况下保留在信托存续期间的监督权。

（2）受托人的管理责任和管理权力。所有州的制定法和判例法，都有规定受托人义务的法律规则。有些义务是以管理为特性的，而另一些则是信托概念以及信赖关系的基础。受托人主要的管理性义务如下：①转委托中的义务。在普通法中，受托人对于管理负有个人责任。尽管他可以将行政性事务的执行授权给他人，也可以聘请顾问、律师、会计师或是股票经纪人来协助他，并将信托财产委托给他们，但他不能授权他人"从事那些有理由要求受托人亲自从事的行为"。受托人授权他人进行投资就被明确禁止。美国1964年《统一受托人权利法》有力地推翻了普通法中不能转委托的规则，该法第3（c）条允许受托人转委托他人进行行政性事务，受托人可以在没有经过独立调查的情况下依照代理人的建议行事，可以允许代理人从事包括自由裁量的任何管理事务。然而，该法的第4条禁止受托人将信托的全部管理事务授权给任何共同受托人。美国1990年《信托法第三次重述》采用了谨慎投资人规则，规定除了那些一个审慎的人可能委托给他人的权限之外，受托人有责任亲自履行受托人职责。美国1994年《统一谨慎投资人法》的第9条将《信托法第三次重述》中的规则以立法形式固定下来，授权受托人将投资和管理的职能授予他人，这些职能限于一个具有相当技能的审慎受托人在相似情形下能适当地授权的情形：在选择代理人、确定授权范围和定期考核代理人的表现中运用合理的技能，尽到合理的注意义务。②制作和呈递账目的义务。一般来说，受托人有义务制作和提供清晰、完整和准确的账目，并且就信托财产和信托管理方面做记录，还应根据受益人的请求每隔一段合理时间向其呈递账目或报告。这些记录包括：所有收入及支出、收益和损失以及本金和收入的分配。③其他义务。

除了涉及授权和报告的义务之外,受托人也承担其他一些源于信托关系的特定义务。《信托法第二次重述》以不同条款列举了9项义务:管理信托事务的义务;管控财产的义务;使信托财产保值的义务;提出权利请求的义务;诉讼中进行抗辩的义务;使信托财产增值的义务;保证管理信托财产独立性义务;将信托财产与受托人个人财产相分离的义务;谨慎选择适当银行存放信托资金并指明存款专项用途的义务。

信托法不仅规定了消极限制,也授予受托人权限来履行他们的义务。只要不与法律或公共政策相抵触,受托人可实施信托条款授予他的任何权限。通常法律授予的权限与受托人义务紧密相关。例如,受托人必须使信托财产增值。相应地,他有权进行投资和再投资。同样,他有权支出费用、出租或出售财产、谈判妥协、进行仲裁、和解,甚至投资股票,只要不与受益人的权益相抵触。

(3) 终止。慈善信托设立者的意愿是慈善信托存续期间的决定因素。当可能违背设立者的意愿时,法院并不主动命令终止慈善信托。然而,当信托存续的原因不再有效时,法院可能会允许信托终止。

(三) 加拿大

在加拿大,加拿大《联邦所得税法》将慈善组织界定为慈善基金会与慈善团体。慈善基金会是指专门为了慈善目的而成立的法人或信托。其收益均不得支付给或者供任何所有者、成员、股东、受托人或委托人的个人利益所利用,并且不是慈善团体。慈善团体的构成条件是:无论是否是法人,其全部资源被用于该组织的慈善活动;其收益均不得支付给或者供任何所有者、成员、股东、受托人或委托人的个人利益所利用;50%以上的董事、受托人、高级人员或类似职员在相互交往或者与任何其他董事、受托人、高级人员或类似职员在相互交往时保持相互独立;如果该团体是法人,不得在特定时间被相关人员直接或者间接控制。[1]

加拿大慈善组织的法律形式包括慈善信托、公司与非法人社团等类型。与英国不同的是,在加拿大,应用更为广泛的是非营利公司或协会法人的形式。一般而言,慈善组织可以通过三种方法获得法人地位,一是根据州公司法或协会法而获得执照;二是根据联邦公司法获得执照;三是根据联邦或州特别立法而组建法人。多数慈善组织采用第一种做法。[2]

(四)德国

在德国,《基本法》将结社自由作为公民的一项基本权利规定下来。任何公民都可以为了某个目的成立社团,不必履行审批手续。社团可以自行选择是否进行登记,登记可以使社团获得权利能力,不登记的社团成员承担无限责任。社团登记地点为区法院,登记时需要满足以下条件:社团达到规定的人数(至少7人)、拥有符合规定的社团章程。由理事会进行申报,经过区法院审核、并缴纳少许费用后,社团即可冠以"已登记社团"。德国《民法典》第21~79条对有关社团的基本组织框架、社员的权利和社团登记等事项作了详细规定。

在德国,一般认为,基金会是将资产聚合在一起,长期用于某种特定的目的,特别是用于社会公益事业的组织。德国《民法典》第80~89条对基金会的成立、捐助、组织、目的、财产归属等内容作出了规定,2002年德国对有关基金会的法律

---

[1] See Income Tax Act [R. S. C., 1985, c. 1 (5th Supp.)], http://laws-lois.justice.gc.ca/eng/acts/I-3.3/page-179.html#h-92.

[2] See Kerry O'Halloran, Myles McGregor-Lowndes, Karla W. Simona, *Charity Law & Social Policy*, Dordrecht: Springer, 2008, p. 427.

制度进行了改革，改变了原来各州颁布各自法律的状态，统一由联邦颁布法律。建立基金会必须得到国家批准，在联邦州办理登记手续。基金会必须有符合要求的办公场所、章程、理事会以及监事机构才能得到州政府批准成立。获得登记证书的基金会需获得联邦和州一级财政部门公益性认证，并以此获得税收优惠。

社团解散可自行解散也可因无支付能力解散。按照德国《民法典》的规定，社团可以通过全体成员大会的决议解散。如章程没有另行规定，解散决议需出席成员的3/4多数同意。在无支付能力或财产不足清偿债务的情况下，社团董事会应当申请开始无支付能力程序，社团的解散应当由清算人予以公告。登记社团解散后，财产归属于章程中所定之人。基金会自行消灭时，财产归属于组织章程中指定的人。归属于国库的，适用关于向作为法定继承人的国库归属遗产的规定，国库应尽可能地以符合财团目的的方式使用此项财产。基金会财产不归属国库的，除对基金会财产开始无支付能力程序外，必须进行清算。[1]

四、慈善税收优惠法规政策

（一）英国

1. 慈善组织税收优惠资格的获得。英国全国适用统一的税法。与非营利组织有关的主要税种有：所得和资本所得税、遗产税、社会保障税和印花税，这些税种由国内税务局管理；增值税、关税、保险税、气候变化税，这些税种由关税和消费税税务局管理；唯一的地方税是家庭税，由地方政府管理。

---

〔1〕 参见褚松燕：《中外非政府组织管理体制比较》，国家行政学院出版社2008年版，第71页。

第三章　中外慈善事业法规政策比较

在英国,"以慈善为唯一目的"的非营利组织可以享受税收优惠。在英格兰和威尔士,大部分慈善组织必须向慈善委员会登记。慈善委员会的登记是使国内税务局承认其拥有慈善组织身份的有力证据。苏格兰和北爱尔兰以及英格兰和威尔士慈善委员会管辖范围以外的慈善组织,必须直接向国内税务局申请慈善组织税务登记。

2. 慈善组织的税收优惠。这里主要介绍慈善组织享有的所得税和增值税优惠。

(1) 慈善组织的收入和资本所得税。英国1988年《收入和公司税法》第505条规定,从任何个人或信托公司取得的大多数形式的收入可以免税。包括:①土地所得税。税法第505条第1款a项规定非营利组织从土地获得的收入符合进度表A和D相关规定的可以免税,其前提是这些收入仅用于慈善目的。②进度表D第3种情况规定的可征税收入,如银行利息、赠与、年度支出等,可以免税。③非贸易收入免税。第505条第1、2款规定的非贸易收入免税,如不动产收入、股息、利息、版税、养老金和扣税捐赠物品等。④资本所得税。英国《利润税法》第256条第1款规定,慈善组织来自自有资产的资本所得免税。另外,如果在任意会计年度内这些免税额大于或等于10 000英镑且超过部分用于慈善目的,这些免税可以扩大到慈善组织发生的其他无免税资格的支出。

(2) 增值税。英国《增值税法》的规定与《欧盟第6号增值税指令》一致。如果慈善组织提供的产品和服务的价值一年超过6万英镑,按照17.5%税率缴纳增值税。对一些特定的产品适用零税率。包括:①为慈善组织提供的产品,比如:用于特定人群或非商业目的建筑物的建设成本,残疾人使用的器材,特殊医用和科研设备,一些类型的广告和印刷成本;②由慈善组织提供的产品，比如：销售捐赠物品，残疾人使用的器材，书和其他出版物，分配国外捐赠物资等。除了零税率，英国还有一个5%的优惠税率，适用于慈善组织用于非商业目的而使用的燃料和电力。

筹资活动的性质没有限制，下列活动可作为筹资目的，且其中的偶发性商业活动可以免除法人税，其中的销售可以免除增值税：舞会，现场表演，电影、录像或DVD放映，庆祝会、展览会和庆典，园艺展览，展览会，集市、拍卖，技巧、知识和能力游戏，焰火展览，餐饮，捐赠物品拍卖，等等。

3. 捐赠者的税收优惠。与慈善组织捐赠有关的主要税种是所得税或公司税、遗产税，企业捐赠人还涉及增值税。向慈善组织捐赠的财产免缴资本利得税。

（1）赠予和遗产税。英国对捐赠征收的唯一税种是遗产税，是对在英国定居的居民生前或死后捐赠的物品征收的税种。遗产税的税率为40%，捐赠不动产还可以获得一个税收减免的最少额（目前为242 000英镑）。如果捐赠人没有从向慈善组织的捐赠获得有关的利益，一般对其免征遗产税。

（2）所得税。如果不给捐赠人回报，慈善组织和非慈善公益组织获得的捐赠不属于应税收入。捐赠人按照以下规定向慈善组织捐赠，就可以获得有关的税收减免：个人签订的2000年3月31日以后到期的协议捐赠；2000年4月5日以后个人的所有其他捐赠；企业的所有捐赠，包括2000年3月31日以后的协议捐赠。[1]

---

[1] 参见褚松燕：《中外非政府组织管理体制比较》，国家行政学院出版社2008年版，第148~153页。

(二) 美国

1. 慈善组织免税资格的获得。在美国，慈善组织为了取得免税资格，必须满足以下六个必要条件：①必须以非营利为目的，即满足《国内税收法典》第501（c）（3）条中列举的一项或多项目的；②该组织为了非营利目的而成立；③主要围绕非营利目的开展活动；④禁止分配利益，即不能让任何能够控制该慈善组织或能对其产生实质性影响的人受益；⑤不得参与竞选，即不支持或反对任何公职候选人；⑥不得进行实质性的游说活动，即不对立法进行实质性的支持或反对。[1]

2. 慈善组织的税收优惠。慈善地位的正式确认给慈善组织带来了可观的经济和税收收益。除了对私立基金会的净收益征收消费税和对无关宗旨的商业收入征税外，慈善组织的收入是免税的。而且，它们还能够取得享受州财产税、销售税和使用税减免，以及邮资优惠的资格。慈善地位还有另一种经济上的好处，可以称之为"光环效应"，如果一个慈善组织和另一家商业集团都提供同一种服务，例如学前教育，消费者通常会更喜欢选择慈善组织提供的服务。[2]

符合《国内税收法典》第501（c）（3）条规定的慈善组织就其收益免缴联邦所得税和州所得税。但是，仍然需要缴纳与慈善目的完全无关的贸易和商业收入所得税，而且，如果是私立基金会，该组织还必须缴纳投资所得消费税。除了这两个特例外，慈善地位保证慈善组织免缴联邦所得税和州所得税。

私立基金会性质的慈善组织至少将相当于其投资资产净市

---

[1] 参见［美］贝希·布查尔特·艾德勒等:《通行规则：美国慈善法指南》（第2版），金锦萍等译，中国社会出版社2007年版，第5页。

[2] 参见［美］贝希·布查尔特·艾德勒等:《通行规则：美国慈善法指南》（第2版），金锦萍等译，中国社会出版社2007年版，第15~16页。

值的5%的资金用于从事慈善目的,但它们可以积累超出这一数额的收入部分。一些州征收不动产税、个人财产税以及所得税。依照慈善组织财产所在州的法律,如果其财产用于非营利目的活动,该慈善组织可免缴财产税。但是,用于商业目的的财产必须缴纳财产税。一些州还可能会征收消费税。当慈善组织购买商品时,可以缴纳或不缴纳消费税;当它们销售商品时,可以征收或不征收消费税,适用法律因州而异。慈善组织邮寄大宗邮件时可以享受价格远远低于商业集团的邮资优惠。[1]

3. 捐赠者税收优惠。在美国,法律对捐赠者的激励主要体现在税法中,美国的税法对捐赠者的激励主要涉及向慈善组织捐款可以减免所得税。美国税收法对个人捐赠者和法人捐赠者向慈善组织的捐赠的税收优惠作了明确的规定。对个人捐赠来说,向公共慈善机构和私立基金会的捐赠的税收优惠是不一样的,一般来说,向公共慈善机构捐赠而享受税收减免,要优于向私立基金会的捐赠。此外,捐赠的东西及其使用方式不同,税收优惠性质不同。美国《国内税收法典》第62条规定,在捐赠当年,捐赠者只能申请其经过调整后总收入的50%的应税额扣除。在某些情况下,最高限额还可能会降到调整后总收入的30%到20%。如果捐赠额超过规定的最高减税限额要求,税收减免最长可延长至5年内完成。这些限制只限于捐赠者在有生之年做出的捐赠,并且只涉及其个人所得税的慈善减免。由于对不动产遗产税慈善减免没有比例限制,慈善遗赠的全部数额可以从不动产遗产税中扣除。对法人捐赠者来说,可以要求对其任意一年不超过10%的须纳税的收入进行捐赠税收减征。对

---

〔1〕 参见〔美〕贝希·布查尔特·艾德勒等:《通行规则:美国慈善法指南》(第2版),金锦萍等译,中国社会出版社2007年版,第18页。

于超过最高减税捐赠额的部分，可以分摊到接下来的5年。[1]

近年来，捐赠人专项基金成为一种相当流行的慈善捐赠方式。此类基金是由公共慈善机构设立的供捐赠人捐赠的独立账户，捐赠人对这些捐赠的使用、甚至投资可以提供意见和建议，捐赠人通常在捐赠时可以就整笔捐赠要求减税，并依靠慈善机构对基金进行管理。[2]

(三) 加拿大

在加拿大，不是所有的慈善组织都需要注册，只有那些希望获得税收和其他优惠政策的组织才有必要注册。加拿大《所得税法》对注册的慈善组织的主要要求如下：位于加拿大、为慈善目的而组成，运行、资源只用于慈善目的，而不是为个人获利。

获得注册资格的慈善组织可以享受如下税收优惠政策：①免缴所有的所得税，这极大地帮助慈善组织降低了慈善费用。例如，所有向加拿大税务局申请并登记为慈善组织、公共基金会或私人基金会的非营利组织，其投资性收益都可获得免税待遇。②商品和销售税（The Good and Service Tax，简称 GST）、统一销售税（Harmonized Sales Tax，简称 HST）的特别退税规定允许向包括慈善组织在内的某些公共服务团体返还它们在采购和花费时所付的一定比例的 GST/HST。例如，慈善组织（不包括某些特定的慈善性的市政府组织）付出的或应付出的某些采购费和其他花费中的 GST/HST 的联邦税部分可以获得为公共服

---

[1] 参见［美］贝希·布查尔特·艾德勒等：《通行规则：美国慈善法指南》(第2版)，金锦萍等译，中国社会出版社2007年版，第18~24页。

[2] 参见［美］贝希·布查尔特·艾德勒等：《通行规则：美国慈善法指南》(第2版)，金锦萍等译，中国社会出版社2007年版，第37~38页。

务团体提供的 50% 的退税。同时,慈善组织出口的物品以及购买的书籍可以退税。[1]

(四) 德国

德国慈善税收法规政策主要有两类:一是对慈善组织及其活动的税收优惠,二是对慈善捐赠行为的税收优惠。慈善组织和慈善活动税收优惠方面的法律主要包括德国《税收基本法》《公司所得税法》《不动产税法》以及《所得税法》等。德国慈善组织免税的税种主要包括:①法人所得税。慈善组织的收入主要包括会费、募捐、政府补贴及来自私人基金会的补贴等,上述收入通常享受免税待遇。②遗产税和捐赠税。慈善组织在继承遗产后他们的免税身份可以持续10年,还可以免除遗产税和捐赠税。③商业税。按照德国《地方商业法》第3(6)条的规定,慈善组织一般可免除商业税。④净资产税。按照德国《净资产税法》第3(1)条的规定,慈善组织可以免除净资产税。[2]

德国不同的州对慈善组织的纳税有不同的规定。有些州根据慈善组织的收入情况确定是否纳税,而有些州则规定慈善组织开展营利性活动所得收入不应超过其开展公益活动所使用的经费总额。如果慈善组织在开展经营活动时,活动内容与本组织章程和业务范围有关,则可免除税收;如果活动内容与组织章程无关就需要征税。如果一个慈善组织每年运作经费不超过30 678 欧元,一般不需要纳税,如果超过则一般需要纳税。

---

[1] 参见耿云:《国外慈善事业简论》,中国社会出版社2014年版,第92~93页。
[2] 参见杨解朴:《德国民间组织:发展状况与社会功能》,载黄晓勇主编:《中国民间组织报告》(2011—2012),社会科学文献出版社2012年版,第259~260页。

第三章 中外慈善事业法规政策比较

在德国，对慈善捐赠行为的免税规定，采取的是税前扣除办法。一般不超过个人所得的5%，如果是用于教育、文化、科研和慈善活动，则增加5%，即不超过个人所得的10%可获得税前扣除。目前德国对公益慈善捐赠税前扣除比例，又有新的提高，一律按15%比例税前列支。对于基金会还有一个特殊的规定，如基金会的捐赠每年在20 450欧元以下可获免税；对一个新成立的基金会（成立2年内）的捐赠在300 007欧元以内可获免税。[1]

第三节 比较和启示

一、比较

（一）中国慈善事业法规政策的特点

中国慈善事业法规政策有如下几个特点：

1. 中国慈善事业法规政策体系初步建立，其中国务院部门规章和政府政策文件构成慈善事业法规政策体系的主体。中国慈善事业法规政策体系由国家法律、行政法规、国务院部门规章、地方性法规、地方政府规章和政府政策文件六个层次构成，中国特色的慈善事业法规政策体系初步建立。在慈善事业法规政策体系中，国务院部门规章和政府政策文件数量最多，比重最大。中国主要的慈善法律是《慈善法》《公益事业捐赠法》，主要法规是《社会团体登记管理条例》《民办非企业单位登记管理暂行条例》《基金会管理条例》。除了以上法律和法规外，国务院各个职能部门颁布了一系列规章和政策文件，这些构成了

---

[1] 参见《德国社会组织发展及考察及启示考察报告》，载 https：//wenku.baidu.com/view/2235efcdb7360b4c2f3f6497.html，最后访问日期：2019年4月15日。

中国慈善事业法规政策体系的主体。规章和政策文件的法律效力低于法律和法规,且规章和政策文件往往政出多门、分散、易变,执行过程中可能会涉及不同部门的利益,执行效果会大打折扣,不利于慈善事业的发展。

2. 现有慈善立法重管理、轻服务。通过上文对现有慈善立法的梳理,我们不难发现中国现有的慈善立法注重管理,忽视服务。如《社会团体登记管理条例》《基金会管理条例》《民办非企业单位登记管理暂行条例》《社会组织评估管理办法》《民办非企业单位年度检查办法》《基金会年度检查办法》《社会组织登记管理机关行政处罚程序规定》《关于鼓励和规范宗教界从事公益慈善活动的意见》《民政部办公厅关于加强指导和规范管理基层慈善活动的通知》《民政部关于进一步加强基金会专项基金管理工作的通知》《民政部关于印发〈民政部直管社会组织重大事项报告管理暂行办法〉的通知》等,这些有关慈善的法规政策大都以管理、检查、规范、处罚命名,反映出立法重管理、轻服务的理念,具体的法律条文也充满了管理色彩。慈善组织作为社会组织,具有独立的主体地位。慈善活动是慈善活动参与者自愿开展的公益活动,除管理之外还需要加以鼓励和支持。慈善立法应当充分尊重慈善组织的独立性和慈善活动参与者的积极性。对慈善组织和慈善活动参与者来说,管理不是目的,管理是为了服务。管理应以服务为宗旨,通过服务实施管理,实现服务与管理的有机统一。重管理、轻服务的立法理念遏制慈善组织和慈善活动参与者的积极性,不利于慈善事业的健康有序发展。[1]

---

〔1〕 参见崔冬:《慈善组织行政规制研究》,吉林大学 2015 年博士学位论文,第 114~116 页。

第三章　中外慈善事业法规政策比较

3. 现有慈善立法注重准入控制，对过程监督和结果评估重视不够。中国慈善组织登记管理部门重视对慈善组织成立时的监管，对日常监督和过程监督等还不重视或者做得还不够好。《慈善法》施行前，中国慈善组织登记注册的法规对成立慈善组织进行严格的管控，注重准入控制，门槛过高，使一些慈善组织不能取得合法身份，而以"草根组织"的形态存在。与此同时，对慈善组织的日常工作、过程管理、结果评估重视不够，使一些慈善组织打着慈善的旗号，从事营利性活动，还有一些慈善组织不遵守法律法规，损害了捐赠人、受益人的利益，损害了慈善事业的公信力，不利于慈善事业的发展。

4. 税收优惠政策不健全。这个方面的问题主要有：

（1）慈善组织的税收减免存在制度供给空白。其表现有：一是主体方面的空白。不少税收优惠没有涵盖所有慈善组织。例如，《基金会管理条例》就基金会的税收优惠作了原则性规定，而《社会团体登记管理条例》《民办非企业单位登记管理暂行条例》则没有社会团体和民办非企业单位税收优惠的相关规范。再如，关于不动产捐赠的免征契税仅适用于国家机关、事业单位、社会团体和军事单位，财物捐赠的财产转移书据免征印花税仅针对社会福利单位和学校，均未能全面覆盖各类慈善组织。二是税种方面的空白。目前，中国慈善组织有关的税收优惠政策主要集中在企业所得税、进口关税、进口环节增值税之中，其他税种涉及较少或条件过于严苛。三是慈善活动方面的税收空白。慈善组织的慈善服务、经营行为、投资行为缺乏必要的税收优惠规范。[1]

---

[1] 参见郑功成主编：《慈善事业立法研究》，人民出版社2015年版，第164~165页。

（2）慈善税收优惠政策存在着散乱现象。虽然税收法律制度中关于慈善税收政策的内容已较为丰富，但相关规定比较零散，大部分是以通知等政府规范文件的形式进行个别规范，这表明慈善税制还没有形成统一的体系。

（3）慈善税收优惠政策的执行力不高。一些地方的税务部门工作人员将慈善组织等同于企业，导致有关慈善税收优惠的规定得不到执行。慈善相关税收优惠的流程有待进一步优化。一方面，用以税前扣除的捐赠票据缺乏统一规定。另一方面，单位、个人对具有免税资格的慈善组织进行捐赠后，所得税前抵扣手续复杂，流程不一。单位组织本单位职工进行捐赠，以及学校组织教职工、学生进行捐赠时，所得税抵扣认证复杂。[1]

（二）外国慈善事业法规政策的特点

1. 英国慈善法对普通法系国家和地区慈善事业法规政策的制定与完善发挥了重要的作用。英国是最早制定慈善法的国家，1601年英国就制定了世界上最早的一部慈善法。在英国，慈善法是相对独立的法律领域，既有多部成文的慈善法典（如2006年《慈善法》、2011年《慈善法》），又有数不胜数的司法判例。英国慈善法律制度的发展在世界居于领先地位，并且随着其殖民扩张，对普通法系国家及地区慈善事业法规政策的制定与完善发挥了重要作用。美国、加拿大等普通法系国家与地区系统地继承了英国的慈善法制。经过几百年的发展，慈善法在普通法系国家与地区依然在基本原则、概念界定、制度配置与规则设计等方面保持着高度的相似性。在慈善目的方面，英国帕姆

---

[1] 参见郑功成主编：《慈善事业立法研究》，人民出版社2015年版，第165~167页。

塞尔案确立的四分类法影响着美国、加拿大关于慈善目的的定义。在慈善组织治理方面，普通法系国家与地区将受托人的信义义务作为慈善组织治理的基础，同英国较为类似。

2. 外国慈善事业法规政策的制定有集中立法与分散立法两种模式。集中立法模式又称统一立法模式，指的是整个国家有一部专门的、统一的规范慈善事业和慈善活动的法律规范，对慈善的定义和慈善事业的开展、运行、监管程序都有详细规定，并且有相应的其他法律对它进行补充的法律模式。分散立法模式又称单项立法模式，指的是国家没有专门的慈善法律规范，关于慈善事业的法律规定分散在其他多部法律法规当中的法律模式。[1]

在以上所分析的国家中，英国采用集中立法模式，1601年英国颁布的《慈善用途法》是世界上第一部完整的规范慈善事业的法律。英国在20世纪90年代，又颁布了《慈善信托法》和《娱乐慈善法》，对《慈善用途法》进行有效的补充和完善。自1960年出台《慈善法》后，英国于1992年、1993年、2006年、2011年对《慈善法》进行了修订和完善，使其成为英国基本的慈善立法。美国、加拿大、德国则采用分散立法模式。在美国的慈善法律体系当中，税法对慈善事业进行鼓励和监督，公司法对慈善公司和机构的内部环节进行有效的监督和管理。美国很注重在促进慈善事业发展上运用税收手段，联邦税法就是其中一种主要的经济杠杆和激励方式。加拿大慈善事业由国家税务局（Canada Revenue Agency，简称CRA）负责监管，国家税务局通过对慈善事业的注册、审计等，监督、促进加拿大

---

[1] 参见高庆国：《浅析国际慈善立法对中国的启示》，载《人民论坛》2013年第5期。

慈善事业的发展。德国是世界上最早设立法人制度的国家,但德国没有统一的慈善法,其慈善法律采取分散立法的模式。德国政府对慈善事业的监管非常完善,从慈善组织的登记注册、组织运作到税收优惠,各慈善组织必须依照法律行事。

3. 外国慈善事业法规政策形成了有机的系统。慈善活动涉及的主体多元、客体多样、环节多重、形态多样,其健康发展不仅需要基本法的规范,也需要相关法律的配合。外国慈善立法实践表明,即使在采用集中立法模式的英国,调整慈善活动的法律也不仅仅是慈善法,而是以慈善法为基本法,辅之以其他配套法律,共同形成慈善法律体系。随着慈善组织数量的增多和影响力的增加,一些采取分散立法的国家和地区也在不断完善相关法律,或酝酿出台综合的慈善基本法,以更好地统筹规范慈善组织和慈善活动,促进慈善事业发展。

4. 外国慈善组织立法和税收立法是慈善事业法规政策体系的关键内容。慈善组织是慈善活动的实施主体,税收政策对慈善事业的影响甚至超过道德因素,这两方面的法律规范往往构成一国慈善法律体系的关键性内容。许多分散立法的国家都有针对慈善组织或非营利机构的专门立法或法条,且在相关的税法中对慈善组织的税收政策作出明确规定,如德国的《民法典》对慈善组织进行专章规定,德国《税收基本法》《公司所得税法》《遗产与赠与税法》《不动产税法》《增值税法》《所得税法》等税法则对慈善相关税收优惠作了详细规定。在采用集中立法模式的英国,对慈善组织的成立与活动、慈善组织的认证与监管等规定在慈善法中均占有大量篇幅,与之相关的税收优惠也是法律中的关键问题。由于与慈善有关的税收政策细琐繁杂,许多国家的慈善基本法只对慈善税收优惠作原则性规定,具体内容则由相关税法作出规定。

第三章　中外慈善事业法规政策比较

5. 外国慈善法规政策与它们的国情和文化相适应。数百年来，英国《慈善法》经过多次修订已趋于完善，其明显的立法特点便是与时俱进、逐渐完善。英国《慈善法》的另一个特点，是通过专门章节明确规定了慈善事业的最高管理机构——慈善委员会，该委员会依法独立行使职权，独立于政府，直接受议会领导，同时，与高等法院、皇家检察总长、遗嘱事务署、国内税务署、地方政府等机构共同发挥作用。慈善委员会的职责定位，是制定明确的慈善政策，促进慈善事业发展。英国慈善事业发展实践表明，统一的慈善组织管理和协调机构有助于慈善组织整体上的有序运行，也有利于维护慈善组织的良好形象。在经历了由英国法向美国法的转变之后，美国的慈善事业法规政策的制定变得更宽松、更灵活，充分体现了慈善领域的开放性。在美国，主要的慈善组织类型有非营利公司、慈善信托与非法人社团等。由于美国建国后一段时间内对包括慈善信托在内的英国法的排斥，非营利公司成为美国慈善组织的主要法律结构。除了非营利公司、慈善信托与非法人社团这种普通法系国家慈善组织的一般分类之外，美国在慈善组织的法律结构创新方面也有突出表现，其中之一就是社区基金会。美国慈善组织成立门槛低、违法成本高、惩罚严厉。慈善组织运行市场特色明显，内部治理依公司法。法律不禁止慈善组织进行商业活动，甚至不设定慈善组织开展商业活动的范围。慈善组织从事商业活动受到的唯一限制，就是与慈善目的不相关的商业收入应当缴纳所得税。《国内税收法典》是美国慈善法体系中最为重要的一部法律，它所确立的激励、公平和监管原则对促进和规范美国慈善事业的发展起到了至关重要的作用。德意志民族的自治性在德国社团立法中一如既往地得到体现。作为一个联邦制国家，德国运用地方自治性强的特点，强化慈善组织在法律范围内的自治意识,以地方立法的方法,运用公众舆论监督来制约慈善组织的违法行为和活动,地方政府承担监督责任。[1]

二、启示

第一,根据《慈善法》,尽快出台《社会组织登记管理条例》,制定有关慈善政策,使慈善事业法规政策形成一个有机的整体。通过对外国慈善事业法规政策的梳理,我们不难发现,有的国家采用集中立法模式,有的国家则采取分散立法模式,但不管采用哪一种立法模式,各国都十分重视立法的作用,用法律法规和政策规范慈善组织和慈善活动是各国实现慈善事业法制化、促进慈善事业持续发展的通行做法。中国《慈善法》已施行三年,使我国慈善事业发展走上了快车道。还需要注意的是,由于慈善事业涉及范围广泛,即使制定了慈善基本法,还应该有大量的法律、法规和政策作为辅助性立法。因此,目前需要尽快出台《社会组织登记管理条例》,制定有关配套法规和政策,清理和废止不符合慈善法的政策文件,使慈善事业法规政策的各个层次、各个部分相互协调、相互配合,形成一个有机的整体,共同规范、支持中国慈善事业发展。

第二,认真贯彻落实《慈善法》,正确处理法律和政策的关系,使法律和政策相互配合。慈善组织需要法律赋予其明确的法律地位,支持慈善活动的最好方法,是建立一个培养和加强人类天性中的仁慈与无私本能的法律体制。[2] 法律不仅对慈善组织进行管理,也对政府管理加以限制;法律不仅要有利于政

---

〔1〕 参见郑功成主编:《慈善事业立法研究》,人民出版社 2015 年版,第 20~24 页。

〔2〕 参见民政部法制办公室编:《中国慈善立法国际研讨会论文集》,中国社会出版社 2007 年版,第 224 页。

第三章　中外慈善事业法规政策比较

府对慈善组织的管理，也要约束管理者自身，更应该维护公民的权利。[1] 就中国法律规范的等级而言，宪法是国家的根本大法，宪法之下是法律，法律之下是行政法规或条例。法律处于宪法和行政法规或条例的中间层次，既是宪法精神的体现，又是具体行政法规或条例的指导。目前中国已颁布《慈善法》，弥补了慈善基本法律制度的不足。在此基础上要正确处理政策与法律法规的关系，使慈善政策与慈善法律法规协调配合。长期以来，中国政府管理慈善组织和慈善活动工作依靠法规政策，法律更多还是一个立法意义上的法律，还不是一个活法律。法律法规是框架，在某种意义上甚至是死的，而政策则是实施细则，是活的。[2] 慈善政策对于促进慈善法制建设具有重要的推动作用。慈善政策可以为慈善法律的制定发挥立法试验的作用。[3] 对有些问题，可以先制定政策，通过政策的执行以检验监管方式、方法的可行性、有效性，实践检验切实可行后再制定法律，就可以最大限度地实现科学立法，避免立法的盲目性。[4] 中国目前对慈善政策缺少必要的监督制约机制，慈善政策的制定出台相对随意，制定程序不规范，慈善工作主管部门和有关部门制定的慈善政策存在部门利益化倾向，存在慈善政策违法、决策失误等现象。因此，要做到慈善政策的合法化、科学化，要从法律层面上加强对慈善政策的监督制约，规范慈

---

[1] 参见吴玉章：《"政府管理社团"模式及其效果》，载吴玉章主编：《社会团体的法律问题》，社会科学文献出版社2004年版，第14页。

[2] 参见吴玉章：《"政府管理社团"模式及其效果》，载吴玉章主编：《社会团体的法律问题》，社会科学文献出版社2004年版，第15～16页。

[3] 参见李昌昊：《自由裁量行政行为成因及司法监管诉求探析》，载《青岛职业技术学院学报》2006年第3期。

[4] 参见方世荣：《论政策转化为法律的基础和条件》，载《湖北行政学院学报》2006年第4期。

善政策的制定主体、政策内容和制定程序。法治原则要求政策也应当在法律的框架内，因此慈善政策的制定、执行都要受到权力机关、司法机关以及社会公众的监督。唯有如此，才能保证慈善政策合法、合理，真正发挥作用。

第三，重视税法对慈善事业的激励作用，完善慈善捐赠减免税制度，各种税收优惠制度要相互配合。上文分析表明，西方发达国家非常重视以税收手段促进慈善事业的发展，并且各个国家对以慈善为目的的捐赠行为和交易行为税收减免力度非常大。中国目前对慈善组织和捐赠人的税收减免力度还很有限，不足以促进慈善组织发展和激发民众捐赠热情，因此需要进一步完善慈善减免税制度，给予慈善组织和捐赠者以税收激励；此外还要优化税收减免环节，提高办事效率，促进慈善事业的健康发展。慈善税收优惠不仅涉及慈善组织，而且还涉及捐赠者和受益人，慈善组织税收优惠制度、捐赠者税收优惠制度和受益人税收优惠制度的制定和完善需要统筹推进，相互配合，不能单兵突进。

第四，尊重慈善事业发展规律，立足中国国情，制定和完善慈善事业发展法规政策，促进中国特色慈善事业发展。慈善事业法规政策的制定和完善只有立足于社会需求、遵从慈善事业发展规律并合乎国情，才能在实践中真正有效并富有生命力。美国慈善事业法规政策因其紧密结合社会实际而活力无限，一部税法就解决了慈善事业发展中的根本性问题；德国慈善事业发展尊重本国传统，在自治体制下同样发展得很好；而英国2006年《慈善法》曾有意放宽法律框架，试图引导或塑造一个新的慈善组织形式——慈善法人组织，却因当时社会实际需要较少而一直无法付诸实施，直到2013年制定出更加具体的管理

第三章　中外慈善事业法规政策比较

和实施细则后才开始发挥作用。[1] 在中国，越来越多的慈善组织将成为公共服务的提供者，如收养孤儿、老年人或者提供康复服务、儿童照料服务等，服务性业务将成为慈善组织的核心竞争力，这顺应了各国慈善事业发展从传统的款物接济到提供服务的普遍性规律。因此，中国慈善事业法规政策不能对此视而不见，而是应当给予明确规范。我国《慈善法》专章规定了慈善服务。同时，中国素有亲友互助、邻里互助等传统，《慈善法》对社区内、单位内、亲友间的互助活动给予相应的鼓励。这些都是尊重慈善事业发展规律、尊重中国国情而作出的规范，有利地促进了慈善事业持续健康发展。

---

[1] 参见谢琼：《国外慈善立法的规律、特点及启示》，载《教学与研究》2014年第12期。

第四章

中外慈善组织比较

第一节 中国的慈善组织

一、中国慈善组织的概念和类型

(一) 慈善组织的概念

中国《慈善法》颁布前,中国对慈善组织尚无统一界定,相关的法规政策使用的概念不尽相同。《企业所得税法》使用非营利组织这个概念,《财政部、国家税务总局、民政部关于公益性捐赠税前扣除有关问题的通知》使用了两个概念——公益性社会团体和慈善组织,认为慈善组织是公益性社会团体的一个下位概念,同时,还将民办非企业单位排除在公益性社会团体和慈善组织之外。《慈善法》第8条首次从法律上对慈善组织作了界定,它是指"依法成立、符合本法规定,以面向社会开展慈善活动为宗旨的非营利性组织"。2019年4月29日,国务院公布了《国务院关于修改部分行政法规的决定》,修改后的《企业所得税法实施条例》第51条和第52条,用公益性社会组织取代了公益性社会团体,它是指同时符合有关条件的慈善组织以及其他社会组织。此处的慈善组织与《慈善法》界定的慈善组织一致。根据《慈善法》的规定,慈善组织应该具备以下三个要件:

1. 慈善组织属于非营利性组织。非营利性组织是指政府之外自主从事非营利活动的社会组织。非营利性突出了慈善组织所承担的独特的社会公益功能，体现了利他主义，是慈善组织与企业、公司等营利性组织区分的根本标志。

2. 慈善组织以面向社会开展慈善活动为宗旨。开展慈善活动表明慈善组织的意义和价值，慈善组织正是通过开展慈善募捐、捐赠和慈善服务等慈善活动，为社会公众提供金钱、实物和服务，真正帮助和支持弱势群体，实现其组织使命。

3. 慈善组织依法成立，符合《慈善法》规定。成立慈善组织需依法向慈善组织的登记机关即民政部门提出申请，民政部门依法进行审查，符合慈善法规定的条件的，准予登记。[1]

（二）《慈善法》对慈善组织形态的规定

根据《慈善法》的规定，中国慈善组织主要有以下几种形式：

1. 基金会。在中国，基金会是指利用自然人、法人或者其他组织捐赠的财产，以从事公益事业为目的，按照有关法律规定成立的非营利法人。《征求意见稿》对基金会的界定更为详细，它是指"利用自然人、法人或者其他组织捐赠的财产，以提供扶贫、济困、扶老、救孤、恤病、助残、救灾、助医、助学、优抚服务，促进教育、科学、文化、卫生、体育事业发展，防治污染等公害和保护、改善生态环境，推动社会公共设施建设等公益慈善事业为目的，按照其章程开展活动的非营利法

---

[1] 参见郑功成主编：《〈中华人民共和国慈善法〉解读与应用》，人民出版社2016年版，第43~46页。

人"[1]，其中对公益事业按照《慈善法》进行了具体规定。

2. 社会团体。社会团体是中国公民自愿组成，为实现会员共同意愿，按照其章程开展活动的非营利性社会组织。"征求意见稿"则将以上定义中的"非营利性社会组织"改为"非营利法人"，以符合《中华人民共和国民法总则》对法人的分类。《征求意见稿》规定，成立提供扶贫、济困、扶老、救孤、恤病、助残、救灾、助医、助学服务的公益慈善类社会团体可直接进行登记。在中国，社会团体型慈善组织主要是指各级慈善会（总会、协会）。例如，中华慈善总会及各地的慈善总会均是社会团体型慈善组织。

可以按照不同的标准对慈善会（总会、协会）进行分类。根据管理和活动区域以及政府行政特点，可将慈善会（总会、协会）分为两种类型：一是与政府关系密切并在政府部门直接组织和领导下成立的慈善会（总会、协会），如中华慈善总会，各省慈善总会，地方市、县、镇慈善总会等；二是民间独立运作的慈善会（总会、协会），如肇庆市阳光慈善会、汕头市存心慈善会等。

根据慈善会（总会、协会）体系中的组织名称可将慈善会（总会、协会）分为三类：一是慈善总会，如中华慈善总会、山东省慈善总会、烟台市慈善总会等；二是慈善会，如西安市慈善会、南普陀慈善会等；三是慈善协会，如中华慈善协会、北京市慈善协会等。

根据慈善会系统的组织功能，可将慈善会（总会、协会）

---

[1]《民政部关于〈社会组织登记管理条例（草案征求意见稿）〉公开征求意见的通知》，载 http://yjzj.mca.gov.cn：8280/consult/noticedetail.do? noticeid = 52.

分为两类：一是具备基金会性质的慈善会（总会、协会），可以组织动员社会捐赠并以此运作项目，如各级慈善总会和慈善会；二是会员制慈善会（总会、协会）的，同时也具备募捐和开展慈善活动的职能，如各级慈善协会。需要指出的是，各级慈善总会（总会、协会）不存在隶属关系，它们是各自独立运作发展的慈善组织。[1]

3. 社会服务机构。《民办非企业单位登记管理暂行条例》对民办非企业单位的界定是"企业事业单位、社会团体和其他社会力量以及公民个人利用非国有资产举办的，从事非营利性社会服务活动的社会组织"。我国《慈善法》将民办非企业单位更名为社会服务机构，为保持与法律一致，《征求意见稿》将"民办非企业单位"也改为"社会服务机构"。在《征求意见稿》中，社会服务机构是指"自然人、法人或者其他组织为了公益目的，利用非国有资产捐助举办，按照其章程提供社会服务的非营利法人"[2]。《征求意见稿》将"企业事业单位、社会团体和其他社会力量以及公民个人"修改为"自然人、法人或者其他组织"，将"利用非国有资产举办"修改为"利用非国有资产捐助举办"，将"从事非营利性社会服务活动的社会组织"修改为"按照其章程提供社会服务的非营利法人"，这些修改使得《征求意见稿》与《慈善法》以及其他法律保持一致。

（三）慈善组织的其他分类

1. 资助型、运作型和混合型慈善组织。根据慈善组织的运

---

[1] 参见张健：《2012年度慈善会系统发展报告》，载杨团主编：《中国慈善发展报告》（2013），社会科学文献出版社2013年版，第55页。
[2] 《民政部关于〈社会组织登记管理条例（草案征求意见稿）〉公开征求意见的通知》，载http://yjzj.mca.gov.cn:8280/consult/noticedetail.do?noticeid=52.

作模式,可以把慈善组织分为资助型慈善组织、运作型慈善组织和混合型慈善组织。资助型慈善组织主要任务是筹集和整合社会资源,然后分配给其他慈善组织。运作型慈善组织主要任务是进行项目运作,它们通过向资助型慈善组织及政府申请资金,提供社会服务。混合型慈善组织同时涉及资源筹集与项目运作两大领域。[1]

2. 免税慈善组织和非免税慈善组织。免税慈善组织经过申请,可以获得免税资格;非免税慈善组织不能获得免税资格。一般而言,对慈善组织的税收优惠包括两个方面:一是慈善组织自身的优惠;二是对慈善组织的捐赠方的优惠。因此,广义的免税慈善组织还包括能够获得慈善捐赠税前扣除资格的组织。从慈善组织管理的高效和简约考虑,慈善组织的成立要件应与慈善组织本身的税收优惠资格、慈善捐赠税前扣除资格衔接。享受慈善组织自身税收优惠的慈善组织,应当是合法登记并无不良记录的慈善组织,两者应具有对应关系;而慈善捐赠税前扣除资格涉及对捐赠人的税收减免,应该适度从严规制。[2]

此外,慈善组织还可以按照其活动领域和业务范围进行分类,如扶贫济困类慈善组织、养老助残类慈善组织、文化教育类慈善组织等。这种按照活动领域和业务范围对慈善组织进行的分类,为慈善组织实行不同的税收优惠政策提供依据。

二、慈善组织内部治理机构

在中国,社会团体、基金会和社会服务机构的内部治理结

---

〔1〕 参见北京师范大学中国慈善事业研究中心:《2001—2011中国慈善发展指数报告》,北京师范大学出版社2012年版,第73~74页。

〔2〕 参见郑功成主编:《慈善事业立法研究》,人民出版社2015年版,第55页。

构既有相同的地方，也有区别。共同之处在于不管哪种类型的慈善组织，都具有决策机构、执行机构和监督机构；不同之处在于，作为会员制慈善组织，社会团体有会员和会员大会或会员代表大会，基金会和社会服务机构则没有。

（一）最高权力机构

在中国，会员大会（或会员代表大会）是社会团体的最高权力机构。《社会团体登记管理条例》规定了设立时会员人数要求，但没有对会员大会（或会员代表大会）作出具体规定。在民政部发布的《社会团体章程示范文本》中明确了会员大会在组织机构中的地位和职权：会员大会（或会员代表大会）是社会团体的最高权力机构，其职权是：制定和修改章程；选举和罢免理事；审议理事会的工作报告和财务报告；决定终止事宜；决定其他重大事宜。

（二）决策机构

在基金会和社会服务机构中，理事会是内部治理的决策机构。理事长是组织的法定代表人，行使章程规定的职权。根据《基金会管理条例》，基金会理事会的职权包括：制定、修改章程；选举、罢免理事长、副理事长、秘书长；决定重大业务活动计划，包括资金的募集、管理和使用计划；年度收支预算及决算审定；制定内部管理制度；决定设立办事机构、分支机构、代表机构；决定由秘书长提名的副秘书长和各机构主要负责人的聘任；听取、审议秘书长的工作报告，检查秘书长的工作；决定基金会的分立、合并或终止；决定其他重大事项。根据《民办非企业单位章程示范文本》的规定，社会服务机构的理事会行使下列事项的决定权：修改章程；业务活动计划；年度财务预算、决算方案；增加开办资金的方案；本单位的分立、合并或终止；聘任或者解聘本单位院长（或校长、所长、主任等）

和其提名聘任或者解聘的本单位副院长（或副校长、副所长、副主任等）及财务负责人；罢免、增补理事；内部机构的设置；制定内部管理制度；从业人员的工资报酬。

《基金会管理条例》和《基金会章程示范性文本》中对基金会理事会的规模进行了限制性的规定，人数不得少于5人，不得超过25人，且任期不得超过5年。一项对91个全国性公募基金会的研究显示，从理事会规模来看，理事会规模的平均数是19人，最小值是5，最大值是25，这表明不同基金会的理事规模存在较大差异，但是符合《基金会管理条例》第20条规定的基金会理事会理事为5人至25人的规定。[1]

中国慈善组织的第一届理事会一般由发起人、主要捐赠人、业务主管单位分别提名并协商确定，理事改选的候选人由理事会、业务主管单位以及主要捐赠人共同提名，理事的产生和罢免都须经理事会通过并报业务主管机关审查同意和登记管理机关备案。为防止理事会本身堕落成为贪腐的群体，现行法律从多个方面对其机构和职权进行了规定。譬如，为防止基金会财产为某特定家族所控制，《基金会管理条例》第20条第2、3款规定："用私人财产设立的非公募基金会，相互间有近亲属关系的基金会理事，总数不得超过理事总人数的1/3；其他基金会，具有近亲属关系的不得同时在理事会任职。在基金会领取报酬的理事不得超过理事总人数的1/3"。研究显示，理事会成员中领取报酬的人数较少，均值为2，11.3%比例的理事领取报酬，97.10%的样本满足《基金会管理条例》在基金会领取报酬的理

---

〔1〕 参见刘丽珑：《中国非营利组织内部治理有效吗——来自基金会的经验证据》，载《中国经济问题》2015年第2期。

事不得超过理事总人数的1/3的规定。[1] 为防止关联交易等不法行为的发生，《基金会管理条例》第23条第3、4款规定："基金会理事遇有个人利益与基金会利益关联时，不得参与相关事宜的决策；基金会理事、监事及其近亲属不得与其所在的基金会有任何交易行为。监事和未在基金会担任专职工作的理事不得从基金会获取报酬"。此外，《基金会管理条例》第22条第1款还明确规定"理事、理事的近亲属和基金会财会人员不得兼任监事"，以防理事会失去监督。为了切实保障公共利益的实现，《基金会管理条例》第23条还对曾有犯罪记录的人员在担任理事会主要负责人的资格方面进行了诸多限制。[2]

（三）执行机构及其职责

社会团体的理事会是执行机构，其职权是：执行会员大会（或会员代表大会）的决议；选举和罢免理事长（会长）、副理事长（副会长）、秘书长；筹备召开会员大会（或会员代表大会）；向会员大会（或会员代表大会）报告工作和财务状况；决定会员的吸收或除名；决定设立办事机构、分支机构、代表机构和实体机构；决定副秘书长、各机构主要负责人的聘任；领导本团体各机构开展工作；制定内部管理制度；决定其他重大事项。

在基金会和社会服务机构内部治理制度框架中，执行机构类似于公司的总经理，一般称秘书长、主任或总干事，负责管理运行整个组织。理事会和执行机构的权力是分立的。理事会

---

[1] 参见刘丽珑：《中国非营利组织内部治理有效吗——来自基金会的经验证据》，载《中国经济问题》2015年第2期。

[2] 参见徐勇：《基金会公共责任的实现困境及其对策分析——以理事会治理为考察点》，载《内蒙古大学学报（哲学社会科学版）》2012年第2期。

处于权力的中心,对执行层起着支配作用。理事会负责聘任、评估和解聘执行层,执行层受理事会委托负责组织的日常运营,对理事会负责,具体执行理事会的有关政策。鉴于理事会和执行层在某些具体事务上可能存在职能重叠,各组织的具体情况也可能存在一定差异,《基金会管理条例》把理事长与执行机构之间具体的职权分工交由各组织决定。

(四) 监督机构及其职责

为了对理事会和执行机构的权力形成有效制约,基金会和社会服务机构强调组织内部必须设立监事或监事会作为监督机构,以防止组织内部出现权力滥用行为。《基金会管理条例》第22条对监事的设置进行了规定,监事主要是由主要捐赠人、业务主管机关和登记管理机关选派,理事、理事的近亲属和基金会财务人员不得兼任监事,监事的任期与理事的任期相同。监事及其近亲属不得与所在基金会有任何交易行为,监事也不能在基金会领取报酬,但对监事任免及其人数没有做具体规定。[1] 据调查,相比理事会,监事会规模普遍不大,均值为2,最大值为4,最小值为1,规模差异较小。样本中没有监事领取报酬,符合《基金会管理条例》中监事不得从基金会获得报酬的规定。[2] 社会服务机构的监事在举办者、出资者和单位雇员中产生。监事可以依照章程规定的程序检查基金会财务和会计资料,监督理事会遵守法律和章程。监事还可以列席理事会议,向理事会提出质询和建议,并向登记管理机关、业务主管单位以及税务、会计主管部门反映情况。

---

[1] 参见田凯:《中国非营利组织理事会制度的发展与运作》,载《经济社会体制比较》2009年第2期。

[2] 参见刘丽珑:《中国非营利组织内部治理有效吗——来自基金会的经验证据》,载《中国经济问题》2015年第2期。

三、中国慈善组织登记管理制度对慈善组织内部治理影响

《慈善法》《社会团体登记管理条例》《民办非企业单位登记管理暂行条例》《基金会管理条例》以及民政部制定的慈善组织示范章程文本等法律法规和文件确立了当前中国慈善组织内部治理的基本框架。以上法律法规和文件对慈善组织的登记管理有详细而全面的规定,在很大程度上对慈善组织内部治理产生影响。

(一)双重管理体制

《慈善法》取消了慈善组织双重管理体制,但在此之前,慈善组织内部治理深受双重管理体制的影响。慈善组织受业务主管单位和登记管理部门的双重管理,这种制度安排虽然理论上能够起到齐抓共管的效果,但是事实上慈善组织管理越位、缺位现象层出不穷,影响了慈善组织的独立性,使慈善组织内部治理处于有名无实的境地,不仅不利于慈善组织内部治理结构的构建,而且还影响其发挥应有的作用,弱化了内部治理效果和监督效果。

(二)慈善组织外形化及其对内部治理的影响

田凯用"组织外形化"的概念来描述组织的实际运作方式与组织的形式严重不一致的现象,并阐明了这种现象的逻辑。他认为,组织形式与运作的偏离是组织面对制度环境的压力时采用的生存策略,是组织在制度环境的非协调约束中寻求平衡的产物。慈善组织的产生是以政府形式利用慈善资源受到制度环境的合法性约束的结果。[1] 在民众需求日益增长,而政府资源有限的情况下,政府便想利用慈善组织这种形式来吸纳社会

---

[1] 田凯:《非协调约束与组织运作——一个研究中国慈善组织与政府关系的理论框架》,载《中国行政管理》2004年第5期。

资源，因而直接举办慈善组织，这些慈善组织遂成为隶属于政府的官办慈善组织。官办慈善组织内部治理深受政府影响，政府把它们看作政府的一部分，从而把它们纳入政府科层体系，其内部治理实质上是一种科层制管理。政府通过直接指挥命令的方式自上而下对其进行管理，委派负责人和工作人员，提供办公场地，支付慈善组织日常运作经费。这样，这类慈善组织就变成了"二政府"，虽然它们在名义上具有与其他机构相同的组织机构，但其人员安排及其运作方式皆听命于政府。

（三）《慈善法》提出建立健全内部治理结构

慈善组织依法设立后即具有独立的法律主体资格，依照法律和章程实行自我管理。内部治理结构是实现慈善组织自治的基本载体，是保证慈善组织正常开展活动、维持慈善公信力的关键。内部治理结构的设置是否科学、合理，其运行是否合规有效，是一个慈善组织能否成功实现组织宗旨的关键。《基金会管理条例》第3章对基金会的组织机构作了专门的规定，包括理事会的设立、职能以及理事和监事的人选。《社会团体登记管理条例》对社会团体的会员、法定代表人、组织机构、章程等作出了规定。《民办非企业单位登记管理暂行条例》要求民办非企业单位有必要的组织机构、法定代表人或负责人。《慈善法》第12条规定了慈善组织应当根据法律法规以及章程的规定，建立健全内部治理结构，明确决策、执行、监督等方面的职责权限。慈善组织无论建立什么样的治理结构，都需要明确决策、执行、监督等方面的职责权限。因为"遵守章程、权力分立、有效制衡、权责明确、自主活动"是现代慈善组织内部治理结构的基本准则。内部治理结构的本质是对慈善组织内部权力的合理分配，即决策机构、执行机构和监督机构之间形成权责明确、相互制约、相互协调的关系。

慈善组织开展慈善活动必须遵守法律法规，但法律法规作为国家制定的具有普遍效力的行为规则，不可能针对所有的、不同类型的慈善组织的实际情况进行具体规定，也不可能满足所有慈善组织的具体需要。因此，允许慈善组织通过章程制定规则的做法有利于弥补法律的不足和适应不同慈善组织的具体情况。章程是慈善组织的基本纲领和行动准则，也是慈善组织与捐赠人、受益人以及社会公众的协议，承诺慈善组织将采用何种名称，以什么为宗旨，从事什么样的慈善活动，建立何种内部治理结构，如何规范运作等。慈善组织章程是慈善组织行为的基本准则和要求，慈善组织应当根据章程的规定开展慈善活动。

四、中国慈善组织的发展现状

20世纪80年代，中国出现了第一批公益基金会，通过募捐兴办慈善事业。1993年1月，中国出现第一家地方性慈善组织——吉林省慈善总会。1994年中华慈善总会成立，目前在全国拥有401个会员单位。而后慈善组织的数量迅猛增加，根据民政部发布的《2017年社会服务发展统计报告》，截至2017年底，全国共有社会组织76.2万个，比上年增长8.4%。全国共有社会团体35.5万个，比上年增长5.6%，其中：工商服务业类3.9万个，科技研究类1.5万个，教育类1.0万个，卫生类0.9万个，社会服务类4.8万个，文化类3.9万个，体育类3.0万个，生态环境类0.6万个，法律类0.3万个，宗教类0.5万个，农业及农村发展类6.2万个，职业及从业组织类2.0万个，其他6.8万个。全国共有各类基金会6307个，比上年增长13.5%，其中：公募基金会1678个，非公募基金会4629个；民政部登记的基金会213个。全国共有民办非企业单位40.0万个，比上年增长11.0%，其中：科技服务类1.6万个，生态环境类501个，教育类21.7万个，卫生类2.7万个，社会服务类6.2万个，文化类2.1万个，体育类1.8万个，法律类1197个，工商业服务类3652个，宗教类115个，国际及其他涉外组织类15个，其他3.0万个。[1] 可以看出，随着经济社会的发展，中国的慈善组织快速发展，募捐能力得到了巨大的提升，慈善组织成为重要的社会力量。

1998年至2017年20年间中国在民政部门登记的包括慈善组织在内的社会组织数量情况见表4-1。

表4-1 1998—2017年社会组织数量（单位：万个）

慈善组织\年份	1998	1999	2000	2001	2002	2003	2004	2005	2006	2007
社会团体	16.6	13.7	13.1	12.9	13.3	14.2	15.3	17.1	19.2	21.2
民办非企业	—	0.6	2.3	8.2	11.1	12.4	13.5	14.8	16.1	17.4
基金会	—	—	—	—	—	0.0954	0.0892	0.0975	0.1144	0.134
慈善组织\年份	2008	2009	2010	2011	2012	2013	2014	2015	2016	2017
社会团体	23.0	23.9	24.5	25.5	27.1	28.9	31.0	32.9	33.6	35.5

---

[1] 参见《2017年社会服务发展统计公报》，载http：//www.mca.gov.cn/article/sj/tjgb/201808/20180800010446.shtml。

续表

年份 慈善组织	2008	2009	2010	2011	2012	2013	2014	2015	2016	2017
民办非企业	18.2	19.0	19.8	20.4	22.5	25.5	29.2	32.9	36.1	40.0
基金会	0.1597	0.1843	0.22	0.2614	0.3029	0.3549	0.4116	0.4784	0.5559	0.6307

数据来源：1998—2002年数据来源于《2002年民政事业发展统计公报》，2003—2009数据来源于《2009年民政事业发展统计公报》，2010—2017年数据来源于《2017年社会服务发展统计报告》。

第二节　外国的慈善组织

一、慈善组织的概念和类型

（一）英国

1. 慈善组织的概念。英国的慈善和慈善组织用的是"charity"一词。这一词汇同时包含着慈善、慈善事业和慈善组织的含义。早期的慈善多是直接捐赠，后来出现了遗赠等捐赠形式和由教堂赞助的专业的慈善组织。教堂负责接受捐赠，并确保按照慈善组织捐赠人的意图使用捐赠物。随着信托法的发展，这些组织变得越来越普遍。根据英国慈善委员会的记载，最早的慈善组织出现在公元597年。与慈善及慈善组织的概念相近，在英国也常使用志愿和志愿组织的概念。志愿一词英文为"voluntary"，包括志愿的、自愿的、自发的、非官方的等含义，用于志愿组织，强调致力于各种社会公益活动的民间自发自愿组成的组织。由于定义的标准和尺度不同，志愿组织还有许多不同的称谓。如"voluntary sector"可译为志愿部门、志愿域或志愿组织，强调区别于政府、企业的公民自治组织；"voluntary groups"可译为志愿小组或志愿组织，强调基于自愿的公民结社；"voluntary organisations"可译为志愿组织，强调在政府相关部门登记注册的志愿组织。需要注意的是：在英国，无论使用慈善组织一词，还是使用志愿组织一词，一般都不包括那些规模小、非正式且不适于注册的组织，后者一般被称为社区组织（community sector）或草根组织（grassroots association）[1]；也不包括互助组织和各种会员制的互益组织（如行业协会等）。[2]

相对于志愿组织，英国慈善组织比志愿组织含义窄得多，在法律中有明确规定。在英国，慈善组织是一个特定的法律概念。在其慈善法中，往往用"charity/charities"指代慈善组织，"charitable organisation（s）"并没有在慈善法中规定。1601年，英国颁布了世界上最早的一部慈善法（《慈善用途法》），这项法案明确了慈善的定义、慈善组织的基本规范和制度框架等。经过400多年的发展，英国慈善法经过多次修订。根据2011年《慈善法》，慈善组织指"具备如下特征的组织：①仅为慈善为目的设立，②且受高等法院行使的与慈善有关的管辖权控制"[3]。慈善组织是一种法律地位或法律资格，而非特定的法律结构形式，因为慈善组织本身可以采用各种可供利用的法律结构形式。某组织不管采取何种法律结构形式，只要符合慈善组织的成立条件，都可以注册为慈善组织，或者被法律认定为

---

[1] See Peter Halfpenny, Margaret Reid, "Research on the Voluntary: An overview", *Policy & Politics*, Vol. 30, No. 4（2002），pp. 533-550.

[2] 参见王名、李勇、黄浩明编著：《英国非营利组织》，社会科学文献出版社2009年版，第20~23页。

[3] 金锦萍译：《非营利组织法译汇（三）英国慈善法》，社会科学文献出版社2017年版，第221页。

是慈善组织。

2. 慈善组织的类型。总的来说，英国的慈善组织可以分为两大类：一类是具有独立法人资格的慈善组织，另一类是不具有独立法人资格的慈善组织。前者包括慈善公司、慈善性法人组织（CIO）等；后者包括慈善信托与非法人社团这两种组织形式。下面对这几个主要的慈善组织类型进行简要介绍。

（1）慈善公司。慈善公司是英国最为传统的从事慈善事业的法人形式。慈善公司一般采用担保有限公司的形式，其特点在于，可以使其成员根据章程在公司解散时承担有限责任，而且通常金额很小。慈善公司受到公司法与慈善法的双重规制，必须注册为慈善组织，同时还需要注册为公司，并在其章程中陈述其慈善目的。

（2）法人型慈善组织。法人型慈善组织是英国2006年《慈善法》在慈善组织法律结构形式方面的创新产物，是专门适用于慈善组织的法人类型。法人型慈善组织与慈善公司均为法人实体。法人型慈善组织只需受慈善法规制，避免了慈善公司受到慈善法与公司法的双重规制，同时也相应地减少了监管负担以及两种不同法律之间可能存在的适用冲突。

（3）慈善信托。慈善信托区别于私人信托，是专门为慈善目的与公共利益而设立的信托形式。慈善信托是英国最为重要同时也是应用最为广泛的慈善组织形式。在英国，慈善信托的设立非常简便，只需要由最初捐赠者即委托人拿出一些资金或者财产设立即可。可以采用宣言设立的方式，也可以将资金或财产转移给其他个人或组织而设立慈善信托。

（4）非法人社团。在英国，作为非法人化的慈善组织形式，除了应用广泛的慈善信托之外，就是非法人社团。非法人社团不具有法人资格，所以其无法独立于其成员而与其他的组织、个人建立法律关系。因此,在英国,其往往更适用于一些小型的慈善组织。

(5)其他组织类型。除了上述提到的四个慈善组织类型之外,在英国,还有友谊协会、社会企业、社区利益公司等法律结构形式可以为慈善组织所利用,或者为其他非营利组织或社会企业所利用。[1]

3. 慈善组织概况。截至2018年6月,在英格兰和威尔士慈善委员会注册的慈善组织共计168 186家。2017年以来,新申请注册的慈善组织有8375家,被终止慈善组织资格的有4360家。2017年,慈善组织的总收入、总支出分别为760亿英镑、735亿英镑。约1.3%的慈善组织年收入在500万英镑以上,73.3%的慈善组织年收入在10万英镑以下。[2]

(二)美国

1. 慈善组织的概念。美国非营利组织主要分为两大类:慈善组织和其他公益型非营利组织。《国内税收法典》对慈善组织的定义是:自身收入无需纳税,而且其捐助者因其捐助而享受税收减免的组织。[3] 关于慈善组织免税资格的条件见前文。

2. 慈善组织的类型。自1969年以来,联邦税法将慈善机构分为两类:公共慈善机构和私立基金会。在美国,公共慈善机构包括:①法定的公共慈善机构,这类慈善机构中最常见的是教会、学校、医院和医学研究组织;②依赖捐赠的公共慈善机构,该类型机构受到广泛的捐赠者的资金支持;③有免税活动

---

[1] 参见李德健:《英国慈善法研究》,法律出版社2017年版,第27~42页。
[2] 参见何妮:《英国慈善法律制度概述》,载《中国民政》2019年第5期。
[3] 参见[美]贝希·布查尔特·艾德勒等:《通行规则:美国慈善法指南》(第2版),金锦萍等译,中国社会出版社2007年版,第5页。

第四章 中外慈善组织比较

收入的公共慈善机构；④支持型公共慈善机构。[1]

在美国，私立基金会包括独立基金会或家族基金会、公司基金会和运作型基金会。①独立基金会。独立基金会通常是基于某个人或家族的成员捐赠或遗赠所创立的基金会，常以捐赠者或创立者的名字或这个家族的姓氏为名，像洛克菲勒基金会、卡内基金会、比尔与梅琳达·盖茨基金会等。独立基金会最大的特色是其管理机构通常是一个独立的董事会或者理事会。独立基金会在美国各种慈善基金会中占的比例最大，历史最悠久、实力最强，每年发放捐赠也最多。②公司基金会。公司基金会是指由公司或企业捐资设立的基金会。捐款可以是一次性捐款，也可以是逐年捐款。美国《国内税收法典》规定慈善捐款可以抵扣所得税，而且这种捐款有助于提高企业的社会评价。所以，很多企业都乐于设立这类基金会。比较著名的公司基金会有福特汽车基金会、通用汽车基金会、奥多比基金会等。③运作型基金会。运作型基金会并不仅仅筹集资金，它们也会参与项目的运作，有独立的项目宗旨。这类基金会也会做一些捐赠，但是，其最主要的工作不是捐赠，而是参与某些具有特殊目的的项目的策划、组织和实施，包括教育、科研、社会服务等。这类基金会和前两种基金会的区别在于是否参与项目的运行，它们每年须将收入的85%用于慈善项目的实际运营。这类基金会比较著名的有J.保罗·盖特信托基金、莉莉·凯尔斯基金会等。[2]

---

[1] 参见[美]贝希·布查尔特·艾德勒等：《通行规则：美国慈善法指南》（第2版），金锦萍等译，中国社会出版社2007年版，第26~37页。

[2] 参见褚蓥：《美国私有慈善基金会法律制度》，知识产权出版社2012年版，第5~11页。

除以上三种类型的私立基金会外，美国还有一种独立的基金会类型，即社区基金会，是指某地的居民为解决地区问题而设立的基金会，主要的资金来源是社区内的个人、家族、公司、机构等的捐赠，主要的资助对象也是社区内的公益活动、公共事业等。所以，其重要特点有三个：一是资金来源多元化，二是没有特定的目标范围，三是资金多由当地一家银行或信用社代管。[1] 这种基金会中，比较著名的是塔尔萨社区基金会、克利夫兰德基金会、纽约社区基金会等。社区基金会一般属于公共慈善机构。

3. 基金会的基本情况。2011年，在以上四种类型的基金会中，独立基金会数量最多，有73 764个，占四类基金会总数的90%，其捐赠总额、资产和收到实物也最多，分别占69%、82%和61%。运作型基金会、公司基金会和社区基金会数量相对较少，分别占6%、3%和1%，但其捐赠总额和收到实物却与其在整个基金会中的比例不对等，运作型基金会的捐赠总额和收到实物分别占11%和16%，公司基金会捐赠总额和收到实物分别为11%和10%，社区基金会捐赠总额为9%，其资产占所有基金会的9%。[2] 美国四种类型的基金会2011年的数量、捐赠总额、资产、收到实物见表4-2。

---

[1] 参见资中筠：《财富的归宿：美国现代公益基金会述评》，上海人民出版社2006年版，第29页。

[2] 参见美国基金会中心网，http：//data.foundationcenter.org/#/foundations/all/nationwide/total/list/2011，最后访问日期：2014年4月2日。

表 4-2 2011 年基金会总体财务数据（单位：美元）

类　型	基金会数量	捐赠总额	资　产	收到实物
独立基金会	73 764 个	33 910 371 479	540 153 759 333	25 697 495 259
	90%	69%	82%	61%
运作型基金会	4574 个	5 609 748 298	42 048 900 421	6 664 741 301
	6%	11%	6%	16%
公司基金会	2689 个	5 167 754 834	22 195 401 262	4 361 993 201
	3%	11%	3%	10%
社区基金会	750 个	4 311 073 983	57 937 653 849	5 434 446 985
	1%	9%	9%	13%
合　计	81 777 个	48 998 948 594	662 335 714 865	42 158 676 746
	100%	100%	100%	100%

资料来源：载美国基金会中心网，http：//data.foundationcenter.org/#/foundations/all/nationwide/total/list/2011.

（三）加拿大

加拿大的慈善组织主要有两种基本形式：第一种是公众筹款机构。筹措的款项除按一定比例用于工作经费和人员开支以外，其余全部用于通过各种组织扶助个人或者直接扶助个人。这种机构多是公共的，资金来源于企业、个人等，而且必须持续开辟财源，以维持自己的公共性身份。例如"联合之路"（United Way）就属于这种类型，它在加拿大有 125 个地方性组织，全部是自治的。这个组织的宗旨是建立一种关怀性的社会，对本国公民的最基本的需求进行人文关怀，提供资金和物质方面的帮助。第二种是基金会。基金会接收社会捐款，但只用利息进行资助。基金会有两种类型：一种是个人的，其主要资金来自同一个人、家庭或组织；另一种是公共的，资金来源众多，款项的用途也比较广泛。这种基金会尽力提高资金的公益使用效率，以赢得更加广泛的社会支持。

在加拿大，专门的政府审计机构对慈善组织进行审计，社会各阶层有影响力的人员通过选举组成董事会对慈善组织进行治理，由专职工作人员进行操作，而且专职人员数量极少，大部分工作由志愿者承担。慈善组织工作经费从捐款中提取10%~20%，用于各种支出，包括人员的开支。[1] 每年筹措的资金和扶助支出都要在媒体上向社会公布，领导人的收入情况要向社会公开，财务报表也要向社会公开。

（四）德国

德国慈善组织的法律形式是社团和基金会。社团在德国慈善组织中所占的比重最大。截至2008年夏，德国登记注册的社团组织总数为554 401家[2]。协会是社团的重要组织形式，在德国属于协会的组织形式非常多，包括工作共同体、工作组、委员会、联盟、俱乐部、共同体、合作社、学会、联合会、联邦联合会、总联合会、最高联合会等。

在德国，一般认为，基金会是将资产聚合在一起，长期用于某种特定的目的，特别是用于社会公益事业的组织。德国的基金会大致可分为公立基金会和私立基金会两种。公立基金会主要承担政府布置的任务。私立基金会实施自己选择的项目。基金会既可以以法人的形式存在（财团法人），也可以以受托执行人的身份存在（没有权利能力的、非独立的受托基金会）。那

---

[1] 参见冯英等编著：《外国的慈善组织》，中国社会出版社2008年版，第108~109页。

[2] 参见杨解朴：《德国民间组织：发展状况与社会功能》，载黄晓勇主编：《中国民间组织报告》（2011—2012），社会科学文献出版社2012年版，第231页。

些非法人/受托基金会的数量规模不在官方统计数据范围内，但有研究报告显示，它们的吸引力在不断增加。截至 2010 年底，德国共有基金会 18 162 家（不包括受教会法规规范的约 10 万家基金会），其中 2010 年新成立的基金会有 824 家。在德国基金会的发展过程中，社区基金会已经发展为一支活跃的力量，自 1996 年德国第一个社区基金会建立以来，到目前为止，联邦境内大约有 250 家这种类型的基金会，其中 207 家获得了德意志基金会联合会社区基金会工作小组的品质确认。[1]

二、慈善组织内部治理结构

（一）英国

英国的慈善传统久远，赢得了相当的社会信任，其最基本的保障在于内部治理和自律机制。在英国，慈善组织的理事对慈善组织的行为和资产负有完全的责任，他们有责任保障公共资产的延续、组织的恰当管理、组织的非营利性、组织的有效运作、公益目的的实现，以及保留组织账户和各项信息等。如果理事被发现因为渎职或故意的原因而使公益资产受到损失，他甚至将对此负有无限连带责任。慈善组织的理事多是已经在社会上有一定经济基础和社会声望的知名人士，他们做理事一般是没有报酬的，能够作为某个大型慈善组织的理事，被人们视为一种荣耀和身份的象征。公开组建和切实负责的治理结构，对于保障英国慈善组织的公益性和防止公共资产被滥用，起到了第一位的监管作用。[2]

---

[1] 参见杨解朴：《德国民间组织：发展状况与社会功能》，载黄晓勇主编：《中国民间组织报告》（2011—2012），社会科学文献出版社 2012 年版，第 233~234 页。

[2] 参见王名、李勇、黄浩明编著：《英国非营利组织》，社会科学文献出版社 2009 年版，第 80~91 页。

（二）美国

美国的慈善组织大都以非营利法人的形式存在，其创建和内部治理由公司法予以规范。在美国，非营利法人的内部监督主要依靠董事会的委员会，特别是大型基金会。美国《非营利法人示范法》第8.25条规定，除章程或者章程细则禁止或者限制外，非营利法人董事会可以设置一个或数个董事会的委员会，并需有两名或两名以上自愿为董事会服务的董事。[1] 实践中，大规模的非营利法人有十几个甚至二十几个董事，董事会中设有若干监督小组或委员会。一般具有财政小组，专司财务监督；审计小组，专司公益法人基金募集、基金增值、基金投资等各环节的审计；项目审查小组，专司项目质量、进展以及项目执行情况的审查；筹款小组，专司资金募集的规范性运作；董事提名小组，专司下一届董事的考核、提名工作。因此，美国的基金会机关尽管没有专门的监督机构，但其下设各小组或委员会，分别由具有相应业务水平的专家和董事组成，发挥了强大的监督职能。[2]

董事会是机构治理的主体，具有法律义务来保证机构为宗旨和公益目的服务，守护机构的资产。董事会成员是机构的治理者、捐赠者、社交家及参谋，他们的公信力和人格魅力是非营利机构的一种核心能力。

表4-3比较了美国不同规模的非营利机构董事会的基本组成情况、问责性政策和筹款职责。

---

[1] 参见金锦萍、葛云松主编：《外国非营利组织法译汇》，北京大学出版社2006年版，第36页。

[2] 参见李本公主编：《国外非政府组织法规汇编》，中国社会出版社2003年版，第454~455页。

表4-3 美国不同规模非营利机构的董事会情况比较（2012年）

基本情况	年预算<100万美元	年预算100万~990万美元	年预算>1000万美元
平均董事会人数	14.1	16.3	18.9
年龄为41~64岁的董事会成员	68%	73%	70%
女性董事	51%	45%	37%
非白人董事	17%	18%	18%
平均任期年份	2.8	3.0	3.3
平均委员会数量	5.1	5.6	6.0
平均每年会议次数	5.1	5.6	6.8
问责性政策			
制定了利益冲突政策	82%	90%	97%
董事会对执行总监进行正式的业绩评估	61%	77%	79%
筹款职责			
规定其成员捐款的董事会	74%	75%	76%
董事会成员参与捐款的比例	80%	84%	90%

资料来源：卢咏：《金融危机后的美国慈善》，载杨团主编：《中国慈善发展报告》(2013)，社会科学文献出版社2013年版，第322页。

在2012年，越来越多的非营利机构开始遵照一些基本的问责性程序行事，包括制定利益冲突、检举和文件备份保留政策等。多数非营利机构的执行总监认为，他们的董事会在财务和法律监督方面的表现令人满意。超过半数董事会（55%）进行了正式的自我评估，比2010年调查结果增加了5%。71%的董事会在决定执行总监工资时参考同行的情况，72%的董事会全票通过执行总监的工资水平。62%的董事会成员认为他们很清楚地知道自己的职责，这比2010年上升了4个百分点。[1]

美国非营利法人的内部监督还注重对其董事、执行官等高级管理人员责任与义务的强调。根据大多数州的法律，非营利法人的董事负有注意义务和忠实义务。关于注意义务，根据加利福尼亚州法律规定，董事可以信赖下列人员提供的信息或观点来作出决策：非营利法人的执行官或者雇员、法律顾问、独立会计师或其他专业人员，以及该董事不在其中任职的委员会。但是必须满足两个条件：其一，董事有理由相信就咨询的问题提出信息或者建议的人是有资格的，是可靠的；其二，董事应该履行合理的调查研究义务。只有当董事"善意地行事，在进行合理调查研究之后，没有发现这种信赖是毫无根据的"，这种信赖才是合理的。忠实义务要求董事为慈善组织的最大利益行事，即使在发生利益冲突的情形下也不例外。加利福尼亚州法律规定，在利益冲突的情形下，履行忠实义务有两种途径：首先，规定从该慈善组织获得报酬的董事数量应在董事总数的49%之内。其次，如果董事会成员与慈善组织之间发生利益冲突交易，必须按照法律规定的整套程序来进行。该法规定了直

---

[1] 参见卢咏：《金融危机后的美国慈善》，载杨团主编：《中国慈善发展报告》(2013)，社会科学文献出版社2013年版，第321~322页。

接的利益冲突交易，例如慈善组织雇佣其董事作为律师的情形；也规定了间接的利益冲突交易，例如从其董事持有股份的公司购买商品或服务的情形。[1]

(三) 加拿大

加拿大并不存在规制全部慈善组织的慈善法体系（联邦税法只对成功申请免税的慈善组织进行规制），因此，应当根据不同的慈善组织类型以及相关法律确定受信人的权利义务关系。以非营利公司为例，根据加拿大 2009 年《非营利公司法》的规定，受到该法、章程以及任何成员一致同意协议的制约，董事应当管理公司活动与事务或者对该管理进行监督。同时，18 周岁以下的被加拿大或其他国家的法院宣布为无资格的自然人、非自然人以及破产者不得担任非营利公司董事。非营利公司董事负有利益披露义务，为公司最优利益诚信善意行事的义务，保持一个合理谨慎者在类似环境下所采取的注意、勤勉与技能义务，相符性义务，确保公司章程与目的合法的义务等。另外，该法还系统地规定了其治理结构以及财务披露制度、公共会计师制度等内容。[2]

(四) 德国

德国在国家行政管理中实行辅助性原则，其具体要求是，"公民个人的生活需要自我负责，尽自己所能努力实现自我发展，同时鼓励社会团体积极组织起来，团结互助共同为促进社会福祉服务；个人自我负责与团体协作优先于国家在给付行政

---

[1] 参见 [美] 贝希·布查尔特·艾德勒等：《通行规则：美国慈善法指南》（第 2 版），金锦萍等译，中国社会出版社 2007 年版，第 100~102 页。

[2] See Canada Not-for-profit Corporation Act 2009 (S. C. 2009, c. 23), http：//laws.justice.gc.ca/eng/acts/C-7.75/.

方面所负的责任,各州的工作优先于联邦的工作"[1]。依照辅助性原则,在对慈善组织的管理中,德国政府比较尊重慈善组织的独立性与自主性,强调慈善组织应依法运行和自我约束,鼓励其完善内部治理结构,依靠组织内部的民主决策和理事会的监管机制规范慈善组织的活动。政府的主要任务不是约束和防范慈善组织,而是为其提供财政资助,创设有利环境,支持其发展。

根据德国《民法典》,正式登记的社团必须设立两个机构,即理事会和社员大会。理事会对外代表社团,具有社团法人地位,理事会一般由两人以上组成,理事会成员的选任由社员大会的决议作出。理事会的任务是按照社员大会的决议处理社团的事务。理事会会议及会议主题需根据组织章程和内部工作制度来确定。社员大会是社团的最高权力机关,它的主要任务是决定社团的内部事务,在社团内部形成组织意见,如果社团的事务不能由理事会或其他机关决定,则以社员大会的决议决定。社团所有重大事项的决定权都在社员大会,包括组织的存废、修改章程、宗旨和变动业务范围。社员大会通过后,才能报地方法院备案。为了防止理事会违背部分社员的意见独断专行,德国《民法典》规定:一定数量的社员可以在紧急情况下或为组织的利益要求召开社员大会,必要时还可以申请地方法院的授权召开社员大会。社团正是通过这两个机构的相互制约进行社团内部的自我管理和自我监督。[2]

---

〔1〕 参见刘莘、张迎涛:《辅助性原则与中国行政体制改革》,载《行政法学研究》2006年第4期。

〔2〕 参见杨解朴:《德国民间组织:发展状况与社会功能》,载黄晓勇主编:《中国民间组织报告》(2011—2012),社会科学文献出版社2012年版,第258~259页。

三、政府与慈善组织的关系

（一）英国

在英国，自20世纪70年代以来，非营利部门成为提供社会福利和公共服务的主角。英国慈善组织与政府结成了合作伙伴关系，其依据是《政府与志愿及社区组织合作框架协议》（COMPACT）。协议充分肯定了慈善组织在英国社会的巨大作用，并强调政府与慈善组织在价值观上的一致性和功能上的互补性与合作关系。COMPACT强调如下原则：①政府对慈善组织的资金支持原则；②政府在支持慈善组织的同时确保其独立性的原则；③政府与慈善组织在制定公共政策、提供公共服务上的协商、协作原则；④慈善组织在使用包括政府资金在内的公益资源上的公开性、透明性原则；⑤政府保障各种不同类型的慈善组织有公平机会获得政府资助的原则。[1]

（二）加拿大

20世纪90年代以来，加拿大受到了财政削减的压力，开始依靠慈善组织来获取专门知识和信息，提供社会服务。政府和慈善组织意识到双方需要加强合作，提升慈善组织的能力和合法性，以便更有效地承担它们在政策制定和项目提供方面的责任。1999年加拿大联邦政府和志愿部门启动了志愿部门倡议，目的是建立更有效的联邦政府和志愿部门的关系，增加联邦政府对志愿部门的支持，完善联邦政府的政策、规划和服务，提升志愿部门满足社会需求的能力。加拿大重新界定政府—志愿部门关系的过程，是从以下两个重要行动开始的：一个是设立"志愿部门的公信度和治理小组"，该小组促进了部门间的合作。

---

[1] 参见王名、李勇、黄浩明编著：《英国非营利组织》，社会科学文献出版社2009年版，第55~57页。

另一个是 1999 年的"加拿大政府和志愿部门联合倡议"的报告。该报告是由政府官员和志愿部门负责人组成的联席会议撰写的，主要想解决以下三个问题：①建立一种新的政府—志愿部门关系。寻求建立一种新的关系框架，确定其愿景、原则、作用和目标，并探究确保合作持续发展的机制和过程。②加强能力建设。寻求提升志愿部门和联邦政府应对挑战、持续有效协作的能力。这些能力包括财政能力、人力资源管理能力、知识和信息管理能力和采用新信息技术的能力。③完善管理框架。建立健全慈善组织和非营利组织的法律法规，探究提升行政管理和公信力的方法，检查联邦政府的资助情况。[1]

（三）德国

在德国，政府除对慈善组织进行监管、为慈善组织提供税收优惠之外，还采取措施促进公民志愿服务。1999 年 12 月，德国联邦议院组织议员和专家组成了"公民志愿行为的未来"调查委员会，该调查委员会根据调查，对在联邦、州和地方层面开展持续有效的公民志愿服务提出以下建议：把国家机构向公民志愿行动与公民参与开放；改善对志愿服务的信息介绍、咨询；改革公益法与捐赠法、消除捐赠法中的官僚障碍；引入普遍的志愿服务实际支出抵偿款的免税额；支持有关志愿服务的研究等。在德国政府的推动下，近年来德国联邦层面推出了一系列的改革措施用以推动公民志愿服务。包括：国家大幅利用货币调控手段，如引入支出抵偿免税额及其他免税与抵扣税项目等。志愿服务被引入更多的领域，并被纳入有关护理、卫生改革、

---

[1] 参见徐麟主编：《中国慈善事业发展研究》，中国社会出版社 2005 年版，第 333~334 页。

劳动力市场、信息自由、法律自尊等领域的立法中。[1]

第三节　比较和启示

一、比较

(一) 中国慈善组织的特点及问题

1. 中国慈善组织类型多样，以不同的方式介入慈善服务。中国慈善组织有多种类型，从法律形式上看既有基金会，也有社会团体、社会服务机构；从功能上看既有从事资金筹集的慈善组织，也有从事具体服务的慈善组织。中国慈善组织以不同的方式介入慈善服务。第一种方式是以"中介组织"的身份介入。慈善资源来自于社会中各类组织和个人，但需要通过一定的组织来筹集和分配各种资源。在当代社会中许多基金会、慈善会等慈善组织扮演了这种角色，积极参与筹集和分配慈善资源。慈善组织介入慈善事业的另一种方式是直接提供社会服务。各种非营利的民办学校、民办医疗机构、私人养老院以及在老年、残疾人服务、儿童服务和其他各种福利性服务方面的公益性社会团体、社会服务机构以及一些未经登记的"草根组织"都属于这一类。这一类慈善组织通过自筹资金或者通过慈善会、基金会、红十字基金会获得资源并向服务对象提供服务。[2]

2. 慈善组织双重管理体制转向直接登记制。在中国《慈善

---

[1] 参见杨解朴：《德国民间组织：发展状况与社会功能》，载黄晓勇主编：《中国民间组织报告》(2011—2012)，社会科学文献出版社2012年版，第260~261页。

[2] 参见中国社会工作教育协会组编、关信平主编：《社会政策概论》(第2版)，高等教育出版社2009年版，第84页。

法》施行前很长的一段时间内中国慈善组织成立条件较高、限制较多。《慈善法》施行前，中国对慈善组织实行"分级归口、双重管理体制"，要求慈善组织不仅要在民政部门登记，还必须有一个业务主管单位作为挂靠单位，使得一些慈善组织难以取得合法身份。《慈善法》规定了慈善组织直接向民政部门申请登记，《慈善法》第10条第1、2款规定："设立慈善组织，应当向县级以上人民政府民政部门申请登记，民政部门应当自受理申请之日起30日内作出决定。符合本法规定条件的，准予登记并向社会公告；不符合本法规定条件的，不予登记并书面说明理由。本法公布前已经设立的基金会、社会团体、社会服务机构等非营利性组织，可以向其登记的民政部门申请认定为慈善组织，民政部门应当自受理申请之日起20日内作出决定。符合慈善组织条件的，予以认定并向社会公告；不符合慈善组织条件的，不予认定并书面说明理由。"这就从法律上废除了慈善组织双重管理体制，必将促进慈善组织的极大发展。

3. 官办慈善组织力量强大，民间慈善组织力量相对弱小。在中国，政府不仅是慈善事业的组织者、资源提供者、监督管理者，甚至是许多慈善组织背后的操纵者，特别是一些官办慈善总同民政部门一个部门、两块牌子，慈善组织的负责人和工作人员直接来自于政府。[1] 这一官办慈善体制虽然使政府积极地介入并推进慈善事业的发展，但可能在一定程度上形成了对民间慈善组织发展空间的挤压。例如从捐款流向上看，根据《人民日报》的报道，在民政部2010年收到的慈善捐款中，近六成捐款流入政府、慈善会及红会系统中，只有1.3%的捐款到

---

[1] 参见田凯：《非协调约束与组织运作——中国慈善组织与政府关系的个案研究》，商务印书馆2004年版，第2页。

了慈善会之外的社会团体、民办非企业单位和福利院；而在这1.3%的捐款接收部门中，仍不排除有政府背景的慈善组织。因而，民间慈善组织得以发展的财务能力十分有限。[1]

(二) 外国慈善组织的特点

1. 慈善组织类型多样，规模庞大。外国慈善组织形态类型多样，例如，在英国，慈善组织可以采取慈善信托、慈善公司、法人型慈善组织、非法人社团等形式；在美国，慈善组织有公共慈善机构和私立基金会之分；在加拿大，慈善组织主要有两种基本形式，一是公众筹款机构，二是基金会；在德国，慈善组织的法律形式是社团和基金会。可在前述分类的基础上，把这些慈善慈善组织进一步分为两大类，一类是基金组织，另一类是服务组织。前者主要筹集并分配资金，后者则直接提供服务。英国、美国、加拿大、德国的基金会属于基金组织，它们负责筹集并分配资金。在美国，根据资金筹集对象，基金组织可分为面向公众募捐的基金会和不面向公众募款的基金会。前者包括社区基金会和运作型基金会，后者包括独立基金会和公司基金会。除基金组织，绝大多数慈善组织属于服务组织，服务于不同的对象，满足他们的需要，促进他们的发展。

2. 注重内部治理，慈善组织内部治理结构比较健全。发达国家对慈善组织的管理比较健全和严格，除前文第三章中论述的政府加强对慈善组织的管理之外，西方国家的慈善组织还特别注重慈善组织内部治理，注重维护慈善组织的非营利性。例如，在英国、美国等国家，非常重视慈善组织理事会建设，注重受托人或理事的忠实义务和注意义务，从而保证慈善组织的

---

[1] 参见林卡、吴昊：《官办慈善与民间慈善：中国慈善事业发展的关键问题》，载《浙江大学学报（人文社会科学版）》2012年第4期。

非营利性，实现慈善目的。

3. 慈善组织与政府形成合作伙伴关系。一些研究者对慈善组织与政府的关系进行了研究，萨拉蒙提出了第三方治理理论，强调公共和私人机构之间大量的责任共享，以及公共部门和私人作用的大量混合。[1] 本杰明·纪德伦（Benjamin Gidron）、拉夫·克莱默（Ralph Kramer）和萨拉蒙等人以服务的资金筹集和授权以及服务的实际提供两种要素为维度，提出了政府与慈善组织关系的四种基本模式：政府支配模式、第三部门支配模式、双重模式和合作模式。[2] 罗伯特·伍夫努（Robert Wuthnow）提出了国家、市场和志愿部门相互依赖的三部门模式理论。[3] 以上理论大都强调政府与慈善组织之间的分工合作，共同实施治理或提供服务。

纵观现代慈善组织发达的国家和地区，政府在推动慈善组织发展上起着十分重要的作用。各国政府在发展慈善组织方面有许多共同之处，但由于经济发展水平、市场发育程度、慈善组织发展状况以及政策法规完备程度的不同，各国政府在具体做法上有所不同。以美国为例，美国是现代市场体制高度发达的国家，小政府大社会的格局形成已久，政府建立起了规范和引导慈善事业发展的完备的法规政策体系，以规范境内数量庞大的慈善基金会等各类慈善组织、机构的活动，引导国内民众积极向慈善组织捐献，而政府一般不以行政方式直接介入慈善

---

[1] 参见［美］莱斯特·M. 萨拉蒙：《公共服务中的伙伴——现代福利国家中政府与非营利组织的关系》，田凯译，商务印书馆2008年版，第46~51页。

[2] 参见田凯：《非协调约束与组织运作——中国慈善组织与政府关系的个案研究》，商务印书馆2004年版，第21~23页。

[3] 参见田凯：《非协调约束与组织运作——中国慈善组织与政府关系的个案研究》，商务印书馆2004年版，第24~25页。

组织的内部管理和慈善捐献活动。慈善组织的民间属性决定了政府不是慈善的主体,政府主要担当规范和监督的角色,而不过多地直接插手慈善组织的具体运作和慈善组织的微观管理。英国、加拿大和德国的政府也大力支持慈善组织和志愿服务发展。

4. 慈善组织是一支重要的经济力量。就全球范围来看,包括慈善组织在内的非营利部门在就业和国家支出中占有非常重要的比例,是区域中的一种重要的经济力量。根据萨拉蒙的研究,排除宗教团体,美、德等 22 个国家的非营利部门是一个 1.1 万亿美元的产业,它雇用了相当于近 1900 万个全职工作的人员。这些国家的非营利支出平均达到国内生产总值的 4.6%,非营利就业占所有非农就业的近 5%,占所有服务行业就业的 10%,占所有公共部门就业的 27%。非营利部门还吸引了相当数量的志愿力量。平均占总人口的 28% 的人向非营利组织贡献了他们的时间,相当于 1060 万个全日制职员。如果包括志愿者,那么这些国家的非营利部门的就业平均占到全部非农就业总数的 7%,占到服务业就业总数的 14%,占到公共部门就业总数的 41%。[1] 萨拉蒙还指出,在所调查的 22 个国家中,全部非营利就业的 2/3 集中在 3 个传统福利服务领域:教育占 30%;卫生保健占 20%;社会服务占 18%。[2]

二、启示

(一) 加强对慈善组织的培育和管理

我国对慈善组织管理经历了从严格监管到分类监管再到分

---

[1] 参见 [美] 莱斯特·M. 萨拉蒙等:《全球公民社会:非营利部门视界》,贾西津、魏玉等译,社会科学文献出版社 2007 年版,第 8~10 页。
[2] 参见 [美] 莱斯特·M. 萨拉蒙等:《全球公民社会:非营利部门视界》,贾西津、魏玉等译,社会科学文献出版社 2007 年版,第 14 页。

类培育发展的演变，总体上看，同国外发达国家相比，中国慈善组织培育发展不足，规范管理不够。主要是由于成立慈善组织的条件严格，程序复杂，一些慈善组织未经登记便开展活动，官办慈善组织行政化倾向尚未改观。这不利于慈善组织的培育和发展。为此，要切实贯彻落实《慈善法》，为慈善组织直接登记和认定提供便利，重点培育公益慈善类社会组织。整合慈善事业法规政策，广泛宣传政府鼓励和支持慈善事业发展方面所制定的各种政策（税收优惠政策），推进公益慈善政策领域的发展，使之具有更大的可操作性，并加大政策力度，充分发挥其作用。[1]

（二）慈善组织要切实坚持非营利服务宗旨

慈善组织要切实坚持和追求非营利的组织宗旨，它可以用经营性方式运作，但是不"赢得"经营的盈余，不能把财务收支平衡表中的"溢出"部分进行分配，而是把它用于事业再发展。要逐步建立一种完善的法制系统来保证这些非以营利为目的的慈善组织在参与市场经营的过程中不占有和分配利润。要尽快出台《社会组织登记管理条例》，完善慈善组织内部治理结构，更好地促进慈善组织的发展。

（三）进一步加强慈善组织理事会建设

近年来，以理事会治理为核心的慈善组织内部治理机制逐步形成，理事会的角色也开始由早期的当摆设向有所作为过渡。随着理事会在慈善组织治理中地位的日渐提升，现行法律法规也加强了对理事会及其成员行为的规范力度，譬如，为防止理事会被个别家庭所控制以及慈善组织以高额薪酬将组织资源输

---

[1] 参见林卡、吴昊：《官办慈善与民间慈善：中国慈善事业发展的关键问题》，载《浙江大学学报（人文社会科学版）》2012年第4期。

送于理事的现象发生,《基金会管理条例》和《征求意见稿》对理事会的构成与理事的薪酬进行了规定。《基金会管理条例》规定,基金会理事中相互间具有近亲属关系的总数不得超过理事总人数的 1/3;具有公开募捐资格的基金会,相互间具有近亲属关系的理事不得同时在理事会任职。监事和未在基金会担任专职工作的理事,不得从基金会领取薪酬。在基金会领取薪酬的理事不得超过理事总人数的 1/3。理事、监事履行职责时产生的必要费用,由基金会承担。《征求意见稿》规定,基金会、社会服务机构相互间有近亲属关系的理事,总数不得超过理事总人数的 1/3。在基金会领取报酬的理事不得超过理事总人数的 1/5。监事和未在基金会、社会服务机构担任专职工作的理事不得从基金会、社会服务机构获取报酬。基金会、社会服务机构理事、负责人遇有个人利益与基金会、社会服务机构利益关联时,不得参与相关事宜的决策。[1] 要严格执行有关法规政策的要求,不变形,不走样,切实发挥理事会的职责和作用。

(四)政府通过购买服务项目的方式同慈善组织建立合作关系,共同实施对社会的治理

慈善组织是社会部门的组织,它的发展离不开政府的支持和资助。国际研究数据显示,欧洲非营利组织收入中来自公共财政资源的部分普遍占 40%~70%,日本为 45%,美国为 31%。[2] 政府需要在财政、税收和政策法规方面给予慈善组织更多的支持。政府可以通过购买服务的方式同慈善组织建立合

---

[1] 参见《民政部关于〈社会组织登记管理条例(草案征求意见稿)〉公开征求意见的通知》,载 http://yjzj.mca.gov.cn:8280/consult/noticedetail.do?noticeid=52。

[2] 参见贾西津、苏明等:《中国政府购买公共服务研究:终期报告》,亚洲开发银行,2009 年 6 月。

作关系,共同实施对社会的治理。政府购买服务就是通过发挥市场机制作用,把政府直接向社会公众提供的一部分公共服务事项,按照一定的方式和程序,交由具备条件的社会力量承担,并由政府根据服务数量和质量向其支付费用。[1] 政府与慈善组织是社会服务的中的重要主体,政府可通过购买社会服务项目与慈善组织结成合作伙伴关系。从政府的角度看,项目体现了政府的政策和意图,它承载着资金,是政府资源分配和投入的指示器。从慈善组织的角度看,它要理解和领会政府的政策和服务意图,从自身生存和发展的角度出发力争获得政府的项目,政府和慈善组织通过项目连接在一起并形成分工负责、合作治理的格局。在这种分工合作治理格局中,政府制定规则,提供资金,进行监督管理,慈善组织则要获得政府的资金并提供服务。政府与慈善组织的关系模式变得固定化、模式化了。政府购买社会服务项目的政策越稳定,那么政府与慈善组织之间的关系就越稳定;慈善组织的行为就越稳定,权宜性和策略性的成分就越少。慈善组织能把更多的时间和精力放在实现组织的使命和社会目的上去,从而促进慈善组织的可持续发展和社会的进步。[2]

---

〔1〕 参见《国务院办公厅关于政府向社会力量购买服务的指导意见》,载 http://news.xinhuanet.com/fortune/2013-09/30/c_125473371.htm.
〔2〕 参见陈为雷:《政府和非营利组织项目运作机制、策略和逻辑——对政府购买社会工作服务项目的社会学分析》,载《公共管理学报》2014 年第 3 期。

第五章

中外慈善筹资比较

第一节 中国慈善资源的来源

中国慈善资源有政府资助,社会捐赠,会费和服务收费,商品销售收入、利息收入和投资收益以及国际资助,下面分别进行介绍。

一、政府资助

政府对慈善组织的资助属于政府社会支出,所谓政府社会支出是政府在社会政策各个领域所做的财政投入量的总和,也是政府财政总支出中用做实施社会政策的部分。

(一)政府资助的方式

政府对慈善组织的支持和资助,可以概括为四种方式:

1. 直接拨款。政府向由其直接举办的慈善组织进行拨款,这种拨款主要用于官办慈善组织的人员经费上。在中国,一些官办慈善组织——各级慈善会(总会、协会)名义上是慈善组织,实质上仍按政府机构的方式运作,绝大部分慈善总会还是"一个部门,两块牌子"。慈善会的负责人和工作人员直接来自于政府(主要是民政部门),日常活动经费来自政府购买服务和社会捐赠;各级慈善会(总会、协会)办公室工作人员一般是事业单位编制,他们的工资福利支出仍然来自政府财政拨款。

例如山东省慈善总会、烟台市慈善总会、晋江市慈善总会等就属于这种情况。再如某机构在成立早期，是由该机构业务主管部门的相关领导担任总干事，机构所有的员工经费、行政费用都由政府承担，政府承担的费用占机构运作总费用的90%以上。[1]

政府资助慈善组织工作人员工资和福利待遇的好处在于：一是这些工作人员工作稳定，可以使他们安心工作，专门从事慈善救助事业；二是不动用社会捐赠收入，保证社会捐赠资金全部用于慈善事业，提高慈善组织的公信力。其弊端在于：一是工作人员按部就班工作，筹资压力小，工作积极性和主动性稍差；二是政府可以通过这种方式控制慈善组织，不利于慈善组织独立发展，使慈善组织仍然具有行政化色彩。

2. 财政补贴。财政补贴是指一国政府根据一定时期政治经济形势及方针政策，为达到特定目的，由财政安排的专项资金对指定的事项补助支出。换句话说，政府不负责建设和经营公共服务机构的开支，但可以按照合同向现有的服务机构提供补贴，以使这些机构在不同程度上具有社会福利服务的性质，或承担某些具体的社会福利服务的任务。财政补贴可以解决慈善组织运作资金不足的困难。通过财政补贴，政府可以有效地促进和鼓励慈善组织提供社会急需的公共服务。

财政补贴包括开办费补贴、日常经费补贴、专项补贴等方式。也有采取按服务对象的数量定额进行补贴的方式。[2]《广州市政府资金支持社会工作发展实施办法》中明确规定了财政

---

[1] 参见陈蓓丽：《社会组织资源获取异质性研究》，载《商业时代》2012年第23期。

[2] 参见金锦萍编著：《社会组织财税制度》，中国社会出版社2011年版，第22页。

补贴,具体包括:①一次性资助。每年评选一批市级社会工作专业人才培育基地和重点实训基地,由市级财政分别给予每个基地10万元和15万元的一次性资助,用于补贴场地租赁、设备购置、培训开展等产生的费用。②以奖代补。市评审办每年组织开展优秀社工服务项目评选活动。对上一年度在本市开展且未使用财政资金的社会工作服务项目,报市评委会审定为优秀项目的,经评审办核实项目经费支出后,由市级财政给予其经核实经费支出10%至30%的奖励,最高不超过50万元,同一项目在5年内不可重复享受该项补贴。③专项资助。每年按实际需要安排市级财政资金对全市社会工作专业化职业化发展给予专项资助。具体包括:社会工作专业人才培训专项资助、社会工作课题研究专项资助、社会工作对口支援专项资助、社会工作交流与提升专项资助。[1]

3. 配套资金。为了鼓励慈善组织参与社会服务,政府可设立服务配套资金,当机构筹措相应的配套资金时,政府可负担相应比例的经费。例如深圳市民政局对公益创投中的二十强和"十佳"项目根据其所募得社会资金数量按一定比例提供资金配套。

4. 购买服务。政府向慈善组织购买服务,就是发挥市场机制作用,把政府直接向社会公众提供的一部分公共服务事项,按照一定的方式和程序,交由具备条件的慈善组织承担,并由政府根据服务数量和质量向其支付费用。[2] 政府购买服务发端

---

〔1〕 参见《广州市民政局、广州市财政局关于印发〈广州市政府资金支持社会工作发展实施办法〉的通知》(穗民规字〔2018〕5号),载http://www.gz.gov.cn/gzswjk/2.2.17/201805/f142d1e8fe144c35b86c9079d8389be7.shtml.

〔2〕 参见《国务院办公厅关于政府向社会力量购买服务的指导意见》(国办发〔2013〕96号),载http://www.gov.cn/zwgk/2013-09/30/content_2498186.htm.

于 20 世纪 80 年代英国首相撒切尔夫人推动的社会福利制度改革。在福利国家时期，英国政府通过举办政府机构来对有需要的人群进行服务照料，其弊端是效率低、效果差。撒切尔夫人的改革倡导创办私营的社会服务机构。政府通过政府采购的方式，按照法定的程序进行招投标，将社会服务项目外包给中标的社会服务机构。政府购买服务既搞活了社会服务，又增加了就业机会，所以在社会、经济两个领域中，政府购买服务被视为效率和效果"一举两得"的创举。[1]

在我国，党中央、国务院高度重视政府购买服务工作，作出了一系列部署和要求。党的十八届三中全会指出："推广政府购买服务，凡属事务性管理服务，原则上都要引入竞争机制，通过合同、委托等方式向社会购买。"[2]《国务院办公厅关于政府向社会力量购买服务的指导意见》（国办发〔2013〕96 号）明确指出："承接政府购买服务的主体包括依法在民政部门登记成立或经国务院批准免于登记的社会组织"。传统上中国政府通过直接举办福利事业单位提供服务，采用按人头拨款的方式支付服务人员工资和有关服务费用，资金流动发生在体制内。随着经济社会的不断发展和人民生活水平的提高，人们对社会服务的需求日益增加，但政府直接提供服务的成本高、效益低下、手段单一等弊端也日益凸显。在这种情况下，中国借鉴外国政府购买服务的做法，不再直接举办福利事业单位，而是把社会服务项目外包给慈善组织。在这里，政府以项目的形式对慈善组织进行资金供应，慈善组织以项目的形式申请资金并提供服

---

〔1〕 参见唐钧：《政府购买社会工作服务：进展与前瞻》，载《社会建设》2015 年第 4 期。

〔2〕 《中共中央关于全面深化改革若干重大问题的决定》，载中国新闻网，http://www.chinanews.com/gn/2013/11-15/5509681_4.shtml.

务，资金分配不仅不依赖条线体制，而且超越了条线体制。

政府购买服务的资金既有财政资金也有福彩公益金。2012年以来，中央财政每年拿出 2 亿元购买社会组织服务，迄今已连续进行 8 年，不仅支持培育了大量慈善组织，而且提高了资金使用效率。据民政统计，2013 年，全国 22 个省（直辖市）政府购买社会组织服务资金已达 11.29 亿元。其中，政府以财政专项资金列支购买社会组织服务的有北京、重庆、湖北、山东和甘肃 5 个省（直辖市）；其余 17 个省（直辖市）均是以福彩公益金支持社会组织参与社会公共服务、支持社会组织发展的。到 2014 年，中国大多数省、直辖市、自治区都已经出台了政府购买服务或公共服务的地方性法规，着力推动慈善组织发展，提升公共服务水平。2013 年部分省市政府购买社会组织服务资金见表 5-1。

表 5-1　2013 年部分省市政府购买社会组织服务资金一览表

序号	省市名称	资金（万元）	备　　注
1	民政部	20 000	中央财政支持社会组织参与社会服务项目
2	广　东	44 525	省级财政支持；珠海设专项资金 2000 多万元购买社会组织服务；广州、佛山、中山、东莞等地福彩公益金资助
3	湖　北	14 800	省、市区财政购买社工服务
4	浙　江	11 150	省市区三级支持公益类社会组织项目
5	北　京	9250	专项资金购买社会组织服务，县区配套

续表

序号	省市名称	资金（万元）	备 注
6	上海	6219.40	各区县福彩公益金5000万元配套；区专项资金列支2000万元
7	福建	6205.40	福彩公益金+各级财政支持
8	江苏	5950	省级福利彩票1000万元；南京、苏州、南通、扬州、昆山等地专项资金+福彩公益金
9	天津	4500	福彩公益金支出；各区财政配套
10	云南	2966.75	9个政府购买社会组织服务项目，资金2366.75万元。省级福彩公益金600万元
11	宁波	1927.50	福彩公益金用于购买服务和社会组织规范化建设
12	四川	1600	福彩公益金购买社会组织服务项目（遂宁市2013年17项约2.1亿元政府购买社会组织服务资金项目陆续进入招标阶段）
13	吉林	745	福彩公益金支持社会组织
14	江西	618	福彩公益金支持
15	山东	600	专项资金支持社会组织发展与参与社会服务
16	安徽	500	省级福彩公益金购买社会服务
17	湖南	440	投入福彩公益金：省级200万元，市级240万元
18	河南	300	其他资金购买社会组织服务
19	贵州	250	省市级福彩公益金支持

续表

序号	省市名称	资金（万元）	备注
20	甘肃	176.50	其他资金购买社会组织服务
21	重庆	15	专项资金委托区团委购买服务（2014年专项资金190万元购买服务）
合计		132 538.55	

资料来源：冯雨：《加大福彩公益金购买社会组织服务力度——陕西省关于福彩公益金支持社会组织建设发展的调研与思考》，载《中国社会组织》2014年第24期。

5. 行政奖励。行政奖励是指各级人民政府和有关部门依照法定条件和程序，对做出突出贡献、显著成绩或者模范遵纪守法的组织和个人给予物质的或者精神奖励的一种具体行政行为。行政奖励包括表彰和奖励，表彰主要是精神奖励，如通报表扬、给予荣誉称号，奖励一般是给予一定的资金、经费等。《国务院关于促进慈善事业健康发展的指导意见》（国发〔2014〕61号）明确强调："国家对为慈善事业发展作出突出贡献、社会影响较大的个人、法人或者组织予以表彰。"[1]《慈善法》第91条规定："国家建立慈善表彰制度，对在慈善事业发展中做出突出贡献的自然人、法人和其他组织，由县级以上人民政府或者有关部门予以表彰。"近年来政府有关部门加强了对慈善组织、个人和慈善项目的具体奖励措施。例如，2010年2月民政部为充分肯定慈善组织在构建社会主义和谐社会中做出的显著成绩，进

---

[1]《国务院关于促进慈善事业健康发展的指导意见》（国发〔2014〕61号），载http://www.gov.cn/zhengce/content/2014-12/18/content_9306.htm.

一步引导慈善组织发挥积极作用,决定授予中国企业联合会等595个社会团体、民办非企业单位和基金会"全国先进社会组织"称号。上海市、深圳市、广州市等也相继出台了相关办法。对个人的奖励如"中华慈善奖"。对慈善项目的奖励主要是通过征集项目,并对项目进行评比,评出一、二、三等奖,对获奖的项目进行奖励。

对慈善组织进行行政奖励的意义在于:一是行政奖励具有激励功能,能够充分调动慈善组织的主动性和积极性来实现行政管理的目标;二是行政奖励具有社会调控功能,能够通过对优秀慈善组织的奖励来引导慈善组织的相关行为,而且行政奖励以诱导型的资源配置方式,增强了获得奖励的慈善组织的竞争能力。奖励不仅是对慈善组织以往取得的成绩的肯定和鼓励,也是慈善组织进一步获取国家资助的重要条件。当前政府有关部门在推进购买服务的过程中往往把是否获得政府奖励作为衡量是否给予资助的一个重要的参考条件。例如,上海市黄浦区老西门街道公益项目招标中的组织能力的条件是:有同类项目运作经验;项目运作经验丰富(3个以上);有项目获奖经历。[1]

(二)政府资助来源

政府对慈善组织资助的资金来源有财政资金和福彩公益金。

1. 财政资金。财政资金的主体是税收收入和企业上缴的一部分税后利润。为实现国家职能的需要,依据国家权力进行分配的那一部分社会产品的货币,表现为国家通过无偿的方式或国家信用的方式筹集、分配和使用的货币资金。它是国家进行

---

[1] 参见《黄浦区老西门街道高龄空巢老人爱心帮扶项目》,载上海社区公益招投标网,http://www.gysq.org/Web/Tender/TenderShow.aspx?id=111167。

各项活动的财力保证。财政资金由国家预算资金和预算外资金两个部分组成。国家预算资金是指列入国家预算进行收、支和管理的资金,它是财政资金的主体;预算外资金是指不列入国家预算,由各地区、各单位按照国家规定单独管理、自收自支的资金,它是国家预算资金的重要补充。财政资金的主要来源是国有企业以税金和其他形式上缴国家的纯收入,其次是集体经济以及个体经济以税金形式交纳的纯收入。通过国家财政各环节集中起来的财政资金,有计划地用于社会主义的经济、文化、国防等建设事业和国家管理方面的经费开支,为巩固和发展社会主义生产关系,建设社会主义的物质文明和精神文明,提高人民的物质文化生活水平服务。财政资金的特征表现在:①政府及其所属机构直接掌握支配的资金,其资金的使用是直接行使和实现国家职能的需要。②资金的征集和拨付主要是采取无偿分配的方式,部分地采取国家信用的方式,即以国家为债务人或债权人形式征集或发放。③资金的运动都是以国家为主体,缴款者或接受拨款者都是直接与国家政权发生关系。财政资金体现了国家在社会产品分配中占有的份额,以及在分配中与社会各集团及其成员之间的分配关系。[1]

2. 福彩公益金。当今中国的财政制度有一个原则性的规定,即国家财政的经费拨款只对体制内且只能用于硬件建设,否则就是国有资产"流失"。在政府购买服务的初期,购买资金来源遭遇国家财政拨款的制度性障碍,这时有限的资金大多来自福

---

[1] 参见百度百科,http://baike.baidu.com/link? url＝JvykObE0lMq1DDyBZ3wFXtuHOwEmVoXZq0gsOi6q2SV_eC-snYaviTk-Jfex99RlQKLP5OSCOHaIdORXDW srf,最后访问日期:2019年4月15日。

彩公益金。[1] 福彩公益金是按照规定比例从福利彩票发行销售收入中提取的，专项用于社会福利和公益事业的资金。《彩票公益金管理办法》规定：彩票公益金纳入政府性基金预算管理，专款专用，结余结转下年继续使用。[2] 长期以来，福彩公益金一直严格按照"扶老、助残、救孤、济困"的发行宗旨资助社会福利公益项目。如"蓝天计划""星光计划""福彩助学子计划""明天计划""霞光计划"以及社区服务设施建设项目和流浪未成年人救助保护体系建设规划等。2008年中央专项彩票公益金安排支出58.78亿元。其中，资助抗震救灾20亿元、农村医疗救助10亿元、城市医疗救助6亿元、教育助学6亿元、青少年学生校外活动场所建设3.20亿元、2008年北京奥运会6.55亿元、残疾人事业3.63亿元、红十字事业1.63亿元、扶贫1.70亿元。[3] 近年来中国很多省市的民政部门创新福彩公益金资助方式，通过招标和公益创投资助慈善组织。例如，上海市实施的社区公益项目招投标和社区公益创投的资金就来源于福彩公益金，当前很多省市培育和支持社会组织的资金很大一部分也来源于福彩公益金。福彩公益金成为政府资助慈善组织的重要资金来源。据统计，截至2013年底，各级民政部门使用彩票公益金约1420亿元，加上地方政府配套资金的投入，共资助社会福利类项目32.02万个，直接受益人群和间接受益人群达4

---

[1] 参见唐钧：《政府购买社会工作服务：进展与前瞻》，载《社会建设》2015年第4期。

[2] 参见《财政部关于印发〈彩票公益金管理办法〉的通知》，载http://www.mof.gov.cn/zhengwuxinxi/caizhengwengao/2012wg/wg201204/201207/t20120711_665503.html。

[3] 参见邵祥东：《我国福彩公益金财政管理的历史演变和政策选择》，载《地方财政研究》2010年第12期。

亿人（次），有力推动了社会福利事业的发展。同时，按照国家有关规定，各地上缴中央集中的彩票公益金，60%用于充实全国社会保障基金，30%由财政部统筹安排用于支持青少年学生校外活动场所建设和维护、教育助学、发展残疾人事业和红十字事业以及扶贫、文化、法律援助等公益事业，推动了相关公益事业的发展进步。[1]

（三）政府资助对慈善组织独立性的影响

不同类型的组织对资源的依赖程度不同，独立性和自主性不同。对企业来说，其价值更多体现为能够充分回应市场信号，可以根据市场价格自主行动；对社会组织来说，它不仅要考虑资金提供者的意图，而且要着眼于社会问题的有效解决与社会效益的切实提升。社会组织在对资源的依赖性与自主性之间会形成某种紧张关系。伍夫努认为，非营利组织使用政府服务项目外包得到政府资金这种做法是"一不小心与魔鬼签了卖身契"[2]。英国学者克里斯·米勒（Chris Miller）也认为，伙伴关系对各方都将带来益处，不过要付出代价，对非营利组织来说那可能正好是沉默的代价——批评终结。[3] 当慈善组织和政府之间存在理念和目的上的差异时，社会组织有时不得不在目标与资源之间权衡以达成某种均衡，有时甚至会造成组织手段目的置换。

---

[1] 参见冯雨：《加大福彩公益金购买社会组织服务力度——陕西省关于福彩公益金支持社会组织建设发展的调研与思考》，载《中国社会组织》2014年第24期。

[2] See Robert Wuthnow, *Between States and Markets: The Voluntary Sector in Comparative Perspective*, New Jersey: Princeton University Press, 1991, p.299.

[3] See Chris Miller, *Producing Welfare*, New York: Palgrave Macmillan, 2004, p.148.

当前中国政府对慈善组织的扶持与投入无疑有助于慈善组织的繁荣发展，既为慈善组织提供相对稳定的资金，也通过资源的流动增强政社互动。然而，慈善组织的研究与发展经验都表明政府资源是慈善组织发展的"双刃剑"，政府资源对慈善组织发展具有推动作用，但对慈善组织的文化、结构和行为也会产生消极影响，尤其是会对组织自主性造成损害。对中国慈善组织来说，利用政府资源谋求发展既是社会转型使然，也符合慈善组织发展的基本规律。但是政府掌握着资源，而慈善组织需要政府资助，这使得政府和慈善组织之间存在一种非对称性和不对等的依赖关系。这种不平等的依赖关系是嵌于权力关系之中的，政府的项目设置与资源支持往往意味着政府意志的伸张，这既是政府管理模式的沿袭，同时也是某种政绩体现的要求，权力关系的不平等使得慈善组织有时不得不听从政府指挥。而慈善组织失去自主性不仅会使其难以充分发挥组织功能，而且部分组织对政府部门偏好的迎合也可能带来组织之间的恶性竞争，进而损害组织生态的健康发展。

二、社会捐赠

社会捐赠不同于政府资助，它是由个人、企业、基金会等慈善活动参与者向慈善组织的捐赠。近年来，慈善事业的发展呈现出若干新特点：①慈善捐赠的主体多元化，捐赠主体由企业逐步转向个人；②慈善捐赠标的日趋多样，已经扩大到股权、有价证券、知识产权等；③慈善方式层出不穷，出现了网络捐赠、慈善众筹、社区动员、慈善信托等新型慈善方式。[1] 基于此，《慈善法》第 36 条规定："捐赠人捐赠的财产应当是其有权

---

[1] 参见潘跃：《慈善事业迈入法治化轨道——民政部有关负责人就慈善法实施答记者问》，载《人民日报》2016 年 3 月 24 日，第 15 版。

处分的合法财产。捐赠财产包括货币、实物、房屋、有价证券、股权、知识产权等有形和无形财产。捐赠人捐赠的实物应当具有使用价值，符合安全、卫生、环保等标准。捐赠人捐赠本企业产品的，应当依法承担产品质量责任和义务。"社会捐赠的主体和方式如下：

(一) 个人捐赠

个人捐赠是指公民个人向慈善组织捐赠款物，它是慈善组织的重要资金来源。例如，北京慧灵机构2011年的总收入中，个人捐赠占21%。个人捐赠者的捐赠动机、偏好不尽相同，捐赠方式也不同。一般来说，个人捐赠者的捐赠方式有如下几种：

1. 一次性捐赠。即向慈善组织捐赠一次。在中国，一次性捐赠是较为常见的捐赠方式之一。这种捐赠具有偶然性，对慈善组织来说捐赠成本相对较高。

2. 连续性捐赠。即向慈善组织多次捐赠。连续性捐赠不仅能大大降低慈善组织筹资成本，而且能提高慈善组织资金的稳定性。

3. 实物捐赠。即向慈善组织捐赠实物，如米、面、油等物品。慈善组织在接受实物捐赠后可以将实物直接发放给受助群众，也可以通过拍卖的形式将实物转换为现金。

4. 购买礼品。即购买慈善组织发行的礼品，这样慈善组织能够获得销售礼品的收入。慈善组织发行的礼品，包括贺卡、有收藏价值的附捐邮票或金币、宣传用的皮包或衣服、慈善组织成立周年纪念的徽章、书籍等。

5. 遗产。遗产是捐赠人逝世的时候向慈善组织提供的资助。以遗产的方式资助慈善组织是西方国家较为常见的一种公众捐赠形式，例如，1996年美国遗产捐赠数额高达104.6亿美元，比企业捐赠的数额都大。目前遗产捐赠在中国还不多见。

（二）基金会资助

基金会是主要给其他社会服务机构提供资金的自愿性的资助实体。在许多国家，私人基金会是社会服务机构重要的资金来源之一。中国的一些社会服务机构也得到了国内外基金会的资助。例如，上海乐群社工服务社曾接受过南都公益基金会、上海慈善基金会、上海安济医疗救助基金会等项目资助；北京慧灵机构开展的"NGO支持社工实习和持续就业"项目得到中国香港乐施会的资助，"蜗牛网"项目得到一德国基金会的支持，"育盟"项目得到嘉道理基金会资助。

（三）企业捐赠

当代社会，企业的影响力越来越大，企业在追求盈利的同时也在追求社会公益，企业的公民主体地位正在逐渐确立，社会责任意识逐步增强。在这种情况下，赞助社会服务项目成为企业回赠社会的一种有效方法，在这种合作模式中，企业盈利的优势和慈善组织服务的专长有机地结合起来，从而达到1+1>2的效果。上海市浦东新区社会工作协会承担的美国辉瑞制药公司上海分公司赞助的"关爱生命——青少年健康教育"项目就是企业赞助社会服务机构的一个例子。企业提供捐赠的方式通常有以下几种：

1. 现金捐赠。这是企业捐赠的常见方式之一，对慈善组织而言，也是其最希望的捐赠形式。

2. 股权捐赠。股权捐赠是近年来比较流行的捐赠方式之一。按照《基金会管理条例》，非公募基金会的原始基金必须为到账货币资金，中国还没有通过股权捐赠成立非公募基金会的先例和相关法规流程。2009年，《财政部关于企业公益性捐赠股权有关财务问题的通知》（财企〔2009〕213号）出台，捐股限制被打破。2011年，福建福耀玻璃集团董事长曹德旺因向河仁慈善基金会捐赠价值35.49亿元的3亿股福耀玻璃股份而蝉联首善。

3. 实物捐赠。实物捐赠包括不同的类型：一是企业将自己的产品捐赠给慈善组织，可以扩大产品的知名度，同时也可以达到促销的目的；二是企业将单位不再需要的办公用品，如淘汰的旧计算机、复印机、传真机等，捐赠给慈善组织。

4. 提供办公场所或企业的设施。企业捐赠的另一种形式是向慈善组织提供办公场所或提供企业的设施，如会议室等。

5. 借调人员。即企业派遣一定数量的员工来帮助慈善组织开展工作。这些工作人员的工资由公司支付，在慈善组织的项目或活动完成之后，他们仍然回到企业工作。

6. 担任理事。企业让某些高管到慈善组织中担任理事职务，帮助慈善组织开展工作，同时建立企业与慈善组织之间经常性的联系。这种形式在中国的慈善组织中也非常普遍，很多慈善组织都由企业负责人担任理事，甚至常务理事。[1]

作为面向社会募款的全国性公募基金，中国青少年发展基金会在2006年到2010年从未获得政府补助，捐赠收入是组织资金来源的主要渠道。除2007年，每年捐赠收入占总收入的比例均达到90%以上，2009年更是高达97%以上，这些捐赠收入主要来自组织的募捐收入和自然人、法人及其他组织捐赠，可见中国青少年发展基金会的公众支持率很高，具有良好的社会声誉。[2]

---

〔1〕 参见邓国胜主编：《公益慈善概论》，山东人民出版社2015年版，第127~135页。

〔2〕 参见王姝雯：《非营利组织资金运作策略探讨——以中国青少年发展基金会财务分析为例》，载《党政干部学刊》2013年第5期。

三、会费和服务收费

（一）会费

会费这种筹资方式是针对组织会员实施的。在中国慈善组织收入中，会费收入占 21.18%。[1]"自然之友"是依赖会费收入的比较有代表性的环保组织，其经费主要来自会费以及社会赞助，截止到 2008 年，自然之友累计发展会员一万余人，其中活跃会员 3000 余人，团体会员近 30 家，组织成员每年需缴纳 50 元人民币的会费。显然，庞大的会员网使其每年的会费收入成为组织资金的最重要组成部分。[2]

（二）服务收费

服务收费是对公开市场中的社会福利产品和服务实行收费。服务收费包括服务对象直接支付的费用和第三方（如私立或公立保险公司）支付的费用。这种方式有利于慈善组织获得稳定的收入，从而减少机构的资金压力。在中国，服务收费在民间慈善组织中占有重要地位。例如，北京慧灵机构 2011 年提供服务的收入占总收入的近 1/3。

四、商品销售收入、利息收入和投资收益

商品销售收入是指慈善组织销售商品（如出版物、药品等）等所形成的收入。利息收入是慈善组织的存款所得到的利息，包括财政拨款的未用部分、事业收入、交换交易收入等暂存银行所得。投资收益是慈善组织对外投资、交于专业机构运作保值增值等金融活动所取得的收入。慈善组织拥有的资金，须按

---

[1] 参见侯江红、王红晓：《论我国非政府组织的筹资举措》，载《求实》2004 年第 S3 期。

[2] 参见张祖平：《中国慈善组织资金筹集问题研究》，载《社团管理研究》2011 年第 1 期。

照合法、安全、有效的原则实现基金的保值、增值。但目前中国慈善组织的资金用于投资的不多。慈善组织即使进行投资,投资范围也非常有限。如中国青少年发展基金会已设立专门的基金部,并聘请专业的资本运作人员负责资金的投资和管理。用于购买国债、银行推出的理财计划等低收益低风险的领域,其投资目标仅仅是使基金运作增长不低于6%从而达到保值目的。[1]

五、国际资助

国际资助来源于联合国体系、国际金融组织、海外政府开发援助和国际非政府组织。国际资助的方式通常有项目支持、资金支持、低息或无息贷款等。

(一) 国际资助的类型及其特征

1. 联合国体系。联合国体系是第二次世界大战结束后形成的最重要的政府间国际组织体系,并成为全球发展援助资金的筹集与分配的主要枢纽之一。联合国体系大致包括联合国开发计划署、联合国儿童基金会、国际劳工组织、粮农组织、联合国儿童基金会、联合国教科文组织、世界卫生组织等。通常联合国体系的援助是向各国政府提供的,但是20世纪80年代以来,联合国开始积极吸收慈善组织参与联合国体系的各种活动,并通过各国政府为一些慈善组织提供资金方面的援助。中国已有很多慈善组织得到了联合国体系的援助。

2. 国际金融组织。世界银行、亚洲开发银行等国际金融组织也是慈善组织的资金来源之一。1982年,世界银行成立了世界银行委员会,为世界银行与慈善组织的交流与合作提供了制

---

[1] 参见张祖平:《中国慈善组织资金筹集问题研究》,载《社团管理研究》2011年第1期。

度化的渠道。1987年,亚洲开发银行制定了与慈善组织合作的政策,2000年,将与慈善组织合作的机构设置问题提上了议事日程。

3. 海外政府开发援助。发达国家的海外政府开发援助大多由政府输送。近年来,发达国家的政府在援助过程中开始直接资助发展中国家的慈善组织,并鼓励慈善组织申请项目。在中国,一些发达国家的驻华使馆或国际开发署都有专门的资金用于资助中国的慈善组织,例如加拿大国际开发署、澳大利亚大使馆发展合作处的小型活动计划、日本大使馆的利民工程等。

4. 国际非政府组织。20世纪90年代以来,发达国家有3000余个国际非政府组织从事对发展中国家的援助工作,它们每年直接掌握的资金在100亿美元左右。目前在中国开展活动的国际非政府组织在千家以上。根据中民慈善捐助信息中心的统计,2012年,国际非政府组织提供的捐赠款物约60 309.8万元。[1]

(二) 国际资助的方式

项目支持是国际资助中最为常见的方式,即由慈善组织提出项目申请,然后由国际资助机构审批。不同的资助机构有不同的资助领域和关注点。例如,福特基金会重点资助领域为环境与发展、生育健康、公共政策与政府治理、法律和权利、教育等,日本笹川平和财团感兴趣的领域有人文、社会学、社会福利、文教、艺术、国际活动等。有的国际机构也会为慈善组织提供资金方面的援助,例如为某个慈善组织捐赠一笔专项基金。这种资金支持既有一次性的基金援助,也有连续提供的基

---

〔1〕 参见彭建梅、刘佑平主编:《2012年度中国慈善捐助报告》,中国社会出版社2013年版,第100页。

金资助。除提供资金支持外,有些国际援助机构还会提供一些低息或者无息贷款。一些国际金融组织在与慈善组织合作过程中,也往往采用这种援助方式。有的国际援助机构利用自己的专业知识为慈善组织提供技术方面的援助,例如农业技术、养殖技术、治沙技术、环保技术方面的援助。有的国际援助机构为慈善组织提供能力建设方面的服务,例如提供项目管理技能培训、募捐策略培训、财务管理知识培训等,或者资助专家帮助慈善组织制定组织的战略发展规划。[1]

第二节 外国慈善事业筹资

一、政府资助

(一)英国

20世纪70年代以来随着英国福利国家体制转型,慈善组织成为重要福利提供主体。为确保慈善组织在公共服务中扮演一个更为重要的角色,英国2006年《慈善法》确立了财政援助制度,将其作为慈善组织筹集资金的一种重要形式规定下来。根据2006年《慈善法》的规定,国务秘书或者内政部长可以向慈善、善举或博爱机构就该机构的任何直接或间接使整个或部分英格兰获益的活动提供财政援助(不论其是否也使任何其他地域获益),这些财政援助可以根据国务秘书或者内政部长认为合适的条件提供。[2]

---

[1] 参见邓国胜主编:《公益慈善概论》,山东人民出版社2015年版,第138~140页。
[2] 参见李德健:《英国慈善法研究》,法律出版社2017年版,第185~190页。

来自政府的慈善资金有两种形式：一是财政拨款。英国对慈善的财政拨款一度占到慈善资金总额的47%。然而，近年慈善拨款逐年减少，2012年比2011年下降3%，少拨款1.1亿英镑。2013—2015年，政府计划每年减少6%。[1] 二是公共服务外包（或称政府采购）。公共服务合同在慈善组织的合同中占主要部分。英国的公共服务合同原则上向所有慈善组织开放，但是，一些慈善组织可能比另外一些慈善组织更容易获得政府的公共服务合同，例如社会护理和医疗卫生服务长期以来都采取公共服务合同方式提供资助。英国国家志愿组织委员会出版的《英国志愿部门年鉴2007》中的数据显示，政府对慈善组织的资助正在由直接拨款支持转向公共服务合同方式。2001—2002财政年度，政府拨款占政府对慈善资助的52%，而到2004—2005财政年度，比例下降到38%，而公共服务合同则从2001—2002财政年度的48%上升到2004—2005财政年度的62%。[2] 近年来，公共服务外包的数量越来越大，涉及医疗、照护、环保、休闲、教育等。

(二) 美国

美国慈善组织在150多年的发展中，建立了面向政府、企业、会员和顾客的多元化筹资机制，发展出协同筹资、联合筹资、网络筹资等多种筹资策略，使美国的慈善组织具有较强、甚至超强的筹资能力。在美国，政府的项目资助占慈善组织资金来源的30%，包括直接资助和间接资助两种形式。在美国，慈善组织可以通过两种方式获得政府购买服务资金：一是直接

---

[1] 参见黄西谊：《英国慈善及其创新》，载杨团主编：《中国慈善发展报告》(2013)，社会科学文献出版社2013年版，第344页。

[2] 参见褚松燕：《中外非政府组织管理体制比较》，国家行政学院出版社2008年版，第116页。

申请政府资金。美国联邦国内援助目录（Catalog of Federal Domestic Assistance，简称CFDA）系统中2213个联邦援助项目，覆盖健康和社会服务、农业、住房等领域，开放给相应领域的慈善组织来申请资金援助。政府可以开放某一个大的领域，接受这个领域所有相关慈善组织的资金申请，只要经审核符合条件就可以获得一定的直接经济援助。通过这种方式获得的资金往往不会有使用上的限制，可以由慈善组织自行支配。二是合同。服务购买合同在公共服务领域十分普遍，在这些领域，政府希望让某个慈善组织长期提供特殊类型或范围的服务。在美国，合同形式被广泛应用于向慈善组织购买服务，特别是在社会服务领域。政府购买服务合同一般通过招投标方式来选择资助的慈善组织。[1] 政府将首先确定其需要提供的公共服务或产品的目标，接着向相关慈善组织进行招标，最后投标被接受的慈善组织获得各种直接或间接的资金援助。与直接申请相比，合同更加市场化，政府资金的使用也更有效率。慈善组织在投标过程中，不得不提升服务能力，以期能在投标竞争中获胜，最后的结果就是受益人享受更加专业的服务。2011年，有32693个非营利组织与联邦、州以及县各级政府签订了政府购买服务合同。[2]

（三）加拿大

在加拿大，政府除了通过制定政策等方式间接支持慈善事业的发展外，还通过直接投入的方式对社会服务性组织予以支

---

[1] 参见王浦劬、[美]莱斯特·M.萨拉蒙：《政府向社会组织购买公共服务研究——中国与全球经验分析》，北京大学出版社2010年版，第212页。

[2] 参见[美]理查德·L.爱德华兹、罗纳德·昆西、卢霜：《美国非营利组织概览》，载http://www.doc88.com/p-7905827566302.html，最后访问日期：2019年4月17日。

持。根据加拿大宪法，社会服务由省和地方政府负责，省市政府一般通过签订合同、提供经费的方式，将大量服务项目交由志愿性社区组织具体操作。加拿大的社会公益事业主要不是由政府直接承担，而是以政府公开招标的形式交由企业或慈善组织承担，一些公共服务项目也是如此。每年政府会公布一系列项目，慈善组织选择合适的项目参与投标。由于慈善组织具有专业性、志愿性和公益性，它们在从事公益事业和提供公共服务方面具有成本、效率和公信力上的优势，所以这些项目经常由它们中标。项目确定后，政府要与慈善组织签订项目合作协议，并对其进行监控。项目结束后，慈善组织要进行总结，政府验收评估。[1] 为了尊重各地不同的情况并且提高服务的效率，加拿大实施了形式多样的社区服务。多数省份将某些社区服务外包，私人承包商对公共资助的社区机构直接负责。这种由联邦政府拨款、省级和地方政府承担责任并提供指导和监督、社区中的私人和慈善组织实施、各个部门与机构责任明确的社区服务模式，提高了社区服务的效率与质量。[2]

（四）德国

德国被认为是法团主义的代表，政府往往通过慈善组织来吸取民意，并授权一些慈善组织进行公共管理活动，从而形成政府与慈善组织之间的高度合作关系。不仅如此，德国《联邦社会援助法》要求公共部门向慈善组织特别是自由福利协会提

---

〔1〕 参见杨岳、许昀：《自律、竞争与监管——美、加非营利组织管理制度考察》，载《学会》2007年第2期。

〔2〕 参见毛丹、彭兵：《加拿大：非制度性社区服务的类型》，载《宁波大学学报（人文科学版）》2008年第4期。

供财政和其他支持。[1] 德国政府认识到，慈善组织与政府是相辅相成的关系，共同为社会做事，二者的目的是一样的。慈善组织可以帮助政府减轻社会事务工作的负担，帮助联系企业与公民，进而培养公民社会责任感，激发公民的能动性，提高政府的工作效率。德国政府还发现，慈善组织在运作社会福利服务事务方面比政府更有效率，可充分利用社会上丰富的人力资源，组织和调动更多的志愿者参与项目建设，进而大大降低项目成本。因此，政府资助慈善组织的力度也非常大。[2]

德国各级政府每年都有很多资金用于社会福利项目，例如，黑森州朗根市每年财政有 4700~4800 万欧元，用于社会福利服务的资金大约有 200 万欧元，基本上都安排给慈善组织。[3] 德国政府还成立了联邦经济与合作发展部，为慈善组织提供资金。德国政府还规定，慈善组织如果去发展中国家工作，可以到合作部去申请经费。在德国，社会福利服务组织的就业份额最大，占所有社会组织就业人数的 4/5，其中教育领域占整个德国社会组织就业人数的近 12%。德国社会福利服务组织的主要资金来自政府拨款，其比例几乎占德国慈善组织总收入的 2/3，呈现出"准政府"性质。[4] 慈善组织要获得政府的项目资金，应向政府有关部门递交详细的项目申请书和实施计划。政府在审查时，主要评审慈善组织的目的、能力以及项目设计实施的合理性，

---

[1] 参见褚松燕：《中外非政府组织管理体制比较》，国家行政学院出版社 2008 年版，第 117 页。

[2] 《德国社会组织发展及考察及启示考察报告》，载 https：//wenku.baidu.com/view/2235efcdb7360b4c2f3f6497.html.

[3] 参见李本公主编：《国外非政府组织法规汇编》，中国社会出版社 2003 年版，第 479 页。

[4] 参见李勇：《德国非营利组织》（上），载《中国社会报》2003 年 5 月 30 日。

最后由市议会来做出决定。

二、募捐和捐赠收入

（一）英国

捐赠收入包括公开募捐收入和民间主动捐赠收入。在英国，1992年《慈善法》在第三部分建立了街头募捐与逐户募捐的统一规则体系，此后该部分被2006年《慈善法》废除。现行法对公共募捐的基本架构和内容如下：①界定公共募捐的基本概念。2006年《慈善法》所规制的公共募捐包括公共场所募捐和逐户募捐。公共场所指公路或者在进行劝募时社会公众已经或被允许进入的任何其他场所，并且该场所并非在一栋建筑物之内，或者如果在一栋建筑物内，则是火车站、飞机场或商业步行街中的公共区域或类似公共区域。②豁免型募捐限制规定。豁免型募捐是指地方性短期募捐，发起人在募捐开始前的法定期间内将法定事项通知其活动区域内的地方政府。③一般公共慈善募捐的限制规定。除豁免型募捐外，其余公共慈善募捐的发起与组织必须事先获得慈善委员会的公共募捐执照。慈善委员会有权要求申请者提供任何相关的信息与文件。

职业筹款人与商业参与人也可帮助慈善组织募捐。职业筹款人是指从事筹款业的任何人，或者虽非从事筹款业，但却为获取报酬而为一家慈善机构的利益而筹集金钱或其他财产的人。法律规定，未与慈善机构签订符合法定要求的书面筹款协议的职业筹款人不得进行筹款，商业参与人也不得声明为了一个慈善机构进行慈善捐赠。1994年《慈善机构条例》、2016年《慈善组织（保护与社会投资）法》等对筹款协议内容作了具体规定。英国慈善法要求，职业筹款人与商业参与人在筹款或声明时应当公开相关信息。[1]

捐赠收入包括公民捐赠收入和企业捐赠收入。在英国，包括普通工薪阶层、广大中产阶级、企业家和慈善家在内的公民捐赠构成了英国全民慈善的社会基础。公民捐赠的形式多种多样，有资金、资产类的现金、实物、不动产、股票和非资金类的时间、技能、知识。以时间为例，英国70%的成人都曾为慈善组织、志愿组织、学校及其他机构提供过无酬服务。捐款方式多种多样，可以直接给予现金、通过银行转账、从工资中扣除、出让股权、设立个人或家庭信托基金、加入公益创投或风险基金、成为慈善银行的客户等。[2]

企业捐赠有三个途径：①现金捐款和物资捐赠，如为公益项目捐资、为基金会和信托基金捐款、动员职工捐款、为慈善组织提供设备等。②慈善行动，如在企业内部设立公益项目或员工志愿项目，辅导慈善组织的业务，借调专业人员到公益部门兼职，组织慈善募捐，开展慈善营销等。2011年，英国300个最大的公司集团投入到公益活动相关的时间、物资折合成现金达18.5亿英镑。③设立企业基金会。一些大公司组建了自己的基金会或信托基金，专门开展公司的慈善业务。[3]

慈善组织主要从三个方面向私营部门发动"攻势"，吸引捐赠，并建立稳固的捐赠"伙伴关系"：品牌收益；激励员工，提高员工认同度；市场收益，无处不在的慈善组织往往掌握很多

---

[1] 参见李德健：《英国慈善法研究》，法律出版社2017年版，第177~183页。
[2] 参见黄西谊：《英国慈善及其创新》，载杨团主编：《中国慈善发展报告》(2013)，社会科学文献出版社2013年版，第345页。
[3] 参见黄西谊：《英国慈善及其创新》，载杨团主编：《中国慈善发展报告》(2013)，社会科学文献出版社2013年版，第345页。

市场和客户信息,而公司乐意花钱来买这些信息,公司捐赠就成为双方共赢的好选择。[1]

（二）美国

美国社会有深厚的互助和慈善传统,尽管社会捐赠在慈善组织的收入中并不占首要位置,但社会捐赠长期以来被视为慈善组织的一个典型的资金来源渠道。从社会捐赠来源看,主要分为私人捐赠、公司捐赠和基金会捐赠。

1. 私人捐赠。一是公共募捐活动。慈善组织可以通过联合劝募会、联合艺术会等来筹措资金。但必须将这种活动列入年度资金筹措计划,提前向政府登记并获得许可,在募捐活动结束后向政府和公众报告收到了多少资金,并报告这些资金的支出情况。二是民间主动捐赠。由于国家对公民个人的捐赠有一定的税收优惠,因此,私人捐赠在美国很普遍。据统计,2000年,全美89%的家庭向慈善组织捐过款,平均每个家庭捐款1620美元。

2. 公司捐赠。在美国,由于税法对向慈善组织提供捐赠的公司有税收优惠,同时,整个社会也倡导公司承担社会责任,因此,公司捐赠在社会捐赠中也占有重要位置。一般情况下,获得大公司的捐赠往往依靠慈善组织的营销策略,而获得小公司的捐赠往往依靠慈善组织负责人的个人关系。

3. 基金会捐赠。基金会是特殊的慈善组织,它们能够向其他非营利组织提供资金。美国很多基金会都资助公益慈善活动,但基金会捐赠一般都会限定资金用途,即为限定性支出。大型基金会资助款一般数额较大,但申请程序比较严格,慈善组织

---

[1] 参见褚松燕:《中外非政府组织管理体制比较》,国家行政学院出版社2008年版,第115页。

第五章 中外慈善筹资比较

需要写明自己的请求以及资金使用领域、方式，并提供预算，获得捐赠后，在使用资金过程中还需要按照基金会的要求提交相关活动和经费使用报告。[1]

（三）加拿大

捐赠款物是贡献社会的重要形式。加拿大人口只有3100万人，约2200万人参与过给慈善组织的捐献，每10人中有8人直接捐过钱。41%的人向商场付款处捐钱箱里捐过钱。已有4%的人在他们的遗嘱里表明将捐款给慈善机构及宗教机构。实物捐献也很普遍：69%的人捐过衣物及家庭用品，54%人捐过食物给食物银行等慈善机构。[2] 研究显示，2012年，22.3%的加拿大纳税人给慈善机构捐赠，相比之下，近年顶峰的2005年，该比率为25.1%。2012年国民将收入的0.61%捐给注册慈善组织。在2012年，安大略省居民捐赠0.7%的收入给注册慈善组织。2012年，曼尼托巴省向慈善机构捐款的报税人士比例最高，达25.4%。曼尼托巴省居民捐款占收入比率也在全国最高，为0.84%。[3]

在加拿大，绝大多数慈善组织是要完全靠募捐生存的。募捐的方式五花八门，如联合大银行和媒体搞长跑活动，参加长跑的人要购买T恤衫、标志；在社会上发行彩票；不断地为曾经捐过款的人发募捐信；在圣诞来临时寄去动员捐款的精美的空白贺卡。加拿大的医院虽是公营，但政府的拨款不足，这些

---

[1] 参见王名、李勇、黄浩明编著：《美国非营利组织》，社会科学文献出版社2012年版，第135~149页。

[2] 参见刘雁：《加拿大的公益事业及公益意识》，载《教书育人》2004年第18期。

[3] 参见《加拿大人慈善捐款有所缩水 安省减幅最为明显》，载《明报》2014年12月17日。

医院就成立了慈善募捐机构。例如，一个省儿童医院基金会就打出了这样一则广告，捐款万元以上，就可以参加免费的美国白宫旅游。[1] 今天许多公共服务型慈善组织所面临的一个最普遍的问题是：如何应对政府预算的缩减。当这种情况发生时，多数组织都试图寻找别的资金收入形式来应对，这就形成了对剩余资源的不断竞争。请求捐款的邮件、电话、电邮的数量在过去5年里增长了几倍，还有其他所熟知的资金筹集方式，如求助于基金会、跑步募捐、公司赞助、在线拍卖等，亦比过去增多。[2]

（四）德国

德国社会各界对慈善组织从事公益事业也非常支持，慷慨解囊。德国捐赠理事会公布的德国年度慈善报告显示，2015年德国人共捐赠55.39亿欧元，同比增长11.7%。[3] 一些企业也给慈善组织捐赠，资助慈善组织开展活动。比如，社会救助组织"tafel"（中文名为"救济餐桌"）主要为贫困者以及无法依靠社会生活的人提供食品。全国数千个公司企业都给予了"tafel"行动支持，从经济上、物质上和人力上给予大力帮助。[4]

同政府资助相比，德国的社会捐赠数量较小，仅占慈善收入的3.4%，低于世界平均值。即便加上德国特有的准捐赠性质

---

[1] 参见《加拿大的慈善机构与募款方式》，载 http://blog.sina.com.cn/s/blog_4fc6d6bf0100n1cl.html，最后访问日期：2019年4月17日。

[2] 参见［加］维克·默里：《加拿大非营利组织管理的独特性及挑战》，潘鸿雁译，顾建键校，载《上海行政学院学报》2008年第5期。

[3] 参见纪双城等：《为慈善立规 国外怎么做》，载《环球时报》2016年3月8日。

[4] 参见《德国社会组织发展及考察及启示考察报告》，载 https://wenku.baidu.com/view/2235efcdb7360b4c2f3f6497.html，最后访问日期：2019年4月17日。

的教会税,整个慈善捐赠占慈善组织收入的比例也仅提高1%。[1] 这并不是因为德国对社会捐赠没有鼓励措施。作为一个法制健全的大陆法系国家,公司和个人向公益性机构捐款,可以享受所得税优惠。这是因为慈善组织在结构上一般采取伞状结构,即联邦有总会,各地有分会,且政府资助的力度非常大,德国公民和公司更多做志愿活动。如果将志愿服务的价值计入非营利收入,则捐赠(资金和劳务)就占到慈善组织全部收入的1/3。

三、会费或服务收费

(一) 英国

在英国,商业活动收入是慈善组织的重要资金来源渠道。商业和服务交易是一种产生不受限制的独立的收入来源的一个方式,也是支持慈善组织独立和发展的一个有效手段。2005—2006年度在各种财政来源中,英国慈善组织通过商业活动获取的收入第一次超过了整体收入的50%。良好的商业运作能力成为慈善组织生存发展的重要指标。[2] 慈善组织从事商业活动往往被视为社会企业活动,包括出租场地或设备、开慈善商店、培训咨询服务、在地方政府授权下提供医疗卫生、课外俱乐部等服务活动。[3] 在英国,慈善商店具有一定特色,英国的慈善商店由英国贸易局授权,有慈善机构开设的,也有私人开设的。慈善机构的种类繁多,比如乐施会是救济贫困的,也有救济小

---

[1] 参见张网成、黄浩明:《德国非营利组织:现状、特点与发展趋势》,载《德国研究》2012年第2期。

[2] 参见王名、李勇、黄浩明编著:《英国非营利组织》,社会科学文献出版社2009年版,第52页。

[3] 参见褚松燕:《中外非政府组织管理体制比较》,国家行政学院出版社2008年版,第116~117页。

动物或者资助一些医疗机构的。时至今日，全英已有超过7000家的慈善商店，每年能募集上亿资金。[1]

英国慈善委员会制定的《英国慈善委员会指引》规定，销售商品（包括财产）或服务是任何交易的显著特征。但是，下列活动通常不被视为交易，其中的收益也不被视为交易利润：为出售或出租目的，慈善组织将受赠物品出售或出租；出售投资产品；为慈善目的，出售慈善组织正使用或用过的资产；出租闲置的土地和建筑。慈善组织可以从事能直接有助于深化其慈善目的的交易活动，或者（如果主要目的是筹款）不会涉及重大风险的交易活动。除另有规定可免税，交易利润以及慈善组织其他收益征收企业税（如是慈善信托，则应征收所得税）。慈善组织从事主要目的交易、附带交易、小规模免税规定内交易、彩票、与筹款活动有关的交易等交易，慈善组织交易利润可免征企业税。[2]

（二）美国

会费和服务收费是美国非营利组织获得资金的最主要渠道。一些非营利组织的服务对象主要是会员，提供的是具有俱乐部性质的公共物品，这类物品的消费，具有对外部人员的排他性和内部人员的非竞争性。为了确保这类物品特性的实现，非营利组织向会员收取会费。只有缴纳一定数量的会费后，才能成为会员，只有成为会员，才能取得非营利组织提供的公共物品的使用权。于是，会费收入就有可能成为这类非营利组织最重

---

[1] 参见《没逛过慈善店，就不算来了英国》，载https://mp.weixin.qq.com/s?biz=OTE4MzAyODYx&idx=1&mid=205478099&sn=9ac4e863b7c2645f7ec429cd65a24c04，最后访问日期：2019年8月17日。

[2] 参见英国慈善委员会：《英国慈善委员会指引》，林少伟译，法律出版社2017年版，第743~759页。

第五章 中外慈善筹资比较

要的资金来源。

在美国，不论是政府的、社区的、还是教会的机构，都会定下一个服务收费表。有些是每次会晤象征性地收费1元、5元或10元不等，有些则按家庭收入而定，家庭收入低的，只收几元钱甚至完全免费。[1] 在美国，有些机构如心理卫生中心、精神健康辅导会、保健中心、公共卫生服务处和医疗服务社等，会接受联邦医疗保险卡，个人在接受服务后出示该卡即可，该卡的作用有如信用卡一般，所不同的是付款人是联邦政府或州政府而已。联邦医疗保险服务是为65岁以上或伤残超过两年的人而设的。

美国近年来的一个新趋势是非营利部门日益商业化。譬如，非营利医院纷纷兴办面向社会的健康俱乐部，非营利博物馆纷纷开办礼品店，非营利的各种社团纷纷与公司签订产品认可或促销协议，以换取对方的捐款等。

（三）加拿大

在加拿大，会员利益组织的存在主要是服务会员的需要。这些组织通常是由那些自愿加入且经常交费的会员建立，并为他们服务。这样的组织近似于商业组织，因为它们的收入来自会费，因而直接依赖会员的满意度。这与以非会员为基础的非营利组织不同，后者由于获得了外部出资者持续不断的资金供应，所以即便"顾客"不满意，影响也不大。[2]

（四）德国

德国除了社会福利服务组织外，还有许多会员制的非营利

---

[1] 参见黎帼华：《美国社会服务》，中国科学技术大学出版社2002年版，第9页。

[2] 参见[加]维克·默里：《加拿大非营利组织管理的独特性及挑战》，潘鸿雁译，顾建键校，载《上海行政学院学报》2008年第5期。

组织，其运作主要依赖会费收入和志愿者的投入。[1] 德国的慈善组织还可以通过从事相关目的的商业经营活动来筹资，并且相关的筹资活动可以得到一定的税收优惠。近年来，由于慈善组织开始扮演提供社会和文化领域服务的角色，其提供服务获取的酬金开始成为这些慈善组织的一个重要的资金来源渠道。而政府也开始取消对文化和社会领域项目的资助，这迫使许多组织开始寻求与商业性公司合作。[2]

四、投资和理财收入

慈善组织投资的目的是深化慈善组织目的。慈善组织可以以多种方式投资实现其目标。每种投资方式都有具体法定义务和决策流程。《英国慈善委员会指引》重点阐释了经济投资和专项投资。经济投资的目的是在可接受的风险范围内获得最大的经济回报——继而将由此获得的经济回报用于实现慈善组织目的。[3] 专项投资是直接将慈善组织的资金用于深化慈善组织目的，同时为慈善组织创造一定的经济回报。与经济投资不同，专项投资的合理性在于对慈善组织目的的促进作用，也就是说，

---

〔1〕 参见《德国社会组织发展及考察及启示考察报告》，载 https://wenku.baidu.com/view/2235efcdb7360b4c2f3f6497.html.

〔2〕 参见褚松燕：《中外非政府组织管理体制比较》，国家行政学院出版社2008年版，第118页。

〔3〕 如一家中型地方艺术慈善组织的主要收入来源于拨款和出售门票。该慈善组织将短期或中期不使用的多余资金投资到长期的共同投资资金中，并将提前收到的拨款投资到金融市场中。该慈善组织还拥有一些车库，以市场价租赁，将每年赚取的回报全部或部分用于其受益人。

慈善组织不必拘泥于投资的相关原则或法律规定。[1] 若一种投资方式不能完全定义为经济投资或专项投资，那就可能是混合目的投资。[2] 在此基础上，英国慈善委员会对慈善组织投资具体操作中的最优实践问题进行了系统总结与梳理，从而为慈善组织积极参与相关投资活动提供了很好的政策指导。

在英国，慈善债券是一笔简单的固定收入，是投资产品，它在结构上和企业债券或政府债券类似，借贷者和投资者之间形成正式的合同关系，约定在债券到期时偿还债务，并在债券有效期内定期支付利息。债券本身可以是抵押债务或无抵押债务。2011—2012年，一家服务于残疾人的大型慈善组织Scope通过发行3年期的债券筹集了200万英镑。它吸引了支持Scope的投资者，促进了新的项目和活动的开展，带来了新的收入。这也是英国历史上第一个上市的慈善组织债券。[3]

五、彩票公益金

彩票公益金已成为各国公益资金的生力军。不论是从彩民购彩票的角度看，还是机构对公益金的使用用途上看，彩票公益金都对慈善事业做出了重要贡献。英国的High Peak家庭援助慈善基金会曾因财务问题被迫关闭了11个小时，在这11个小时

---

〔1〕 专项投资范例：一家慈善组织的宗旨是帮助未就业人士并提供建议，同时会给帮助未就业人士就业的慈善组织和其他组织提供补贴。但该慈善组织有时候会选择用贷款代替补贴。慈善组织期望该贷款能得到偿还，并获得相应利息，以拓展慈善组织的工作。

〔2〕 参见英国慈善委员会：《英国慈善委员会指引》，林少伟译，法律出版社2017年版，第267~315页。

〔3〕 参见英国驻华使领馆文化教育处：《做公益如何进行债券式筹资？》，载《公益时报》2014年1月29日。

的生命线上，英国国家彩票为其提供了必要的援助。[1] 据报道，英国国家彩票支持公益事业发展的资金目前已高达300亿英镑，分别用于体育、艺术、文化遗产以及健康、教育和环保等各个领域。2015财年第一季度英国国家彩票发行基金共支出4.517亿英镑用于公益事业，比上个财年同期上涨了3.0%。英国的博物馆、档案馆和电影产业都得到了国家彩票基金的资金支持。国家彩票还为2012年伦敦奥运会和残奥会的举办提供了21.75亿英镑的资金支持，其中7.5亿是奥运会专属彩票带来的收益。[2]

第三节　比较与启示

一、比较

（一）中国慈善筹资的特点

中国慈善筹资具有筹资来源多元化、社会捐赠占重要地位、税收优惠政策不统一等特点。

1. 中国慈善筹资呈现多元化特征。中国慈善筹资多元化体现在以下几个方面：

（1）慈善组织资源多元化。慈善组织资源结构与政府部门和企业有着显著差别。不同于政府部门和企业资源，慈善组织资源来自于政府、社会捐赠、国际资助、服务收费、经营性收

---

[1] 参见陈赫奕：《英国国家彩票援助慈善机构 彩票是在做慈善吗?》，载海外网，http://www.zhcw.com/xinwen/hangyezixun/4470684.shtml，最后访问日期：2016年3月24日。

[2] 参见陈星：《高达300亿英镑 国家彩票成英国公益资金生力军》，载《中国体育报》2015年10月12日。

入等不同方面,慈善组织的资源结构往往是多元的。

(2)不同类型的慈善组织资金来源结构不同。社会团体型慈善组织如慈善会(总会、协会)的资金主要来源于社会捐赠;社会服务机构尤其是社会工作机构的资金主要来源于政府;具有公开募捐资格的慈善组织可以公开募捐,资金主要来源于社会捐赠,不具有公开募捐资格的组织或者个人基于慈善目的,可以与具有公开募捐资格的慈善组织合作,由该慈善组织开展公开募捐并管理募得款物。《慈善法》第28条规定:"慈善组织自登记之日起可以开展定向募捐。慈善组织开展定向募捐,应当在发起人、理事会成员和会员等特定对象的范围内进行,并向募捐对象说明募捐目的、募得款物用途等事项。"

(3)不同规模和不同类型的慈善组织筹资能力和筹资数量不同。在慈善组织资源状况改善的过程中,官方背景的慈善组织表现出高于其他类型慈善组织的募资能力。[1]《2010年中国非公募基金会发展报告》显示,以2010年为例,公募基金会的总资产是非公募基金会的1.79倍,总收入是非公募基金会的2.65倍,总支出是非公募基金会的4.22倍。[2] 总体上,中国基金会的收入规模不均衡,大部分收入来自于少量规模较大的基金会。

(4)不同领域慈善组织获得的资源数量不同。据统计,2013年,中国慈善捐赠11%由民政系统获得,32%由慈善会系统获得,3%由红十字会系统获得,46%由基金会系统获得,8%由其他机构获得。

---

[1] 参见崔月琴、王嘉渊、袁泉:《社会治理创新背景下社会组织的资源困局》,载《学术研究》2015年第11期。

[2] 参见马广志:《非公募基金会成公益事业主力军》,载《华夏时报》2012年6月4日。

2. 社会捐赠占重要地位。捐赠收入是慈善组织的重要资金来源。2000 年政府拨款和会费收入是社会组织的主要资金来源，分别占社会组织筹资总量的 49.97% 和 21.18%。2008 年、2009 年捐赠收入是中国基金会的主要筹资来源，占 70% 以上，政府补贴和投资性收入分别占 7.62%、6.02% 和 6.41%、5.14%，说明基金会对政府的依赖程度日渐降低，独立性日渐增强，但是资金投资创收能力不强。2012 年，除政府资助外，中华慈善总会的最大资金来源是捐款、捐物项目所得收入，占总量的 99%。2010 年，中国红十字会捐款额占收入总额的 92%，政府资助及彩票公益金占总收入的 6%，其余收入项目的比重总和仅有 2%。

3. 境内资金是慈善组织捐赠收入的主要来源。李文涛等统计了我国 49 个公募基金会 2012—2016 年 5 年捐赠收入情况（见表 5-2）和不同来源的捐赠占捐赠收入的百分比（见表 5-3）。统计结果显示，在总捐赠收入中，来自境内法人或者其他组织的捐赠收入，5 年平均占 80.69%；来自境内自然人的捐赠，5 年平均占 9.10%；来自境外法人或者其他组织的捐赠，5 年平均占 10.15%；来自境外自然人的捐赠，5 年平均占 0.06%。可以发现，来自境内法人或者其他组织的捐赠以及来自境内自然人的捐赠，即境内捐赠收入是公募基金会捐赠收入的主要来源。[1]

---

[1] 参见李文涛等：《谁在捐款？——基于部分公募基金会捐赠收入的初步分析》，载 http://www.chinadevelopmentbrief.org.cn/news-20423.html?from=timeline，最后访问日期：2019 年 8 月 17 日。

第五章 中外慈善筹资比较

表 5-2 捐赠收入构成

年份 来源	2012	2013	2014	2015	2016
境内自然人的捐赠	197 219 528.92	281 337 981.56	481 759 557.44	475 892 996.39	521 165 899.56
境内法人或者其他组织的捐赠	2 610 230 887.55	3 390 405 842.09	3 153 565 796.57	3 433 933 135.51	4 300 168 800.86
境外自然人的捐赠	1 027 412.54	2 190 722.11	1 487 860.66	6 462 614.98	1 935 808.12
境外法人或者其他组织的捐赠	245 071 249.50	268 073 030.22	373 376 919.10	625 443 648.13	709 517 806.35
合　计	3 053 549 078.51	3 942 007 575.98	4 010 190 133.77	4 541 732 395.01	5 532 788 314.89

注：本书作者根据原有数据计算合计数。

资料来源：李文涛等：《谁在捐款？——基于部分公募基金会捐赠收入的初步分析》，载 http://www.chinadevelopmentbrief.org.cn/news-20423.html?from=timeline，最后访问日期：2019 年 8 月 17 日。

表 5-3 不同来源的捐赠占捐赠收入的百分比（%）

年份 来源	2012	2013	2014	2015	2016
境内自然人捐赠	6.46	7.14	12.01	10.48	9.42

续表

年份 来源	2012	2013	2014	2015	2016
境内法人或者其他组织的捐赠	85.48	86.01	78.64	75.61	77.72
境外自然人的捐赠	0.03	0.05	0.04	0.14	0.04
境外法人或者其他组织的捐赠	8.03	6.80	9.31	13.77	12.82

注：本书作者重新计算并调整了表中有关数字，并计算了合计数。

资料来源：李文涛：《谁在捐款？——基于部分公募基金会捐赠收入的初步分析》，载 http://www.chinadevelopmentbrief.org.cn/news-20423.html?from=timeline，最后访问日期：2019年8月17日。

4. 税收优惠对捐赠者的激励作用较小。目前中国慈善组织税收政策仍存在问题，在某种程度上制约着慈善组织的发展。一是免税门槛高，只有注册登记的社团和基金会等慈善组织才享有免税及减税资格，众多"草根组织"因未在民政部门登记而不能享有税收优惠。二是《慈善法》施行前的很长一段时间内企业捐赠超出优惠部分不能结转，挫伤捐赠人进行大额捐赠的积极性。三是个人捐赠税收优惠比例较低。税法规定了企业捐赠额度由3%提高到12%，而个人捐赠的优惠额度仍停留在30%。不仅如此，退税程序极为烦琐使得个人捐赠退税微乎其微。[1]

---

[1] 参见潘乾、尹奎杰：《英国慈善组织监管法律制度及其借鉴》，载《行政论坛》2014年第1期。

(二) 外国慈善筹资的特点

1. 慈善资源多元化。国外慈善组织的资金来源主要有三个渠道：社会捐赠、服务收费和政府补贴。社会捐赠包括来自于个人、基金会和企业的捐款，这是慈善组织独特的收入来源，也是它们与公共部门及营利机构相区别的标志之一。在一些国家，来自会费、收费和商业经营的收入超过了所有其他来源的收入，构成了慈善组织总收入的最大部分。政府补贴是慈善组织开展活动的首要资金来源，它包括直接拨款（即政府直接给予慈善组织补贴以支持它们的活动和项目）、合同（即慈善组织向有资格享受某些政府项目的人提供服务，而由公共机构支付服务费）和补偿（从那些有资格享受政府项目并从慈善组织那里购买服务的人获取补偿费）。可以说，美国等西方发达国家的慈善组织已经建立了面向政府、企业、会员、顾客的多元化筹资渠道，既有政府拨款和补贴，也有个人、基金会和企业的捐赠收入，当然，发达国家慈善组织专业化的服务能力也使服务收费成为其资金的重要来源。

2. 政府资助占比较重。政府影响慈善组织最重要的途径之一，是直接提供财政支持。外国慈善组织的收入来源中，政府资助是收入来源的重要组成部分。一些国家的慈善组织的收入甚至主要依靠政府资助，一些学者将这种筹资模式称为政府主导型的筹资模式。事实上，政府作为世界各国慈善组织的主要财政资助来源，其规模远远大于慈善捐赠。按照约翰·霍普金斯非营利比较项目（The Johns Hopkins Comparative Nonprofit Sector Project，简称 CNP）的研究，在39个有可靠数据支持的国家中，社会组织收入中政府资助与慈善捐赠的比例超过2∶1（分别为36%和15%）。在本部分所研究的国家中，来自政府的资助美国为 40%，英国为 45%，加拿大为 49%，德国为 65%。[1] 尤其是德国，属于典型的政府主导型筹资模式。形成这种模式的原因主要是德国政府往往通过与慈善组织高度合作的形式进行部分公共管理活动。

3. 各国政府在支持慈善组织方面的差异。正如慈善组织存在很大差异一样，各国政府对慈善组织的支持程度也有很大差异。根据约翰·霍普金斯非营利比较项目的研究，39 个国家中有 14 个国家的政府是社会组织的最大收入来源，远远超过收费收入和慈善捐赠。在其他 25 个国家里，提供服务收取费用是社会组织的主要资金来源。尽管在这些国家的社会组织收入来源中，政府资助所占比例小于那些"政府主导"国家，但仍然有一定规模。例如，在美国，政府对社会组织的资助仍然远远超过慈善捐赠（政府资助占 40%，慈善捐赠占 13%）。很明显，政府依靠社会组织提供社会服务成为一种普遍形式，在那些发达的工业国家，尤其如此。此外，政府资助与社会组织的成长有紧密联系。社会组织发展超过平均水平的国家，没有一个国家的社会组织能够在没有政府大力支持的情况下发展壮大。

4. 税收优惠是政府资助慈善组织的重要途径。许多国家对慈善组织提供各种税收优惠政策，包括部分或者全部减免对其他组织或企业征收的所得税、销售税和使用税；以及对个人或企业对于这些组织的捐赠予以税收减免或优惠。任何国家都要求慈善组织履行法定手续，依法登记为法人，才能享受法定的税收优惠待遇。无论慈善组织享有何种税收待遇，各国都要求其进行纳税申报，由税务机关最终判定是否对其收入征税；并

---

[1] 参见王浦劬、[美] 莱斯特·M. 萨拉蒙等：《政府向社会组织购买公共服务研究——中国与全球经验分析》，北京大学出版社 2010 年版，第 202~205 页。

对慈善组织进行年度资格审核，确定其是否具有享受税收优惠的资格。各国的税收政策一般都对慈善组织进行"公益性"和"互益性"的划分，只有公益性组织才可以享有最优惠的税收优待政策。此外，对于慈善组织从事经营活动取得的收入是否征税，不同的国家税法规定不同。一般以是否符合组织宗旨为标准，将慈善组织的商业活动分为相关商业活动和无关商业活动两类，对于前者实施税收减免，对于后者的征税方式则与对企业的征税方式相同。[1]

5. 市场/收费主导筹资模式。外国的慈善组织作为非营利组织的一种，必须从事以慈善为目的的活动，但这并不意味着它们不可以收费。在一些国家慈善组织的资金来源中，服务收入以及其他经营性活动收入甚至占到其资金来源的一半以上。这种以收费为主要资金来源的慈善组织又集中在文化、住房、教育、环保等领域。它们主要以开办慈善商店、向营利组织出售信息等方式筹集资金。一些学者将这种资金来源模式称为市场主导型的筹资模式。本研究中，美国就是这种模式的典型代表。自20世纪80年代出现了萨拉蒙所说的"全球社团革命"之后，美国慈善组织的筹资机制发生了从社会募捐向商业化筹资机制的转变，这使得慈善组织的筹资水平有了很大提高。在美国慈善组织资金来源中，收费和会费占将近一半。1995年，美国慈善组织的主要收入来自服务收费。服务收入达到3200亿美元，占美国慈善组织收入的56.6%。[2]

6. 私人慈善捐赠很重要，但不构成主要收入来源。约翰·

---

[1] 参见王名主编:《社会组织概论》，中国社会出版社2010年版，第121页。
[2] 参见[美]莱斯特·M.萨拉蒙等:《全球公民社会：非营利部门视界》，贾西津、魏玉等译，社会科学文献出版社2007年版，第229页。

霍普金斯非营利部门比较项目得出了和人们印象不同的结论，他们认为，尽管私人捐赠在许多情况下非常重要，但私人慈善基本上不构成非营利部门的主要收入来源。来自个人的、公司的和基金会的捐赠平均仅占非营利收入的11%。[1]

7. 筹资专业化、现代化、丰富化。美国慈善组织"联合之路"于2006年5月首次推出了《联合之路慈善组织全球标准》，明确规定董事会的职责，认为董事会应当针对治理该组织所需要的领导素质和技能来进行招聘，并不断补充他们现有的技能和知识，[2] 确保董事会成员来源的多元化。同时，联合之路慈善组织在全球范围内招聘人才，确保工作团队、特别是筹资团队的专业化，奠定了有效筹资的重要基础。

早期慈善组织依靠唤起公众的同情心和社会责任感来劝其捐款，现代筹资理念已转变为保证捐赠者期望价值的实现：慈善组织往往把捐款表述成一种使命和责任，使捐赠者对其所捐赠的事业锲而不舍，对付出的心血无怨无悔。为此，美国慈善组织大多聘请捐赠者在慈善组织中担任荣誉性职务，如顾问、理事、监事等；慈善组织利用媒体对捐赠者及其行为的宣传、报道，客观上也提高了捐赠者的知名度和社会地位，增强了捐赠者的社会责任感，保证了捐赠者个人价值的实现。

美国、英国等国家的慈善组织在吸引公众参与筹资的过程中，不仅使用义卖、义演、广告劝募、传媒劝募、街头劝募、开会劝募、写信劝募等传统方式，更发展出了协同筹资、联合筹资、网络筹资、分成筹资等现代化的专业筹资方式，大大提

---

[1] 参见 [美] 莱斯特·M. 萨拉蒙等：《全球公民社会：非营利部门视界》，贾西津、魏玉等译，社会科学文献出版社2007年版，第21页。

[2] See United Way International, *Global Standards for United Way Organizations*, http://www.doc88.com/p-9425205037275.html, pp. 35-36.

升了自身的筹资能力。

二、启示

（一）政府要加大财政支持的力度，发挥财政资金的导向作用

慈善组织同政府一样，可以提供一种全体公民或部分公民所需要的公共物品，但慈善组织所供给的公共物品多是政府不方便提供或者提供不足的，因此，慈善组织实际上与政府有着共同的目标。为鼓励慈善组织提供更多更好的服务以弥补政府不足，政府有必要从财政收入中拿出一部分资金资助慈善组织。如前所述，在西方，政府的财政支持是许多国家慈善组织的主要资金来源之一，政府主要通过直接拨款和合同方式资助慈善组织。直接拨款是政府直接给予慈善组织补贴以支持它们的活动和项目，例如政府对慈善组织的邮资补贴；合同是指慈善组织向有资格享受某些政府项目的人提供服务，而由政府支付服务费。例如，慈善组织为低收入者提供医疗、培训等服务，政府支付慈善组织服务费用。政府对慈善组织的财政支持，不仅能有效缓解慈善组织的资金紧张状况，而且能够有效引导慈善组织按照政府意愿、社会需求开展活动。以美国为例，政府通过制定政策和项目，引导、扶持某些慈善组织的发展。早在19世纪末期，为了鼓励医疗领域的慈善组织的发展，政府资助占私立医院收入的8%，在有些州甚至高达20%以上。20世纪60年代以来美国政府进一步推动购买公共服务等政策，政府负责规划项目、制订项目实施计划、确定评估指标体系，具体的执行活动由慈善组织负责，进一步推动了慈善组织的发展。

当然，政府对慈善组织的财政支持也不是无止境的，它必须以慈善组织的独立性、自治性为基础。如果慈善组织过分依

赖政府的财政支持,就可能出现官僚化、仰人鼻息和失去独立性等危险。官僚化是指慈善组织为获得政府资金,发展出十分复杂的组织结构。仰人鼻息是指慈善组织对获得政府资金的渴望往往令他们作出妥协,如改变组织的基本任务和性质。例如,史密斯(Smith)和利普斯基(Lipsky)发现,许多在20世纪60年代诞生的美国激进组织已逐渐地转变成"温顺的、单一的、由公共部门支持的社会服务官僚机构——一个长年依赖政府拨款而产生的变化过程"。慈善组织失去独立性是指当慈善组织的收入主要依赖政府时,政府决定如何分配资金、支持哪个组织、与其签订合同的慈善组织应该提供什么服务等,慈善组织很难再捍卫自身的独立自主权。[1]

(二)建立政府与慈善组织之间的合作伙伴关系

大量的国际性证据表明,随着各国政府日益认识到需要帮助来解决它们面临的复杂的社会、经济、环境和其他有关问题,世界范围内政府与慈善组织的合作在不断增加。因此,在世界上很多国家和地区,这种复杂的合作关系很普遍。不可否认,政府的财政考虑在其中起了一定作用:政府越来越多地求助于志愿性机构和私人慈善机构,希望至少能部分满足增长的公众服务需求。受新自由主义经济概念强调消费者选择的重要性和服务提供者间市场竞争的启发,政府日益转向间接行动工具,例如资助、合同、服务消费券等,将公共财政资助的服务转交到非政府组织手中,特别是私人非营利组织。[2] 政府与慈善组织之间具有互补性和独立性,二者对社会的和谐发展都是不可

---

[1] 参见耿云:《国外慈善事业简论》,中国社会出版社2014年版,第86~87页。

[2] 参见耿云:《国外慈善事业简论》,中国社会出版社2014年版,第85~87页。

缺少的。应通过协议的方式明确双方的合作伙伴关系。为了使双方形成良性互动关系，可以借鉴英国和加拿大等国的经验，探讨在政府与慈善组织之间确立一些基本的准则，并将这些准则以协议或其他具有约束力的形式固定下来。

（三）加强慈善意识宣传，改进和完善现有的劝募机制

进一步加强慈善文化和慈善意识宣传，引导社会捐赠。慈善组织吸纳了许多慈善资源和社会资源，展现了强大的资源整合能力，在行政化渠道之外，拓展了更为开放的社会化渠道，由此促生的广泛的社会参与也推动着公众公共精神的逐步建构，进而为慈善组织的资源获取铺设坚实的社会基础。中国现有的劝募方式与国外专业化的劝募机制相比，还存在差距，这在一定程度上妨碍了慈善募捐的效率和动员力。目前多头募捐也使企业与公民难以判断慈善组织的公信力。可以考虑逐步试点推行联合劝募机制，以提高募捐的效率和动员力。当然，在分配所募集的资金时，要明确项目评估机构，建立严格的项目审核流程，并遵循公开、公平、透明、有效的原则。[1]

在中国，大多数捐赠都是一次性的并主要通过网络完成，除了拓展各种筹款渠道以外，建议国内具有公开募捐资格的慈善组织发起募捐时，让捐赠人填写基本资料，如电话、电邮，并设置选择按钮让捐赠人决定慈善组织是否可以联系自己，从而建立起捐赠人信息管理系统。如果拥有捐赠人信息，就可以与捐赠人建立长期关系，让一次性捐赠发展成为固定捐赠、遗产捐赠，甚至延续到子孙，使支持这个机构成为一个家庭或家

---

[1] 参见徐麟主编:《中国慈善事业发展研究》,中国社会出版社 2005 年版,第 352 页。

族的传统。[1]

(四) 完善税收减免法律法规，简化获得税收减免的手续

对于慈善税收优惠门槛高、个案审批不公平、经营和投资税收优惠缺失及手续烦琐等问题，需要进一步完善法规政策，简化手续，提高效率。具体来说，应当做好以下几个方面的工作：一是慈善组织的免税资格应当从许可转为认定。慈善组织自身的免税资格，不宜逐批、逐次认定，更不宜一事一议，而应改为符合条件者一概享有。对于已经依法登记且符合相关条件的慈善组织，其免税资格可考虑从审批改为认定或备案。二是慈善捐赠的税前扣除资格认定应当明确条件和部门分工。在中国慈善立法中，需要明确慈善组织获取慈善捐赠税前扣除资格的认定主体、认定标准、条件和程序。民政部门、财政部门、税务部门需要明确责任、各司其职并相互配合，应当建立民政部门初审，财政部门、税务部门确认的联动机制，形成统一规范的捐赠税前扣除资格确认与监督制度。三是建立慈善组织的经营、投资收入的税收减免制度。从慈善事业的发展实践及其趋势来看，越来越多的慈善组织较多依赖经营投资收入而非捐赠收入。因此，慈善组织的经营投资收入的税收优惠政策设计，应当成为今后慈善税收优惠立法的重要内容。对慈善组织投资行为的规范应包括可用于投资的慈善资产的范围界定和给予税收优惠减免的条件要求。关于投资所产生的利润，考虑到市场的公平统一，应正常纳税；但其属于章程宗旨慈善目的范围的，应考虑予以减免税收。对慈善组织从事与慈善目的相关的培训项目，不宜再征收营业税或其他税种。四是需要进一步修订有

---

[1] 参见邱莹：《英国慈善机构筹款方式大盘点》，载公益慈善论坛，http://gongyi.people.com.cn/n/2014/0108/c151132-24055623.html.

关税收的法规,对捐赠人与慈善组织的税收减免应当实现常规化和便捷化。在慈善税收减免、退税的办理上,税务部门需摈弃"特事特办"的观念,应将其作为自身工作的重要组成部分,将其日常化、流程化。对于捐赠人的税前抵扣,应制定简便、快捷、易操作的所得税抵扣操作办法,以简化手续,提高效率。[1]

---

[1] 参见郑功成主编:《慈善事业立法研究》,人民出版社2015年版,第174~177页。

第六章

中外慈善事业监管比较

第一节 中国慈善事业监管

一、监管主体

《慈善法》第 6 条规定:"国务院民政部门主管全国慈善工作,县级以上地方各级人民政府民政部门主管本行政区域内的慈善工作;县级以上人民政府有关部门依照本法和其他有关法律法规,在各自的职责范围内做好相关工作。"慈善法的这一条规定确定了中国慈善事业监管的新架构,即"主管部门+相关部门"的监管架构,民政部门是慈善工作的主管部门,有关部门在各自职责范围内做好相关工作。加上《慈善法》施行前我国慈善组织登记管理中的双重管理体制,综合来看,我国慈善组织的监管主体包括登记管理机关、业务主管单位和有关部门。

(一)登记管理机关

在中国,县级以上民政部门是慈善组织的登记管理机关。就民政系统层次看,民政部是国务院的一个组成部门,也是一个重要的行政主体,专门负责社会福利与慈善事业、慈善组织管理、社会救助、优抚安置、基层政权建设等社会行政事务。民政部下设社会组织管理局(社会组织执法监督局),其职能是拟订社会团体、基金会、社会服务机构等社会组织登记和监督管理办法，按照管理权限对社会组织进行登记管理和执法监督，指导地方对社会组织的登记管理和执法监督工作。[1] 民政部下设的慈善事业促进和社会工作司负责拟订促进慈善事业发展政策和慈善信托、慈善组织及其活动管理办法；拟订福利彩票管理制度，监督福利彩票的开奖和销毁，管理监督福利彩票代销行为；拟订社会工作和志愿服务政策，组织推进社会工作人才队伍建设和志愿者队伍建设。[2] 上至民政部的民间组织管理局（社会组织执法监督局）和慈善事业促进和社会工作司，下至县级以上地方各级人民政府民政部门，依据法律法规的规定，专门负责慈善组织的成立、变更、注销的登记以及监督、处罚工作。没有设立专门慈善组织登记机构的，其职能由民政部的其他机构负责。

（二）业务主管单位

《社会团体登记管理条例》《民办非企业单位登记管理暂行条例》规定，国务院有关部门和县级以上地方各级人民政府有关部门、国务院或者县级以上地方各级人民政府授权的组织，是有关行业、学科或者业务范围内社会团体、民办非企业单位的业务主管单位。《基金会管理条例》第7条规定，国务院有关部门或者国务院授权的组织，是国务院民政部门登记的基金会、境外基金会代表机构的业务主管单位。省、自治区、直辖市人民政府有关部门或者省、自治区、直辖市人民政府授权的组织，是省、自治区、直辖市人民政府民政部门登记的基金会的业务主管单位。尽管上述三部法规对慈善组织的业务主管单位作出

---

[1] 参见民政部网站，http://www.mca.gov.cn/article/jg/jgsz/jgsj/201901/20190100014620.shtml.

[2] 参见民政部网站，http://www.mca.gov.cn/article/jg/jgsz/jgsj/201901/20190100014613.shtml.

了规定，但到底哪些部门和组织可以成为慈善组织的主管部门仍不明确。在这种情况下，2000年民政部发布了《关于重新确认社会团体业务主管单位的通知》，该通知进一步明确了社会团体的业务主管单位，包括：国务院组成部委、国务院直属机构、国务院办事机构及地方县级以上人民政府的相应部门和机构；中共中央各工作部门、代管单位及地方县级以上党委的相应部门和单位；全国人大常委会办公厅、全国政协办公厅、最高人民法院、最高人民检察院及地方县级以上上述机关的相应部门；经中共中央、国务院或地方县级以上党委、人民政府授权作为社会团体业务主管单位的组织；军队系统的社会团体的业务主管单位的问题由总政治部明确。经中共中央、国务院或地方县级以上党委、人民政府授权作为社会团体业务主管单位的组织，应具备以下条件：能够全面履行社会团体业务主管单位职责的组织；中央或地方机构编制管理机关"定职能、定机构、定编制"的组织；有具体机构和人员从事社会团体管理工作的组织；经中共中央、国务院或地方县级以上党委、人民政府履行过授权程序的组织。同时具备以上条件的组织，方可作为社会团体的业务主管单位。授权下列组织为全国性社会团体的业务主管单位：中国社会科学院、国务院发展研究中心、中国地震局、中国气象局、中国证券监督管理委员会、中国保险监督管理委员会、中央党校、中央文献研究室、中央党史研究室、中央编译局、外文局、中华全国总工会、中国共产主义青年团、中华全国妇女联合会、中国文学艺术界联合会、中国作家协会、中国科学技术协会、中华全国归国华侨联合会、中华全国新闻工作者协会、中国人民对外友好协会、中国残疾人联合会、中国职工思想政治工作研究会、中国法学会、全国工商联、中国红十字会总会。社会团体业务主管单位的职能应能涵盖所属社会团体的业务范围,并能够对主管的社会团体进行业务指导。社会团体业务主管单位的管理职责:负责社会团体筹备申请、成立登记、变更登记、注销登记前的审查;负责社会团体的思想政治工作、党的建设、财务和人事管理、研讨活动、对外交往、接受境外捐赠资助;监督、指导社会团体遵守宪法、法律、法规和国家政策,依据章程开展活动;负责社会团体年度检查的初审;负责协助登记管理机关和其他有关部门查处社会团体的违法行为;会同有关机关指导社会团体的清算事宜。[1]

(三) 有关部门

1. 税务机关。《慈善法》第103条规定对骗取税收优惠的由税务机关依法查处。《基金会管理条例》第37条规定基金会有接受会计主管部门、税务机关依法实施的会计监督和税务监督的义务。相应地,税务机关就拥有了依法对慈善组织进行监管的权力。从各国实践来看,税务机关在实践中通过引导性的免税政策发挥着重要的监管作用,但在中国情况有所不同。目前关于慈善组织免税的法律规定只有《企业所得税法》《个人所得税法》等个别条款的较为原则性规定,而且实践中真正实现减税和免税困难重重,减免税制度落实不到位,使得税务机关的行政监管被虚置,严重影响了税务机关监管功能的有效发挥。相比较之下,税务机关对慈善组织的监管要比登记管理机关和业务主管机关弱得多。

---

[1] 参见《民政部关于重新确认社会团体业务主管单位的通知》(民发〔2000〕41号)、《民政部关于国务院授权中国法学会作为社会团体业务主管单位的通知》(民发〔2007〕43号)、《民政部关于国务院授权全国工商联作为全国性社会团体业务主管单位有关问题的通知》(民发〔2009〕78号)、《民政部关于国务院授权中国红十字会总会作为全国性社会团体业务主管单位有关问题的通知》(民发〔2009〕160号)。

2. 财政部门和审计机关。财政部门和审计机关也是慈善组织行政监管的主体。《慈善法》第 38 条规定慈善组织接受捐赠时应当开具财政部门统一监（印）制的捐赠票据，以及在促进措施中有关税收减免、行政事业性费用免征等，均离不开财政部门的监管。《慈善法》第 87 条规定政府通过购买服务对慈善组织给予支持，此为财政部门的职责。《社会团体登记管理条例》第 27 条规定社会团体应当接受财政部门的监督，如果资产来源属于国家拨款或者社会捐赠、资助的，还应当接受审计机关的监督。《民办非企业单位登记管理暂行条例》第 22 条规定民办非企业单位必须执行国家规定的财务管理制度，接受财政部门的监督，如果资产来源属于国家资助或者社会捐赠、资助的，还应当接受审计机关的监督。《宁夏回族自治区慈善事业促进条例》第 6 条将对慈善组织的组织、协调、指导和监督权赋予县级以上人民政府民政部门，同时规定审计机关负责对慈善组织的收支情况进行审计监督。募集善款、使用善款是慈善组织的主要工作，因而慈善组织的财务状况是最为重要的也是最容易出现问题的环节。近年来慈善组织丑闻事件无一不与善款的筹集和使用有关，所以对慈善组织的财务审计和监督是重中之重。审计机关主要是通过对慈善组织的财务收支情况进行审查来监管。审计机关通常的做法是每年核查一次慈善组织的账目，类似于年检的方式，而且受人力、物力的限制只能对较大规模的慈善组织进行财务审计，对于许多规模小的慈善组织，审计机关一般无力进行审计监督。

3. 政法机关。《慈善法》第 18 条规定慈善组织终止不成立清算组或者清算组不履行职责的，民政部门可以申请人民法院指定有关人员组成清算组进行清算。《慈善法》第 41 条规定捐赠人拒不交付的，慈善组织和其他接受捐赠的人可以依法向人民法院申请支付令或者提起诉讼；以及法律责任中规定有关主体违法时追究刑事责任的，当然也是人民法院的职责所系；这些都是对人民法院的明确规定。《慈善法》第104条规定慈善组织从事、资助危害国家安全或者社会公共利益活动的由有关机关依法查处。此为公安机关、国家安全机关职责所系。《慈善法》第107条规定自然人、法人或者其他组织假借慈善名义或者假冒慈善组织骗取财产的由公安机关依法查处，《慈善法》第109条规定公安机关对慈善领域及相关活动中构成违反治安管理行为的要依法处罚，等等。

4. 其他机关。《慈善法》第43条规定国有企业实施慈善捐赠必须遵守有关国有资产管理规定，必然要国有资产监管部门承担起相应的责任。《慈善法》第50条规定慈善信托，即《慈善法》中未规定的，适用《信托法》，必然需要信托监管部门承担起相应的责任。《慈善法》第85条规定慈善服务设施需要用地的，可以依法申请使用国有划拨土地或者农村集体建设用地，这与国土部门直接相关。《慈善法》第86条规定国家为慈善事业提供金融政策支持，此为金融监管部门的职责。《慈善法》第88条规定弘扬慈善文化，培育公民慈善意识，此为教育部门及新闻监管部门的职责。

此外，《慈善法》未提到的部门依照其他法律法规亦具有相应的责任。例如，海关对境外捐赠或者境内对境外的捐赠，负有进出口关税等方面的监管之责；教育、科学、文化、卫生、体育、环保等多个部门对从事这个领域的慈善组织与活动者，亦应当依据自己的法定职责负起相应的监督之责。不过，这些部门的监督应本着"不扰乱本行业发展"的原则，依法负责慈善组织开展的与本行业相关的业务督查，不设障碍、不介入慈善组织内部管理，同时确保慈善组织开展的相关活动遵守行业法律规定和行业规范,不扰乱行业发展,一些特殊领域尤其如此,如宗教界和国家安全领域。[1]

综上,就《慈善法》和中国慈善组织登记管理的三部法规的内容看,行政监管权主要由民政部门、主管单位和有关其他部门行使。民政部门是慈善工作的主管部门和登记管理部门,业务主管单位给予慈善组织以指导和监管,其他部门如税务部门、财政部门、审计部门、政法机关以及其他机关也享有一定的监管权,《慈善法》未提及的海关、科学、文化、卫生、体育、环保等部门在特定条件下也是慈善监管主体。

二、慈善事业监管的方式和内容

（一）日常检查

日常检查是指登记管理机关在日常管理过程中对慈善组织有关事项的监督检查。日常检查是登记管理机关对慈善组织进行监督检查的主要手段,也是慈善组织运行规范、有序发展的重要保证。《中华人民共和国行政许可法》以及其他相关法律法规规定,各级登记管理机关行使监督检查权。各级登记管理机关对在本级登记管理机关登记的社会团体、民办非企业单位、基金会登记许可的活动事项实施监督检查。各级登记管理机关可以通过下列方式实施监督检查:对反映社会团体、民办非企业单位、基金会从事登记许可事项活动情况的有关材料进行书面检查;对社会团体、民办非企业单位、基金会的住所或活动场所等进行实地检查;法律法规、规章规定的其他方式。

（二）年检

年检,即民政部门作为慈善组织的登记管理机关依法按年

---

[1] 参见郑功成主编:《〈中华人民共和国慈善法〉解读与应用》,人民出版社2016年版,第37~39页。

度对慈善组织遵守法律、法规、规章和章程开展活动情况实施监督管理。慈善组织的年检制度在《社会团体登记管理条例》《民办非企业单位登记管理暂行条例》《基金会管理条例》《基金会年度检查办法》以及《民办非企业单位年度检查办法》等法规规章中有相应的规定。慈善组织年检的内容包括财务情况检查和非财务情况检查，前者是对慈善组织财务状况、资金来源和使用情况（含年度审计）等进行年度检查，后者是对慈善组织开展的工作和活动进行年度检查。年检结论分为合格、基本合格和不合格，完成年度检查后，登记管理机关应当向社会公告年度检查结果。但是，年检制度忽略了全过程的监督，实际效果并不理想，因为它会增加守法者的运行成本，却无法保证让违法者得到惩治。年检制度已经不能适应国家治理方式现代化和行政管理方式创新的要求。在实践中，中国一些地方的商业登记制度已经取消了年检制度，实行年度报告公示制。企业每年通过市场主体信用信息公示系统向登记机关报送年度报告，并向社会公示。企业对其报送的年度报告的真实性、合法性负责。登记机关对企业年度报告进行抽查，在检查中发现或者事后接到举报查实企业有违法行为、申报不实、隐瞒真实情况或者虚假承诺的，责令限期改正，并将企业纳入不良信用体系。2014年10月30日出台的《广州市社会组织管理办法》借鉴了商事登记制度改革的做法，取消了年检制度，建立了社会组织的年度报告制度。《广州市社会组织管理办法》第44规定："社会组织实行年度报告制度，社会组织应当于每年3月31日前提交年度报告书，除社会组织负责人换届或者更换法定代表人之外年度报告不需要提交财务审计报告。"

（三）年度报告

根据简政放权、放管结合的要求，在吸收地方立法经验的基础上,《慈善法》第 13 条规定:"慈善组织应当每年向其登记的民政部门报送年度工作报告和财务会计报告。报告应当包括年度开展募捐和接受捐赠情况、慈善财产的管理使用情况、慈善项目实施情况以及慈善组织工作人员的工资福利情况。"《慈善法》没有规定慈善组织的年检制度,而是规定了年度报告制度,即慈善组织应当每年向其登记的民政部门报送年度报告,为登记管理机关了解、监督慈善组织提供基础信息,这是慈善组织的法定义务。年度报告具有备案属性,不需要民政部门出具结论,这样可以减少过去年检制度下的"盖图章"式的流于形式的监督。慈善组织的年检制度改为年度报告制度(含年度工作报告和财务会计报告),是进一步落实慈善组织自主性的表现,它不代表对慈善事业监督的放松,而是监督方式发生了变化,更强调依法对慈善组织与慈善活动进行全过程的监督。慈善组织的年度工作报告和财务会计报告属于慈善组织信息公开的内容,应当每年向社会公开。具有公开募捐资格的慈善组织的财务会计报告须经审计。慈善组织未依法报送年度工作报告,包括未在限期内完成年度报告、财务会计报告的报送和在报告中隐瞒真实情况、弄虚作假的,由民政部门予以警告、责令限期改正;逾期不改正的,责令限期停止活动并进行整改。[1]

(四)慈善组织内部管理监督

慈善组织按照章程开展活动,但其内部管理活动仍受到登记管理机关的监督。登记管理机关有责任监督慈善组织内部的管理,其中比较重要的有以下几个方面:一是慈善组织按期换届问题。慈善组织必须按照章程规定按期组织换届。慈善组织

---

[1] 参见郑功成主编:《〈中华人民共和国慈善法〉解读与应用》,人民出版社 2016 年版,第 64~65 页。

因特殊情况需提前或延期进行换届的,应事先以书面形式报登记管理机关批准同意,并在批准期间内完成换届。二是慈善组织负责人任职资格、条件及备案制度。慈善组织领导班子职数、负责人的年龄、任期(届)资格条件应严格按照有关政策和章程规定执行。三是慈善组织法定代表人任职。慈善组织法定代表人由章程明确规定的负责人担任,法定代表人不得兼任其他慈善组织法定代表人。拟任人选已担任其他慈善组织法定代表人的,应事先辞去已经担任的法定代表人职务。法定代表人人选同时担任其他社会团体法定代表人的,登记管理机关不予受理法定代表人变更备案。四是慈善组织会费标准的备案管理。慈善组织制定、修改会费标准,经会员大会(会员代表大会)以无记名投票方式审议通过后,向登记管理机关备案。制定或修改会费标准时,违反合理性原则,或者未履行规定程序的,登记管理机关不予备案。慈善组织不得依未经合法程序制定或备案的标准收取会费或者超标准收取会费。五是常务理事会的职权管理。常务理事会的职权,应有一定的限制,不得任意扩大。理事会闭会期间常务理事会行使部分职权,没有选举和罢免慈善组织领导职务的权利。六是慈善组织分支机构的设立。慈善组织设立分支机构,应按照业务范围的界定和实际活动的需要设立。慈善组织设立的分支机构必须到登记管理机关办理注册登记。

(五)会计监督

《慈善法》第12条第2款规定:"慈善组织应当执行国家统一的会计制度,依法进行会计核算,建立健全会计监督制度,并接受政府有关部门的监督管理。"第13条规定:"慈善组织应当每年向其登记的民政部门报送年度工作报告和财务会计报告。报告应当包括年度开展募捐和接受捐赠情况、慈善财产的管理使用情况、慈善项目实施情况以及慈善组织工作人员的工资福利情况。"第72条第2款规定："慈善组织应当每年向社会公开其年度工作报告和财务会计报告。具有公开募捐资格的慈善组织的财务会计报告须经审计。"第99条规定，慈善组织未依法报送年度工作报告、财务会计报告或者报备募捐方案的，由民政部门予以警告、责令限期改正；逾期不改正的，责令限期停止活动并进行整改。《公益事业捐赠法》第19条规定："受赠人应当按照国家有关规定，建立健全财务会计制度和受赠财产的使用制度，加强对受赠财产的管理。"《基金会管理条例》第37条规定："基金会应当接受税务、会计主管部门依法实施的税务监督和会计监督。基金会在换届和更换法定代表人之前，应当进行财务审计。"

为了规范民间非营利组织的会计行为，提高其会计信息质量，财政部根据《中华人民共和国会计法》及有关规定，于2004年制定并发布了《民间非营利组织会计制度》，自2005年1月1日开始实施。《民间非营利组织会计制度》适用于在中华人民共和国境内依法设立的民间非营利组织，包括依照国家法律、行政法规登记的社会团体、基金会、民办非企业单位和寺院、宫观、清真寺、教堂等。适用《民间非营利组织会计制度》的组织应当同时具备以下特征：该组织不以营利为目的和宗旨；资源提供者向该组织投入资源不得以取得经济回报为目的；资源提供者不享有该组织的所有权。《民间非营利组织会计制度》的出台适应了中国民间组织快速健康发展的需要，解决了该类组织适用会计规范的问题，提高了该类组织会计信息的可比性和有用性，有助于加强对该类组织的监管。

慈善组织以筹集善款为其主要资金来源，可以依法享有向社会募捐的权利和税收优惠政策。而社会对慈善组织接受捐赠的情况、善款使用、慈善财产管理等有着非常高的期待和要求,对慈善组织的财务信息状况高度关注。为维护慈善公信力,政府有必要强化对慈善组织的监督,保证财务信息的公开、透明。同时,会计制度也应该准确记录和反映慈善组织的财务状况和财产使用状况。财务会计监督包括以下几个方面的内容:是否有稳定的经费来源和独立的银行账户;是否遵守国家有关财务管理规定,制度健全,有专职或兼职会计人员;会计与出纳是否互相兼任;经费来源是否合法、支出是否合理,有无违法违纪行为;慈善组织会费收支和票据使用情况。对慈善组织的财务审查主要根据经费来源加以区分:属于会费收入的,应向会员大会或会员代表大会公布;属于接受捐赠的,符合章程规定的宗旨和业务范围,必须根据与捐赠人、资助人约定的期限、方式和合法用途使用,并向业务主管单位报告接受、使用捐赠、资助的有关情况,并应当将有关情况以适当方式向社会公布;属于有偿服务收入的,应使用税务部门的票据,同时接受税务部门、业务主管部门的监督。

(六) 审计监督

政府审计是慈善组织财务监督的重要方式。《中华人民共和国审计法》第23条规定:"审计机关对政府部门管理的和其他单位受政府委托管理的社会保障基金、社会捐赠资金以及其他有关基金、资金的财务收支,进行审计监督。"2010年修订的《中华人民共和国审计法实施条例》第21条对社会捐赠资金作出了界定,审计法所称社会捐赠资金,包括来源于境内外的货币、有价证券和实物等各种形式的捐赠。[1]

---

[1] 参见韩丽欣:《我国慈善组织治理法治化研究》,吉林大学2014年博士学位论文,第78~79页。

中国公益慈善的有关法律法规也对有关慈善主体财产进行审计监督。《慈善法》第 72 条第 2 款规定:"慈善组织应当每年向社会公开其年度工作报告和财务会计报告。具有公开募捐资格的慈善组织的财务会计报告须经审计。"《公益事业捐赠法》第 20 条第 1 款规定:"受赠人每年度应当向政府有关部门报告受赠财产的使用、管理情况,接受监督。必要时,政府有关部门可以对其财务进行审计。"《社会团体登记管理条例》第 27 条规定:"……资产来源属于国家拨款或者社会捐赠、资助的,还应当接受审计机关的监督。社会团体在换届或者更换法定代表人或负责人之前,登记管理机关、业务主管单位应当组织对其进行财务审计。"《民办非企业单位登记管理暂行条例》第 22 条规定:"……资产来源属于国家资助或者社会捐赠、资助的,还应当接受审计机关的监督。民办非企业单位变更法定代表人或者负责人,登记管理机关、业务主管单位应当组织对其进行财务审计。"《基金会管理条例》第 37 条规定:"基金会应当接受税务、会计主管部门依法实施的税务监督和会计监督。基金会在换届和更换法定代表人之前,应当进行财务审计。"

(七) 税务监督

税务监督是国家税务机关对慈善组织的经济收入纳税情况进行检查,确保国家税收的正常收取。慈善组织的经济收入包括两个部分:一是会费、服务性收入和政府资助,二是经营性收入。根据国家法律规定,会费、服务性收入和政府资助享受免税待遇,而经营性收入则必须纳税。税务机关根据国家相关法律法规的规定,对慈善组织的经济收入纳税情况进行检查,查处偷税、漏税违法行为,保证国家税收制度的严肃性和权威性。《公益事业捐赠法》第 24~26 条分别规定了公司和其他企业、自然人和个体工商户以及境外向公益性社会团体和公益性非营利的事业单位捐赠财产用于公益事业享受税收方面的优惠。《企业所得税法》和《个人所得税法》有专门针对公益捐赠的纳税规定。《基金会管理条例》第37条第1款规定："基金会应当接受税务、会计主管部门依法实施的税务监督和会计监督。"《慈善法》第103条规定："慈善组织弄虚作假骗取税收优惠的，由税务机关依法查处；情节严重的，由民政部门吊销登记证书并予以公告。"

（八）慈善组织评估

随着慈善组织数量的增加和影响力的增强，社会公众越来越关注慈善组织的管理绩效和公信力。为了适应新形势的需要，登记管理机关的工作重点发生了转移，由对登记要件和程序的关注逐渐转向对慈善组织法人治理结构和组织行为的重视。《慈善法》第95条第2款规定："民政部门应当建立慈善组织评估制度，鼓励和支持第三方机构对慈善组织进行评估，并向社会公布评估结果。"《慈善法》从法律层面上确立了慈善组织评估制度。根据民政部颁布的《社会组织评估管理办法》，社会组织评估是指各级人民政府民政部门为依法实施社会组织监督管理职责，促进社会组织健康发展，依照规范的方法和程序，由评估机构根据评估标准，对社会组织进行客观、全面的评估，并作出评估等级结论。社会组织评估结果分为5个等级，由高至低依次为5A级、4A级、3A级、2A级、1A级，有效期为5年。民政部门确认社会组织评估等级、发布公告，并向获得3A以上评估等级的社会组织颁发证书和牌匾。通过对慈善组织的评估监督，发现慈善组织存在的问题，及时加以纠正，有利于增强慈善组织的透明度，提高慈善组织社会公信力，加强慈善组织的能力建设，增进社会对慈善组织的了解，优化政府管理部门对慈善组织的监督管理，促进政府监督方式的科学化和规范化。

第二节　外国慈善事业监管

一、独立监管机构监管

英国是世界上最早建立慈善委员会的国家，慈善委员会始建于1853年。1853年《慈善信托法》确立了慈善监管方面的慈善委员会制度，该制度成为后来的慈善委员会制度的前身。1960年《慈善法》改革之后，慈善委员会既是行政机关，同时又是准裁判机关。而经过1992年《慈善法》、1993年《慈善法》、2006年《慈善法》以及2011年《慈善法》等大规模的慈善法成文法改革，慈善委员会已经基本上实现了现代化的再造。慈善委员会制度的独特性体现在它代表政府实施其职能。

（一）慈善委员会的目的

2011年《慈善法》规定，慈善委员会的职能是代表官方进行的。慈善委员会在履行其职能时不受任何内阁阁员或其他政府部门的指示或控制。慈善委员会对于监管慈善组织具有法定权力，慈善法规定了这些权力。以下是2011年《慈善法》列出的慈善委员会的目的：①公信力目的，指增强公众对慈善组织的信任和信心；②公共利益目的，指提高对实现公共利益要求的认识和理解；③合规性目的，指促进慈善组织内部受托人在行使其对慈善组织运作之控制和管理时遵守其法律义务；④慈善组织的资源目的，指促进慈善组织资源的有效利用；⑤责任目的，指加强慈善组织对捐赠者、受益人及公众的责任。[1]

---

[1] 参见金锦萍译：《非营利组织法译汇（三）英国慈善法》，社会科学文献出版社2017年版，第229~230页。

第六章　中外慈善事业监管比较

(二) 慈善委员会的一般职能和一般职责

2011年《慈善法》规定了慈善委员会的一般职能和一般职责，这为慈善委员会对慈善组织进行监管提供了法律依据。慈善委员会的一般职能包括：①决定组织是否为慈善组织；②鼓励、促进和帮助慈善组织更好地运作；③辨认及调查在慈善组织运作中明显不当行为或管理不善，并为此采取相关救济与保护行为；④根据公共慈善募捐决定是否应该发放公共募捐证书，决定其是否有效力；⑤获得、评估以及传播与履行慈善委员会任何职能或达成其任何目标相关的信息；⑥向政府各部部长提供关于慈善委员会工作目标和日常工作的信息、建议以及意见。[1]

慈善委员会的一般职责包括：①慈善委员会必须在一定程度上履行与其目标一致或为实现这些目标的比较恰当的职能；②慈善委员会必须在一定程度上履行与各种形式的慈善捐赠或自愿参与慈善工作的目标保持一致的行为；③慈善委员会必须以一种最效率和最经济的方式去利用其资源；④慈善委员会必须以最佳监管实践的原则履行职责（包括比例原则、问责原则、持续原则、透明原则以及目标原则）；⑤慈善委员会必须促进创新的需求；⑥慈善委员会必须注意到已经被广泛接受的良好公司治理原则。[2]

(三) 慈善委员会对慈善组织的监管和法定调查

从慈善组织的登记及命名规定来看，其实慈善委员会对慈善组织的监管是从登记开始的。慈善组织申请登记需要接受慈

---

[1] See The Commission's general functions, Charities Act 2011, http://www.legislation.gov.uk/ukpga/2011/25/section/15.

[2] See The Commission's general duties, Charities Act 2011, http://www.legislation.gov.uk/ukpga/2011/25/section/16.

善委员会评估。慈善组织一旦登记成功，就应当履行相应的义务，这样就可以确保它们能够继续得到公众的信任，同时也不会因为不适当的行为被慈善委员会制止。英国慈善法规定，慈善组织有保存会计记录、保存账户记录、制作账目表、制作年度报告的义务。慈善组织应当向慈善委员会和公众开放，必须准备随时诚实地回答慈善委员会的质询。在公众提出疑问后，慈善组织要尽快予以答复，让公众清楚地了解它们的政策。慈善组织受托人应负责在每个财政年结束之日起10个月内向慈善委员会提交慈善组织账目。慈善委员会将在网站上公布这些账目的详细情况。另外，慈善组织必须填写慈善委员会发放的年度汇报表，提供它们过去一年活动的详细情况，不同规模的慈善组织，其汇报表的内容有所不同，规模越大，要求提供的信息就越多。

如果慈善组织中出现不当行为，慈善组织及其共同受托人必须负责改正，如果是严重的滥用情形，那么，慈善委员会可以展开法定调查。慈善委员会基于以下原因可以展开法定调查：有不当行为或不当管理迹象；对信托的重大违反或不遵守慈善法；对慈善组织财产、受益人或工作带来极大危险；有使用委员会监管权力的需要；有收集证据需要；法定调查更有效的情况或者为保护公众的需要。调查中，慈善委员会可能利用监管权力要求慈善组织提供信息和文件，通常会要求慈善组织提供档案。委员会也会利用监管权力保护慈善组织受益人和资产。法定调查一旦完成，除非另有规定，慈善委员会将以调查结果说明书的形式公布其发现，将在其网站上公布。

慈善法允许慈善委员会要求某人在具体时间范围内提供下列信息：向慈善委员会书面陈述调查相关问题，并确保这些陈述或回答的真实性，如有必要写一个法定陈述书；将其保管或控制下与调查相关的文件复印件交给委员会,并确保这些陈述或回答的真实性,如有必要写一个法定陈述书;将其保管或控制下与调查相关的文件复印件交给委员会,并确保这些文件确属原件的复印本,如有必要写一个法定陈述书;在规定时间和地点提供证据或文件,委员会使用此种权力时,若被要求的人员在规定时间和地点内难以提供上述证据或文件,应立即告知委员会。慈善委员会也可要求某人提供文件或原始文件的复印件或摘要。指示或指令可对以下人员发出:受托人、慈善公司、慈善组织员工、顾问、会计师、审计员、律师、银行等工作人员。

慈善委员会在调查期间有临时保护权力和永久保护权力,前者指调查期间委员会暂时保护慈善组织的财产,后者是救济权,对调查中发现的问题提供长期的解决方案。慈善委员会也可以在法定调查中使用其他权力解雇或任命受托人。慈善组织受托人、员工、管理人员、代理人或其他利害关系方应配合慈善委员会的调查工作。委员会签发指令或指示时,其中涉及的相关人员必须执行其要求。如果被调查者不满意慈善委员会的行为方式,可以进入投诉程序;如果被调查者不同意慈善委员会作出的法律决定,可以要求委员会复议,也可以起诉至法院。[1]

二、政府部门监管

(一)美国

美国政府对慈善事业的监管体现在三个层次上,一是联邦政府层级的监管,二是州政府层级的监管,三是地方政府层级

---

〔1〕 参见英国慈善委员会:《英国慈善委员会指引》,林少伟译,法律出版社2017年版,第879~896页。

的监管,在这三个层次中,联邦和州的层级起着主要作用。

1. 联邦政府层级的监管。联邦层级的监管包括联邦税务局监管和其他联邦政府部门的监管。

(1) 联邦税务局的监管。美国联邦税务局对慈善组织的监管主要体现在以下几个方面:

第一,免税资格审批。美国《国内税收法典》列举了免税组织的类型,《国内税收法典》第501(c)(3)条规定了免税资格的条件,条件有六个:①必须以非营利为目的,即满足《国内税收法典》第501(c)(3)条下列举的一项或多项目的;②其成立出于非营利目的;③主要围绕非营利目的开展活动;④禁止分配利益;⑤不得参与竞选;⑥不得参与实质性游说。[1]一个慈善组织若想获得免税资格,必须依法向联邦税务局提出申请。申请手续包括三个环节:准备文件、审查批准和申诉。准备文件是最重要的环节,在此阶段需要填写1023表。此表包括主表和附表,主表有11个部分,每个部分包含许多问题;附表由教堂、学校、医院等慈善组织填写。联邦税务局对提交的文件进行审查,可以作出批准或不批准的决定。若慈善组织被批准,其免税资格的有效期一般从该组织成立之日算起。若慈善组织对不予批准免税申请持有异议,可向联邦税务局申诉机构提出申诉,并可要求在联邦税务局总部进行会商。若申诉失败但申请组织仍不满意联邦税务局的最后答复,或联邦税务局在270天内无法作出决断,申请方可以把案件提交联邦地区法院、联邦经济纠纷法院或者联邦税务法院审理,联邦税务局将尊重上述法院的判决结果。

---

[1] 参见[美]贝希·布查尔特·艾德勒等:《通行规则:美国慈善法指南》(第2版),金锦萍等译,中国社会出版社2007年版,第2~5页。

第六章　中外慈善事业监管比较

第二，通过慈善组织提交的年度税务报表获得信息，以此掌握慈善组织的运营情况。慈善组织提交的年度报表包括：年收入超过2.5万美元的免税组织（私立基金会除外）的年度信息报表（即990表或者990-EZ表）、任何规模的私立基金会以及按照私立基金会标准监管的非免税型慈善信托机构的年度信息报表（990-PF表）、超过1000美元的无关宗旨商业活动收入报表（990-T表）、年收入少于2.5万美元的小型免税组织信息的简易电子年报〔990-N表，或称"电子明信片"（e-Postcard）〕以及各类"支持型"公益慈善组织（无论其年收入多少）的年度报表。对不依法履行报备义务的组织，联邦税务局将课以罚款。连续3年不报送990系列表格的组织，其联邦免税待遇会被自动注销。

第三，联邦税务局的审计。美国联邦法律授权联邦税务局对慈善组织的账簿和记录进行审计。如果审计人员发现了问题，将责成慈善组织补缴税款，并处以罚款。近年来联邦税务局还越来越多地采用综合性检查的方法，深入了解监管对象的各相关细节，并利用档案数据和公开信息对某些组织进行追踪性比较。2004财年期间，联邦税务局用此法审查了1475个组织，2010财年审查了3893个组织。重点监管的组织有两类：一是接受联邦政府资助或者与政府签订服务合同的组织，二是资产额超过1000万美元的特大型组织。[1]

（2）其他联邦政府部门的监管。除此之外，联邦政府的其他部门也参与慈善组织的监管工作。卫生与公共服务部的工作

---

[1] 参见徐彤武：《美国政府对公益慈善事业的管理及启示》，载中国社会科学网，http：//www.cssn.cn/gj/gj_gjwtyj/gj_mg/201310/t20131026_593321.shtml，最后访问日期：2019年4月18日。

职责之一是依法对从事非营利医疗保健事业的慈善组织进行监管；联邦贸易委员会的消费者保护局负责监督电话营销或跨州募捐活动；美国邮政管理局承担着许多慈善组织向公众和特定对象邮寄大量宣传品的职能，也依法负有邮政专业监管职责，要求其服务的组织符合相关规范。[1]

2. 州政府层级的监管。在美国，慈善组织若想设立非营利法人，须将签署后的法人章程和其所在州要求缴纳的登记费用一起提交给该州州务卿。"除非特别规定推迟的生效日期，法人于法人章程备案时开始存在。"[2] 如果法人章程没有包含所要求的内容，或者允许组织从事法律禁止的活动，州务卿就不会接受该章程并将其存档。

在美国绝大多数州，州首席检察官有权监督和管理慈善组织，慈善组织必须经常报告其业务活动和财务情况。例如，加利福尼亚州首席检察官对慈善组织享有广泛的监督权。纽约、加利福尼亚和其他很多州，都要求慈善组织向州首席检察官提交报告，而且公众可以查阅这些报告。在大多数州，首席检察官有权查阅慈善组织的账簿和记录，以确保慈善组织的财产用于公共利益。[3]

美国各州还设有专门的慈善组织管理部门，例如加利福尼亚州设有慈善信托登记处、慈善信托法律暨审计部，前者主要负责收集和处理本州内慈善组织和慈善信托人提交的财务报告

---

〔1〕 参见栾恺：《美国慈善组织外部监管机制研究》，外交学院 2012 年硕士学位论文，第 11 页。

〔2〕 参见金锦萍、葛云松主编：《外国非营利组织法译汇》，北京大学出版社 2006 年版，第 11 页。

〔3〕 参见［美］贝希·布查尔特·艾德勒等：《通行规则：美国慈善法指南》（第 2 版），金锦萍等译，中国社会出版社 2007 年版，第 106~109 页。

等信息，并且负责接待要求查阅此类文件的公众，后者主要负责对慈善组织资产的滥用、浪费和欺诈行为进行调查和审计，调查结果将被提交法院，以防止慈善财产被不当使用。州首席检察官负责指导上述两个部门的工作，并根据登记处提供的公众投诉信息，要求法律暨审计部进行调查。[1]

3. 地方政府层级的监管。美国的地方政府指州级以下的政府设置，通常包括5个类别：县政府、市政府、镇政府、学区以及防火、灌溉等特别区。2007年全美共有3033个县政府、19 492个市政府、16 519个镇政府、13 051个学区和37 381个特别区。[2] 与联邦政府和州政府相比，地方政府对慈善组织进行的管理与监督较为有限。其中涉及本地慈善组织的内容多为慈善募捐管理、活动管理以及某些税、费的豁免。例如，休斯敦市的市法中就对慈善组织的募捐活动作出了详细的规定；佛罗里达州南部的迈阿密—戴德县政府的消费者服务部负责消费者投诉的调查工作，专门向公众发布防范募捐欺诈的指导性意见。[3]

（二）加拿大

在加拿大，联邦、省、区域政府，有时甚至市政府都在规范慈善事业中扮演角色和承担责任。

1. 联邦政府规定。加拿大联邦政府在规范慈善事业中的角

---

[1] 参见蔡磊：《非营利组织——基本法律制度研究》，厦门大学出版社2005年版，第111页。

[2] See U.S. Department of Commerce, Economics and Statistics Administration, U.S. Census Bureau, *Statistical Abstract of the United States* 2012, Washington, D.C.: U.S. Census Bernan Press, 2011, p.267.

[3] 参见徐彤武：《美国政府对公益慈善事业的管理及启示》，载中国社会科学网，http://www.cssn.cn/gj/gj_gjwtyj/gj_mg/201310/t20131026_593321.shtml，最后访问日期：2019年4月18日。

色主要是通过所得税法案调整税收体系。其主要角色是：基于税收原因决定什么样的组织可以注册为慈善组织；决定税收优惠的性质。在联邦层次上对慈善部门的监管主要侧重于确保那些按照所得税法案注册为慈善组织的组织遵守法案并始终够资格享受税收优惠。

联邦级的慈善管理主要通过加拿大国税局的慈善董事会管理慈善项目，它有四个主要作用：其一，资格审定。联邦对慈善组织管理的重点是要求慈善组织必须注册，注册是一个对慈善组织进行认证的过程。注册的组织才能获得为慈善组织提供的税收优惠。其二，提供技术指导和支持。加拿大国税局的目标包括为慈善组织提供技术指导和支持。国税局现在将越来越多的信息放到其网站上供慈善部门使用，包括信件信息、政策概述和包含最新法规事务等信息的简报。其三，监管投诉。针对按照所得税法案注册的慈善组织的慈善审计项目强调教育、公正和有效地执法。对收到的投诉，该项目会采取包括教育、守法协议、处罚和注销慈善组织的注册等一系列的手段处理。其四，对违规行为采取行动。所得税法案授权加拿大国税局酌情采取恰当的手段处理违规行为。但对于严重的违规行为，加拿大国税局将直接采取处罚或注销注册等手段。

2. 省、区域级规定。根据加拿大《宪法》第 92（7）条，对慈善事业的规范主要是省政府的权限。省政府对在该省运行的慈善组织的设立、维护和管理负责。加拿大国会对各区域负同样的责任。比较而言，加拿大所有的 10 个省 3 个区域的政府及联邦政府都通过提供减扣应付所得税鼓励慈善捐赠。联邦、省和区域政府的另一个相同点是它们都很注重向公众提供慈善组织慈善赠与的信息以确保慈善部门的廉洁。

3. 其他规定。在加拿大，有的市制定的地方法规也会影响慈善部门，如关于财产税和募捐推销方面的法规。例如，在安大略省，《小商业和慈善业保护法案》要求市政府为慈善组织的财产提供至少40%的退款。该法规是市政府保护所有的小商业和慈善事业不受大幅度财产税影响的手段。[1] 在艾尔伯塔省的温尼伯格市，非营利组织和慈善组织募捐必须要有城市许可证，教会组织除外。

（三）德国[2]

德国有关慈善组织的法律法规比较完善，德国《基本法》《民法典》以及《结社法》从不同层面对慈善组织成立、性质和行为规范等内容作出了规定，慈善组织必须在法律框架内进行规范、有序的活动。德国没有专门从事慈善组织管理的行政机关。慈善组织的登记是在区法院进行的。登记注册后由财政部负责向社团出具公益性组织认可证明书，每3年重新审查登记一次。此外，财政部还负责社团开展国家援助项目的审批。凡需要从财政部申请国际援助经费的社团，必须向财政部提交公益性组织认可证明书、章程、注册复印表、财务报告、上年度工作报告、援助项目评估报告等材料。

一般情况下，在社团没有被禁止的情况下，政府不干预慈善组织的内部事务。有关部门只检查由政府资助的慈善组织的财务和项目执行情况，违法的慈善组织由州政府或联邦政府进行管制，司法部门负责处罚。对有贡献的慈善组织，政府予以奖励。

---

[1] 参见［加］特里·德·玛茨:《加拿大的慈善规范实践》，载民政部法制办公室编:《中国慈善立法国际研讨会论文集》，中国社会出版社2007年版，第83~97页。

[2] 参见杨解朴:《德国民间组织：发展状况与社会功能》，载黄晓勇主编:《中国民间组织报告》（2011—2012），社会科学文献出版社2012年版，第257~260页。

第三节 比较和启示

一、比较

(一) 中国慈善事业监管体制的特点

1. 双重管理体制向直接登记制转型。在很长的一段时间内,中国对慈善组织实行双重管理制度,对慈善组织的成立有严格的规定,慈善组织作为非营利组织的一种,它的法人资格的取得相对比较难。除了业务主管单位的挂靠外,政府对慈善组织的资金和人数的门槛也有一定的要求。十八大和十八届三中全会作出了改革社会组织登记管理体制的决定,公益慈善类社会组织可以直接登记,中国《慈善法》则从法律上明确了慈善组织直接登记制度,有利于推动慈善组织的发展。

2. 民政部门主管和相关部门多主体监管模式。中国《慈善法》颁布之前,政府对慈善组织的监管主要是行政监督,采用多主体模式。民政部门,业务主管部单位,以及审计部门、税务部门、财政部门等都对慈善组织负有监督责任。民政部门承担依法登记管理和依法监督职责,业务主管单位负责对慈善组织的业务指导和具体的日常管理,税务部门、财政部门和审计部门重点监督慈善组织的财务状况。这种多部门分工管理模式在理论设计上非常周到,在实践上也确实能够在一定程度上对慈善组织的日常管理发挥一定的监督作用。但是由于法律法规对各部门监管职责仅有原则性的规定,所以各部门在履行职责时随意性较大,在有些情况下起不到监管之责。《慈善法》明确赋予民政部门主管慈善事业的职责,改变了以往多主体共管但没有主管部门之分的弊病,必将对慈善组织和慈善活动起到良好的监管作用。

3. 中国慈善事业的整体性、综合性监管体制机制正在构建过程中。为促进慈善事业的发展，提高慈善事业的公信力，政府近年来致力于构建包括行政监管、行业自律、慈善组织内部治理和社会监督在内的整体性监管体制，《国务院关于促进慈善事业健康发展的指导意见》提出加强对慈善组织和慈善活动的监督管理，《慈善法》第 10 章也对慈善监督管理作出了规定。但是，中国现代慈善事业发展的历史较短，很长的一段时间内政策法规体系不够健全，《慈善法》施行 3 年，相关的配套法规政策还不完善，导致监督管理措施不够完善、慈善活动不够规范，影响了慈善事业的健康发展。

（二）发达国家慈善事业监管体制的特点

1. 外国慈善立法有集中立法和分散立法两种模式。如前文所述，从慈善立法模式上看，外国一般采用集中立法和分散立法两种模式。采取集中立法模式制定专门的慈善法，可以统一规范慈善组织。如在慈善组织的登记注册和监督管理方面，在专门的慈善法中以专章规范。英国慈善法全面规定关于慈善组织和慈善活动的各项基本制度，具有慈善组织基本法的地位。英国就在慈善法这个统一的法律框架下对各种类型的慈善组织进行统一的监管，设有专门的慈善委员会统一行使慈善组织的监管职能。分散立法模式将有关慈善组织法律制度分散在不同的单行法中，每一个单行法只规定慈善组织的某个制度，多部法律的集合构成完整的慈善组织法律制度。分散立法模式具有针对性强的特点，而且立法难度小。美国、加拿大和德国慈善事业监管所依据的是从宪法、税法、非营利组织法、民法典、社团法到相关专门法规和地方法规的完善的法律体系，通过严密规范的法律制度区分不同的民间组织并规定了相应的制度框架。

2. 发达国家慈善组织行政监管模式类型多样。外国慈善事业监管模式不尽相同。肯尼斯·蒂博（Kenneth Dibble）指出："主权国家采用各种模式来监管非政府组织受到诸多因素的影响。根据不同的宪法及其在文化、社会和经济方面的特点，每个国家都将形成其独有的界定、登记、支持及监督非政府组织的机制。"[1] 然而，从慈善组织监管机构或部门的性质和职能来看，各个国家对慈善组织进行监管的模式大体上可以划分为以下三种类型：

（1）独立机构集中监管。集中监管模式是该国已经建立了一个或者几个专门的慈善组织监管部门，并由这个部门对慈善组织的登记、财产以及日常重大事务实施统一监督和管理。集中监管模式的建立是出于对慈善组织管理自身分权的考虑，慈善组织不管从事何种业务内容，也不管采用什么形式，一般均会涉及登记注册、财政税收以及重大行为变动等问题，这些问题分别由不同的部门来实施管理，构成了目前集中监管模式的基本特点。实行集中监管模式的典型国家是英国，负责慈善组织统一监管的组织是英国慈善委员会。英国慈善委员会负责对英国慈善组织实施登记、监督、年检，甚至可以对慈善组织的内部要员进行撤换。英国慈善委员会总部设在伦敦，并在利物浦、汤顿和纽波特等地设有分支机构。英国慈善委员会对慈善组织的监管既不分级别，也不分地区，慈善组织在哪里注册登记，就接受设在哪里的慈善委员会监管。这种监管模式的优势

---

[1] 参见［英］肯尼斯·蒂博：《慈善团体与非政府组织的国际规管框架》，载民政部法制办公室编：《中国慈善立法国际研讨会论文集》，中国社会出版社2007年版，第119页。

在于：在统一实体和程序下对不同行业、不同形式的慈善组织统一对待，有利于各类组织公平竞争和发展；主管机构统一协调管理，有利于提高慈善组织监管的效率。其劣势在于专门部门实施的统一管理可能会增加国家的财政开支和负担；也可能抹杀不同行业和性质的慈善组织的差别，阻碍其成立和发展。

（2）多部门综合统一监管。目前大部分国家采用综合统一监管模式。在美国，公共慈善机构、私立基金会等慈善组织的审批与登记注册部门分别为州务卿办公室和司法局；其免税以及税收监管权在州和联邦国税局；而在绝大多数州，首席检察官有权监督和管理慈善组织，慈善组织必须按照法律规定经常性地报告其业务活动情况和财务状况，甚至有些首席检察官还有权查阅慈善组织的账簿和记录。而且在美国，慈善组织的管理分为联邦和州两个层面，联邦主要由国税局负责组织财务税收监管，州则负责组织的注册、募款、财务等各种事务的管理。加拿大慈善组织的管理与美国十分接近，只不过具体名称和法律依据有所差别而已。

（3）分行业和领域单独监管。分行业和领域单独监管模式是根据慈善组织所从事业务的行业性质，对慈善组织的活动分别实施监督管理。在这种监管模式下，慈善组织的监管权分别由不同的对口业务部门实施，例如，在德国巴伐利亚州，根据德国《巴伐利亚州财团法》第6条和第18条，该州财团监督机关是各级政府。州科研艺术部，负责以科学、研究、艺术、文物保护或民俗风情保护为目的之财团；州文教部，负责以宗教、教育、课程、教养或者体育运动为目的之财团；州内务部，负责所有的其他财团。[1] 分行业单独监管模式建立在对不同行业和性质的慈善组织实施归口管理的基础上。这种监管模式的优势在于：分行业管理有利于提高管理的效能；与综合统一管理相比，归口分别管理较大地分散、减轻了管理部门的负担。同样，这种管理模式也存在诸多诟病：在分散多头监管模式下，监管所适用的高层次法律可能是一致的，但各部门的具体监管标准、监管程序在内容和宽松程度等方面则存在较大不同，客观上会造成一国或者一地区范围内的慈善组织组织和运行待遇的差异。此外，慈善组织所从事的行业范围千差万别，重叠交织，极大地冲击着政府主管部门的有限性。[2]

3. 慈善组织准入监管：登记许可制和登记备案制。通过对外国慈善组织的准入制度进行考察，慈善组织的准入模式主要有登记许可制、登记备案制两类。登记许可制是指慈善组织的设立必须取得登记机关的许可，否则该组织的合法性将受到质疑。德国对慈善组织的设立实行登记许可制，慈善组织需向行政机关递交申请，由有关行政机关依据法律规定的条件，对申请者的资质条件进行审查，决定是否准予其许可。在德国，法律规定慈善组织要满足一定的条件，需要向法院提出登记申请，由法院审核是否准予成立。经法院审核批准成立后，慈善组织具有法人身份，也具有法人的权利义务，慈善组织可以从银行贷款，可以雇用工作人员。根据德国相关法律规定，慈善组织的成立必须满足有具体的结社目的、慈善组织的名称、组织章程、固定住所等条件，而且慈善组织的成员人数不得少于7人。

---

[1] 参见金锦萍、葛云松主编：《外国非营利组织法译汇》，北京大学出版社2006年版，第123、126页。

[2] 参见杨道波：《公益性社会组织约束机制研究》，中国社会科学出版社2011年版，第166~171页。

具备了上述条件,法院将赋予"注册慈善组织"资格,并在报纸上公布慈善组织的登记号、名称和场所等相关信息。[1]

登记备案制是指登记不是慈善组织合法成立的条件,但是否登记是慈善组织能否享受各种优待政策的条件。如英国采取的是适度宽松的注册登记制度。英国2011年《慈善法》规定,年收入超过5000英镑的慈善组织必须在慈善委员会登记。也就是说对于那些年收入少于5000英镑的慈善组织可以选择不办理登记,这是考虑到小规模慈善组织办理登记比较困难,为促进小规模慈善组织发展,允许其不办理登记手续。英国的这种"抓大放小"的适度宽松的注册登记制度,不仅有利于小型慈善组织的自由发展,还有利于慈善委员会将监管重点放在规模较大的慈善组织上。加拿大的做法与之类似,加拿大法律没有规定慈善组织的强制登记制度,但如果要成立公司性质的慈善基金会,必须向政府负责登记的部门提出登记申请,已经登记的慈善组织可以向加拿大联邦税务局申请税收优惠。登记许可制与登记备案制相比较更为严格,前者登记是慈善组织合法存在的前置条件,后者登记是慈善组织享受各种优待政策的条件。前者对慈善组织的准入采取严格的限制态度,后者则相对宽松,前者是行政许可,后者是备案。从促进慈善组织发展的角度考虑,登记备案制更为适宜。[2]

二、启示

由于各国国情不同,采取的监管体制也不同,英国、美国、

---

[1] 参见冯英等编著:《外国的慈善组织》,中国社会出版社2008年版,第76页。
[2] 参见崔冬:《慈善组织行政规制研究》,吉林大学2015年博士学位论文,第138~159页。

加拿大和德国的模式各不相同，有自身独特的监管模式。但相比较而言，也呈现出了一些共同的趋势和可资借鉴的宝贵经验。

（一）根据中国国情，各部门协同，建立完善的慈善事业监管体制

任何行政管理和监督体制的构建都必须考虑其所处的社会生态环境。由于在政治体制、经济水平、文化传统、法律传统等方面存在许多差异，各国慈善监管体制并不相同，但都结合本国传统并审慎地考虑本国政治、经济、社会环境的特殊性。中国要根据自己的国情，建设有中国特色的慈善事业监管体制，要在慈善事业的发展中及时总结经验教训，严格贯彻《慈善法》，加强调查研究，制定和修订慈善监管法规政策，使慈善监管有法可依，有法必依，执法必严，违法必究。民政部门要严格执行慈善组织年检制度、年报制度和评估制度。要围绕慈善组织、募捐、捐赠、财产管理和使用、慈善服务、信息公开等内容，建立健全并落实日常监督检查制度、重大慈善项目专项检查制度、慈善组织及其负责人信用记录制度，并依法对违法违规行为进行处罚。财政、税务部门要依法对慈善组织的财务会计、享受税收优惠和使用公益事业捐赠统一票据等情况进行监督管理。其他有关政府部门要在各自职责范围内对慈善组织和慈善活动进行监督管理。

（二）政府监管从直接行政干预转变为通过经济、法律手段间接干预

慈善事业的发展需要政府担当组织者、资源提供者和监督管理者的角色，但政府不能过多干预慈善组织及慈善事业的具体运作。从制度的执行成本来看，政府部门的监督成本最高。当监管成本大于监管收益的时候，监管行为本身就变成了不划算的事情。所以在监督体系中政府的角色应该从直接行政干预

转变为通过经济、法律手段进行间接干预。[1] 例如,从税法的角度对作为税收优惠主体的慈善组织进行严格界定,对其非营利收入进行税收减免,对其从事与宗旨无关的商业活动收入进行征税,对向慈善组织捐赠的单位与个人给予所得税优惠等。

(三) 构建制度化的内部监督机制

慈善组织内部监督机制是指慈善组织在做出具体行为之后,由慈善组织的内部监督机构就该行为在程序、效果等问题作出评价的制度。[2] 建立一套自律规范并保证真正贯彻落实内部监督机制,是保证慈善组织永葆活力的重要一环。构建制度化的内部监督机制要求从业人员具有高度的献身精神和责任心,要辅之以健全的信息公开制度。"阳光是最好的防腐剂",将相关信息公开披露,增强慈善组织运作的透明性,加强社会公众的监督,有助于达到善款善用的目标,同时提高慈善组织的公信力,促进公民对慈善事业的信任和热情,降低法律监管的成本。

(四) 进行慈善意识宣传,让更多的公众参与慈善监督

虽然中国相关法律法规对社会监督作了法律上的保证,但在现实生活中,公众主动对慈善组织进行监督的行为相当少;而当他们的监督权被慈善组织拒绝时的维权则更少。在建立和健全慈善事业监督体系的过程中,很重要的一点就是要唤醒广大公众的慈善意识和社会监督意识,让越来越多的人具有"善心""爱心"和"同情心",让更多的有心人加入到对慈善组织

---

[1] 参见姚俭建、黄丹:《关于构筑中国特色慈善事业监督体系的思考》,载《社会科学》2004年第10期。

[2] 参见陈东利:《论中国慈善组织的公信力危机与路径选择》,载《河北师范大学学报(哲学社会科学版)》2012年第1期。

社会监督队伍中来。[1]

（五）大力发展专业化的慈善行业自律组织

美国慈善事业健康发展表明，诸如美国基金会理事会、美国全国慈善信息局等组织机构在其慈善事业监督体系中发挥极其重要的作用。这些监督和评估组织不仅对慈善组织的工作绩效作出公正的评价，还能为社会公众选择慈善组织进行捐赠提供信息。这种组织方式非常值得我们学习和借鉴。要严格贯彻《慈善法》，建立各级慈善行业自律组织，并为这些组织的发展提供必要的经济支持和组织保证。同时，行业自律组织要进一步加强能力建设，强化社会责任感，切实履行信息咨询和社会监督职能。[2] 要推动建立慈善领域联合型、行业性组织，建立健全行业标准和行为准则，增强行业自我约束、自我管理、自我监督能力。鼓励第三方专业机构根据民政部门委托，按照民政部门制定的评估规程和评估指标，对慈善组织开展评估。相关政府部门要将评估结果作为政府购买服务、评选表彰的参考依据。在这方面，广州首创慈善组织第三方监督机制的做法值得推广。2013年广州在全国首创慈善组织第三方监督机制，成立了广州慈善组织社会监督委员会，履行第三方监督职责，工作为志愿性质，不因履职领取任何工作报酬。[3]

---

[1] 参见姚俭建、黄丹：《关于构筑中国特色慈善事业监督体系的思考》，载《社会科学》2004年第10期。

[2] 参见姚俭建、黄丹：《关于构筑中国特色慈善事业监督体系的思考》，载《社会科学》2004年第10期。

[3] 参见赖雨晨：《广州首创慈善组织第三方监督机制》，载《新华每日电讯》2013年6月22日，第2版。

（六）加强社会监督，发挥新媒体及网络监督的作用，及时应对和处理慈善网络爆料

畅通社会公众对慈善活动中不良行为的投诉举报渠道，任何单位或个人发现任何组织或个人在慈善活动中有违法违规行为的，可以向该组织或个人所属的慈善领域联合性、行业性组织投诉，或向民政部门及其他政府部门举报。相关行业性组织要依据行业自律规则，在职责范围内及时协调处理投诉事宜。相关政府部门要在各自职责范围内及时调查核实，情况属实的要依法查处。切实保障捐赠人对捐赠财产使用情况的监督权利，捐赠人对慈善组织、其他受赠主体和受益人使用捐赠财产持有异议的，除向有关方面投诉举报外，还可以依法向人民法院提起诉讼。支持新闻媒体对慈善组织、慈善活动进行监督，对违法违规及不良现象和行为进行曝光，充分发挥舆论监督作用。当前特别要加强对新媒体及网络监督的引导，慈善事业中的各个主体，一方面要懂得如何运用新媒体和网络树立自身的积极形象；另一方面要及时掌握新媒体环境下慈善网络监督的动向，针对网络监督提出的各种问题及时加以研究和解决。政府有关部门要加强联合，建立类似于自然灾害和突发事件的即时通报和应对机制，及时针对慈善网络爆料展开调查，及时主动发布调查结论，主动澄清事实，加强与公众互动，体现政府的公信力，最终赢得公众对慈善组织或慈善事业的信任，推动慈善事业的发展。[1]

（七）公开监督管理信息

各级民政部门要及时通过"慈善中国"等信息平台向社会

---

〔1〕 参见陈为雷、毕宪顺：《美国慈善事业监管体制及其对中国的启示》，载《东岳论丛》2015年第7期。

公开慈善事业发展和慈善组织、慈善活动相关信息，具体包括各类慈善组织名单及其设立、变更、评估、年检、注销、撤销登记信息和政府扶持鼓励政策措施、购买社会组织服务信息、受奖励及处罚信息、本行政区域慈善事业发展年度统计信息以及依法应当公开的其他信息。

（八）建立健全责任追究制度

民政部门作为慈善工作主管部门，要会同有关部门建立健全责任追究制度。对慈善组织按照"谁登记、谁管理"的原则，由批准登记的民政部门会同有关部门对其违规开展募捐活动、违反约定使用捐赠款物、拒不履行信息公开责任、资助或从事危害国家安全和公共利益活动等违法违规行为依法进行查处；对慈善组织或其负责人的负面信用记录，要予以曝光。对于其他社会组织和个人，要按照属地管辖的原则，由所在地的民政部门会同有关部门对其以慈善为名组织实施的违反法律法规、违背公序良俗的行为和无正当理由拒不兑现或不完全兑现捐赠承诺、以诽谤造谣等方式损害慈善组织及其从业人员声誉等其他违法违规行为依法及时查处。对政府有关部门及其工作人员滥用职权、徇私舞弊或者玩忽职守、敷衍塞责造成严重后果的，要依法追究责任。

附录一

中华人民共和国慈善法

(2016年3月16日第十二届全国人民代表大会第四次会议通过)

目 录

第一章 总 则
第二章 慈善组织
第三章 慈善募捐
第四章 慈善捐赠
第五章 慈善信托
第六章 慈善财产
第七章 慈善服务
第八章 信息公开
第九章 促进措施
第十章 监督管理
第十一章 法律责任
第十二章 附 则

第一章 总 则

第一条 为了发展慈善事业,弘扬慈善文化,规范慈善活动,保护慈善组织、捐赠人、志愿者、受益人等慈善活动参与者的合法权益,促进社会进步,共享发展成果,制定本法。

第二条 自然人、法人和其他组织开展慈善活动以及与慈善有关的活动，适用本法。其他法律有特别规定的，依照其规定。

第三条 本法所称慈善活动，是指自然人、法人和其他组织以捐赠财产或者提供服务等方式，自愿开展的下列公益活动：

（一）扶贫、济困；

（二）扶老、救孤、恤病、助残、优抚；

（三）救助自然灾害、事故灾难和公共卫生事件等突发事件造成的损害；

（四）促进教育、科学、文化、卫生、体育等事业的发展；

（五）防治污染和其他公害，保护和改善生态环境；

（六）符合本法规定的其他公益活动。

第四条 开展慈善活动，应当遵循合法、自愿、诚信、非营利的原则，不得违背社会公德，不得危害国家安全、损害社会公共利益和他人合法权益。

第五条 国家鼓励和支持自然人、法人和其他组织践行社会主义核心价值观，弘扬中华民族传统美德，依法开展慈善活动。

第六条 国务院民政部门主管全国慈善工作，县级以上地方各级人民政府民政部门主管本行政区域内的慈善工作；县级以上人民政府有关部门依照本法和其他有关法律法规，在各自的职责范围内做好相关工作。

第七条 每年9月5日为"中华慈善日"。

第二章 慈善组织

第八条 本法所称慈善组织，是指依法成立、符合本法规定，以面向社会开展慈善活动为宗旨的非营利性组织。

慈善组织可以采取基金会、社会团体、社会服务机构等组织形式。

第九条 慈善组织应当符合下列条件：

（一）以开展慈善活动为宗旨；

（二）不以营利为目的；

（三）有自己的名称和住所；

（四）有组织章程；

（五）有必要的财产；

（六）有符合条件的组织机构和负责人；

（七）法律、行政法规规定的其他条件。

第十条 设立慈善组织，应当向县级以上人民政府民政部门申请登记，民政部门应当自受理申请之日起三十日内作出决定。符合本法规定条件的，准予登记并向社会公告；不符合本法规定条件的，不予登记并书面说明理由。

本法公布前已经设立的基金会、社会团体、社会服务机构等非营利性组织，可以向其登记的民政部门申请认定为慈善组织，民政部门应当自受理申请之日起二十日内作出决定。符合慈善组织条件的，予以认定并向社会公告；不符合慈善组织条件的，不予认定并书面说明理由。

有特殊情况需要延长登记或者认定期限的，报经国务院民政部门批准，可以适当延长，但延长的期限不得超过六十日。

第十一条 慈善组织的章程，应当符合法律法规的规定，并载明下列事项：

（一）名称和住所；

（二）组织形式；

（三）宗旨和活动范围；

（四）财产来源及构成；

（五）决策、执行机构的组成及职责；

（六）内部监督机制；

（七）财产管理使用制度；

（八）项目管理制度；

（九）终止情形及终止后的清算办法；

（十）其他重要事项。

第十二条 慈善组织应当根据法律法规以及章程的规定，建立健全内部治理结构，明确决策、执行、监督等方面的职责权限，开展慈善活动。

慈善组织应当执行国家统一的会计制度，依法进行会计核算，建立健全会计监督制度，并接受政府有关部门的监督管理。

第十三条 慈善组织应当每年向其登记的民政部门报送年度工作报告和财务会计报告。报告应当包括年度开展募捐和接受捐赠情况、慈善财产的管理使用情况、慈善项目实施情况以及慈善组织工作人员的工资福利情况。

第十四条 慈善组织的发起人、主要捐赠人以及管理人员，不得利用其关联关系损害慈善组织、受益人的利益和社会公共利益。

慈善组织的发起人、主要捐赠人以及管理人员与慈善组织发生交易行为的，不得参与慈善组织有关该交易行为的决策，有关交易情况应当向社会公开。

第十五条 慈善组织不得从事、资助危害国家安全和社会公共利益的活动，不得接受附加违反法律法规和违背社会公德条件的捐赠，不得对受益人附加违反法律法规和违背社会公德的条件。

第十六条 有下列情形之一的，不得担任慈善组织的负责人：

（一）无民事行为能力或者限制民事行为能力的；

（二）因故意犯罪被判处刑罚，自刑罚执行完毕之日起未逾五年的；

（三）在被吊销登记证书或者被取缔的组织担任负责人，自该组织被吊销登记证书或者被取缔之日起未逾五年的；

（四）法律、行政法规规定的其他情形。

第十七条 慈善组织有下列情形之一的，应当终止：

（一）出现章程规定的终止情形的；

（二）因分立、合并需要终止的；

（三）连续二年未从事慈善活动的；

（四）依法被撤销登记或者吊销登记证书的；

（五）法律、行政法规规定应当终止的其他情形。

第十八条 慈善组织终止，应当进行清算。

慈善组织的决策机构应当在本法第十七条规定的终止情形出现之日起三十日内成立清算组进行清算，并向社会公告。不成立清算组或者清算组不履行职责的，民政部门可以申请人民法院指定有关人员组成清算组进行清算。

慈善组织清算后的剩余财产，应当按照慈善组织章程的规定转给宗旨相同或者相近的慈善组织；章程未规定的，由民政部门主持转给宗旨相同或者相近的慈善组织，并向社会公告。

慈善组织清算结束后，应当向其登记的民政部门办理注销登记，并由民政部门向社会公告。

第十九条 慈善组织依法成立行业组织。

慈善行业组织应当反映行业诉求，推动行业交流，提高慈善行业公信力，促进慈善事业发展。

第二十条 慈善组织的组织形式、登记管理的具体办法由国务院制定。

第三章 慈善募捐

第二十一条 本法所称慈善募捐，是指慈善组织基于慈善宗旨募集财产的活动。

慈善募捐，包括面向社会公众的公开募捐和面向特定对象的定向募捐。

第二十二条　慈善组织开展公开募捐，应当取得公开募捐资格。依法登记满二年的慈善组织，可以向其登记的民政部门申请公开募捐资格。民政部门应当自受理申请之日起二十日内作出决定。慈善组织符合内部治理结构健全、运作规范的条件的，发给公开募捐资格证书；不符合条件的，不发给公开募捐资格证书并书面说明理由。

法律、行政法规规定自登记之日起可以公开募捐的基金会和社会团体，由民政部门直接发给公开募捐资格证书。

第二十三条　开展公开募捐，可以采取下列方式：

（一）在公共场所设置募捐箱；

（二）举办面向社会公众的义演、义赛、义卖、义展、义拍、慈善晚会等；

（三）通过广播、电视、报刊、互联网等媒体发布募捐信息；

（四）其他公开募捐方式。

慈善组织采取前款第一项、第二项规定的方式开展公开募捐的，应当在其登记的民政部门管辖区域内进行，确有必要在其登记的民政部门管辖区域外进行的，应当报其开展募捐活动所在地的县级以上人民政府民政部门备案。捐赠人的捐赠行为不受地域限制。

慈善组织通过互联网开展公开募捐的，应当在国务院民政部门统一或者指定的慈善信息平台发布募捐信息，并可以同时在其网站发布募捐信息。

第二十四条　开展公开募捐，应当制定募捐方案。募捐方案包括募捐目的、起止时间和地域、活动负责人姓名和办公地址、接受捐赠方式、银行账户、受益人、募得款物用途、募捐成本、剩余财产的处理等。

募捐方案应当在开展募捐活动前报慈善组织登记的民政部门

备案。

第二十五条　开展公开募捐，应当在募捐活动现场或者募捐活动载体的显著位置，公布募捐组织名称、公开募捐资格证书、募捐方案、联系方式、募捐信息查询方法等。

第二十六条　不具有公开募捐资格的组织或者个人基于慈善目的，可以与具有公开募捐资格的慈善组织合作，由该慈善组织开展公开募捐并管理募得款物。

第二十七条　广播、电视、报刊以及网络服务提供者、电信运营商，应当对利用其平台开展公开募捐的慈善组织的登记证书、公开募捐资格证书进行验证。

第二十八条　慈善组织自登记之日起可以开展定向募捐。

慈善组织开展定向募捐，应当在发起人、理事会成员和会员等特定对象的范围内进行，并向募捐对象说明募捐目的、募得款物用途等事项。

第二十九条　开展定向募捐，不得采取或者变相采取本法第二十三条规定的方式。

第三十条　发生重大自然灾害、事故灾难和公共卫生事件等突发事件，需要迅速开展救助时，有关人民政府应当建立协调机制，提供需求信息，及时有序引导开展募捐和救助活动。

第三十一条　开展募捐活动，应当尊重和维护募捐对象的合法权益，保障募捐对象的知情权，不得通过虚构事实等方式欺骗、诱导募捐对象实施捐赠。

第三十二条　开展募捐活动，不得摊派或者变相摊派，不得妨碍公共秩序、企业生产经营和居民生活。

第三十三条　禁止任何组织或者个人假借慈善名义或者假冒慈善组织开展募捐活动，骗取财产。

第四章 慈善捐赠

第三十四条 本法所称慈善捐赠，是指自然人、法人和其他组织基于慈善目的，自愿、无偿赠与财产的活动。

第三十五条 捐赠人可以通过慈善组织捐赠，也可以直接向受益人捐赠。

第三十六条 捐赠人捐赠的财产应当是其有权处分的合法财产。捐赠财产包括货币、实物、房屋、有价证券、股权、知识产权等有形和无形财产。

捐赠人捐赠的实物应当具有使用价值，符合安全、卫生、环保等标准。

捐赠人捐赠本企业产品的，应当依法承担产品质量责任和义务。

第三十七条 自然人、法人和其他组织开展演出、比赛、销售、拍卖等经营性活动，承诺将全部或者部分所得用于慈善目的的，应当在举办活动前与慈善组织或者其他接受捐赠的人签订捐赠协议，活动结束后按照捐赠协议履行捐赠义务，并将捐赠情况向社会公开。

第三十八条 慈善组织接受捐赠，应当向捐赠人开具由财政部门统一监（印）制的捐赠票据。捐赠票据应当载明捐赠人、捐赠财产的种类及数量、慈善组织名称和经办人姓名、票据日期等。捐赠人匿名或者放弃接受捐赠票据的，慈善组织应当做好相关记录。

第三十九条 慈善组织接受捐赠，捐赠人要求签订书面捐赠协议的，慈善组织应当与捐赠人签订书面捐赠协议。

书面捐赠协议包括捐赠人和慈善组织名称，捐赠财产的种类、数量、质量、用途、交付时间等内容。

第四十条 捐赠人与慈善组织约定捐赠财产的用途和受益人

时,不得指定捐赠人的利害关系人作为受益人。

任何组织和个人不得利用慈善捐赠违反法律规定宣传烟草制品,不得利用慈善捐赠以任何方式宣传法律禁止宣传的产品和事项。

第四十一条 捐赠人应当按照捐赠协议履行捐赠义务。捐赠人违反捐赠协议逾期未交付捐赠财产,有下列情形之一的,慈善组织或者其他接受捐赠的人可以要求交付;捐赠人拒不交付的,慈善组织和其他接受捐赠的人可以依法向人民法院申请支付令或者提起诉讼:

(一)捐赠人通过广播、电视、报刊、互联网等媒体公开承诺捐赠的;

(二)捐赠财产用于本法第三条第一项至第三项规定的慈善活动,并签订书面捐赠协议的。

捐赠人公开承诺捐赠或者签订书面捐赠协议后经济状况显著恶化,严重影响其生产经营或者家庭生活的,经向公开承诺捐赠地或者书面捐赠协议签订地的民政部门报告并向社会公开说明情况后,可以不再履行捐赠义务。

第四十二条 捐赠人有权查询、复制其捐赠财产管理使用的有关资料,慈善组织应当及时主动向捐赠人反馈有关情况。

慈善组织违反捐赠协议约定的用途,滥用捐赠财产的,捐赠人有权要求其改正;拒不改正的,捐赠人可以向民政部门投诉、举报或者向人民法院提起诉讼。

第四十三条 国有企业实施慈善捐赠应当遵守有关国有资产管理的规定,履行批准和备案程序。

第五章 慈善信托

第四十四条 本法所称慈善信托属于公益信托,是指委托人基于慈善目的，依法将其财产委托给受托人，由受托人按照委托人意愿以受托人名义进行管理和处分，开展慈善活动的行为。

第四十五条　设立慈善信托、确定受托人和监察人，应当采取书面形式。受托人应当在慈善信托文件签订之日起七日内，将相关文件向受托人所在地县级以上人民政府民政部门备案。

未按照前款规定将相关文件报民政部门备案的，不享受税收优惠。

第四十六条　慈善信托的受托人，可以由委托人确定其信赖的慈善组织或者信托公司担任。

第四十七条　慈善信托的受托人违反信托义务或者难以履行职责的，委托人可以变更受托人。变更后的受托人应当自变更之日起七日内，将变更情况报原备案的民政部门重新备案。

第四十八条　慈善信托的受托人管理和处分信托财产，应当按照信托目的，恪尽职守，履行诚信、谨慎管理的义务。

慈善信托的受托人应当根据信托文件和委托人的要求，及时向委托人报告信托事务处理情况、信托财产管理使用情况。慈善信托的受托人应当每年至少一次将信托事务处理情况及财务状况向其备案的民政部门报告，并向社会公开。

第四十九条　慈善信托的委托人根据需要，可以确定信托监察人。

信托监察人对受托人的行为进行监督，依法维护委托人和受益人的权益。信托监察人发现受托人违反信托义务或者难以履行职责的，应当向委托人报告，并有权以自己的名义向人民法院提起诉讼。

第五十条　慈善信托的设立、信托财产的管理、信托当事人、信托的终止和清算等事项，本章未规定的，适用本法其他有关规定；本法未规定的，适用《中华人民共和国信托法》的有关规定。

第六章　慈善财产

第五十一条　慈善组织的财产包括：

（一）发起人捐赠、资助的创始财产；

（二）募集的财产；

（三）其他合法财产。

第五十二条　慈善组织的财产应当根据章程和捐赠协议的规定全部用于慈善目的，不得在发起人、捐赠人以及慈善组织成员中分配。

任何组织和个人不得私分、挪用、截留或者侵占慈善财产。

第五十三条　慈善组织对募集的财产，应当登记造册，严格管理，专款专用。

捐赠人捐赠的实物不易储存、运输或者难以直接用于慈善目的的，慈善组织可以依法拍卖或者变卖，所得收入扣除必要费用后，应当全部用于慈善目的。

第五十四条　慈善组织为实现财产保值、增值进行投资的，应当遵循合法、安全、有效的原则，投资取得的收益应当全部用于慈善目的。慈善组织的重大投资方案应当经决策机构组成人员三分之二以上同意。政府资助的财产和捐赠协议约定不得投资的财产，不得用于投资。慈善组织的负责人和工作人员不得在慈善组织投资的企业兼职或者领取报酬。

前款规定事项的具体办法，由国务院民政部门制定。

第五十五条　慈善组织开展慈善活动，应当依照法律法规和章程的规定，按照募捐方案或者捐赠协议使用捐赠财产。慈善组织确需变更募捐方案规定的捐赠财产用途的，应当报民政部门备案；确需变更捐赠协议约定的捐赠财产用途的，应当征得捐赠人同意。

第五十六条　慈善组织应当合理设计慈善项目，优化实施流程，降低运行成本，提高慈善财产使用效益。

慈善组织应当建立项目管理制度，对项目实施情况进行跟踪监督。

第五十七条 慈善项目终止后捐赠财产有剩余的，按照募捐方案或者捐赠协议处理；募捐方案未规定或者捐赠协议未约定的，慈善组织应当将剩余财产用于目的相同或者相近的其他慈善项目，并向社会公开。

第五十八条 慈善组织确定慈善受益人，应当坚持公开、公平、公正的原则，不得指定慈善组织管理人员的利害关系人作为受益人。

第五十九条 慈善组织根据需要可以与受益人签订协议，明确双方权利义务，约定慈善财产的用途、数额和使用方式等内容。

受益人应当珍惜慈善资助，按照协议使用慈善财产。受益人未按照协议使用慈善财产或者有其他严重违反协议情形的，慈善组织有权要求其改正；受益人拒不改正的，慈善组织有权解除协议并要求受益人返还财产。

第六十条 慈善组织应当积极开展慈善活动，充分、高效运用慈善财产，并遵循管理费用最必要原则，厉行节约，减少不必要的开支。慈善组织中具有公开募捐资格的基金会开展慈善活动的年度支出，不得低于上一年总收入的百分之七十或者前三年收入平均数额的百分之七十；年度管理费用不得超过当年总支出的百分之十，特殊情况下，年度管理费用难以符合前述规定的，应当报告其登记的民政部门并向社会公开说明情况。

具有公开募捐资格的基金会以外的慈善组织开展慈善活动的年度支出和管理费用的标准，由国务院民政部门会同国务院财政、税务等部门依照前款规定的原则制定。

捐赠协议对单项捐赠财产的慈善活动支出和管理费用有约定

的，按照其约定。

第七章 慈善服务

第六十一条 本法所称慈善服务，是指慈善组织和其他组织以及个人基于慈善目的，向社会或者他人提供的志愿无偿服务以及其他非营利服务。

慈善组织开展慈善服务，可以自己提供或者招募志愿者提供，也可以委托有服务专长的其他组织提供。

第六十二条 开展慈善服务，应当尊重受益人、志愿者的人格尊严，不得侵害受益人、志愿者的隐私。

第六十三条 开展医疗康复、教育培训等慈善服务，需要专门技能的，应当执行国家或者行业组织制定的标准和规程。

慈善组织招募志愿者参与慈善服务，需要专门技能的，应当对志愿者开展相关培训。

第六十四条 慈善组织招募志愿者参与慈善服务，应当公示与慈善服务有关的全部信息，告知服务过程中可能发生的风险。

慈善组织根据需要可以与志愿者签订协议，明确双方权利义务，约定服务的内容、方式和时间等。

第六十五条 慈善组织应当对志愿者实名登记，记录志愿者的服务时间、内容、评价等信息。根据志愿者的要求，慈善组织应当无偿、如实出具志愿服务记录证明。

第六十六条 慈善组织安排志愿者参与慈善服务，应当与志愿者的年龄、文化程度、技能和身体状况相适应。

第六十七条 志愿者接受慈善组织安排参与慈善服务的，应当服从管理，接受必要的培训。

第六十八条 慈善组织应当为志愿者参与慈善服务提供必要条件，保障志愿者的合法权益。

慈善组织安排志愿者参与可能发生人身危险的慈善服务前,应当为志愿者购买相应的人身意外伤害保险。

第八章 信息公开

第六十九条 县级以上人民政府建立健全慈善信息统计和发布制度。

县级以上人民政府民政部门应当在统一的信息平台,及时向社会公开慈善信息,并免费提供慈善信息发布服务。

慈善组织和慈善信托的受托人应当在前款规定的平台发布慈善信息,并对信息的真实性负责。

第七十条 县级以上人民政府民政部门和其他有关部门应当及时向社会公开下列慈善信息:

(一)慈善组织登记事项;

(二)慈善信托备案事项;

(三)具有公开募捐资格的慈善组织名单;

(四)具有出具公益性捐赠税前扣除票据资格的慈善组织名单;

(五)对慈善活动的税收优惠、资助补贴等促进措施;

(六)向慈善组织购买服务的信息;

(七)对慈善组织、慈善信托开展检查、评估的结果;

(八)对慈善组织和其他组织以及个人的表彰、处罚结果;

(九)法律法规规定应当公开的其他信息。

第七十一条 慈善组织、慈善信托的受托人应当依法履行信息公开义务。信息公开应当真实、完整、及时。

第七十二条 慈善组织应当向社会公开组织章程和决策、执行、监督机构成员信息以及国务院民政部门要求公开的其他信息。上述信息有重大变更的,慈善组织应当及时向社会公开。

慈善组织应当每年向社会公开其年度工作报告和财务会计报

告。具有公开募捐资格的慈善组织的财务会计报告须经审计。

第七十三条 具有公开募捐资格的慈善组织应当定期向社会公开其募捐情况和慈善项目实施情况。

公开募捐周期超过六个月的，至少每三个月公开一次募捐情况，公开募捐活动结束后三个月内应当全面公开募捐情况。

慈善项目实施周期超过六个月的，至少每三个月公开一次项目实施情况，项目结束后三个月内应当全面公开项目实施情况和募得款物使用情况。

第七十四条 慈善组织开展定向募捐的，应当及时向捐赠人告知募捐情况、募得款物的管理使用情况。

第七十五条 慈善组织、慈善信托的受托人应当向受益人告知其资助标准、工作流程和工作规范等信息。

第七十六条 涉及国家秘密、商业秘密、个人隐私的信息以及捐赠人、慈善信托的委托人不同意公开的姓名、名称、住所、通讯方式等信息，不得公开。

第九章　促进措施

第七十七条 县级以上人民政府应当根据经济社会发展情况，制定促进慈善事业发展的政策和措施。

县级以上人民政府有关部门应当在各自职责范围内，向慈善组织、慈善信托受托人等提供慈善需求信息，为慈善活动提供指导和帮助。

第七十八条 县级以上人民政府民政部门应当建立与其他部门之间的慈善信息共享机制。

第七十九条 慈善组织及其取得的收入依法享受税收优惠。

第八十条 自然人、法人和其他组织捐赠财产用于慈善活动的，依法享受税收优惠。企业慈善捐赠支出超过法律规定的准予在计算企业所得税应纳税所得额时当年扣除的部分，允许结转以后三年内在计算应纳税所得额时扣除。

境外捐赠用于慈善活动的物资，依法减征或者免征进口关税和进口环节增值税。

第八十一条 受益人接受慈善捐赠，依法享受税收优惠。

第八十二条 慈善组织、捐赠人、受益人依法享受税收优惠的，有关部门应当及时办理相关手续。

第八十三条 捐赠人向慈善组织捐赠实物、有价证券、股权和知识产权的，依法免征权利转让的相关行政事业性费用。

第八十四条 国家对开展扶贫济困的慈善活动，实行特殊的优惠政策。

第八十五条 慈善组织开展本法第三条第一项、第二项规定的慈善活动需要慈善服务设施用地的，可以依法申请使用国有划拨土地或者农村集体建设用地。慈善服务设施用地非经法定程序不得改变用途。

第八十六条 国家为慈善事业提供金融政策支持，鼓励金融机构为慈善组织、慈善信托提供融资和结算等金融服务。

第八十七条 各级人民政府及其有关部门可以依法通过购买服务等方式，支持符合条件的慈善组织向社会提供服务，并依照有关政府采购的法律法规向社会公开相关情况。

第八十八条 国家采取措施弘扬慈善文化，培育公民慈善意识。

学校等教育机构应当将慈善文化纳入教育教学内容。国家鼓励高等学校培养慈善专业人才，支持高等学校和科研机构开展慈善理论研究。

广播、电视、报刊、互联网等媒体应当积极开展慈善公益宣传活动，普及慈善知识，传播慈善文化。

第八十九条 国家鼓励企业事业单位和其他组织为开展慈善活动提供场所和其他便利条件。

第九十条 经受益人同意,捐赠人对其捐赠的慈善项目可以冠名纪念,法律法规规定需要批准的,从其规定。

第九十一条 国家建立慈善表彰制度,对在慈善事业发展中做出突出贡献的自然人、法人和其他组织,由县级以上人民政府或者有关部门予以表彰。

第十章 监督管理

第九十二条 县级以上人民政府民政部门应当依法履行职责,对慈善活动进行监督检查,对慈善行业组织进行指导。

第九十三条 县级以上人民政府民政部门对涉嫌违反本法规定的慈善组织,有权采取下列措施:

(一)对慈善组织的住所和慈善活动发生地进行现场检查;

(二)要求慈善组织作出说明,查阅、复制有关资料;

(三)向与慈善活动有关的单位和个人调查与监督管理有关的情况;

(四)经本级人民政府批准,可以查询慈善组织的金融账户;

(五)法律、行政法规规定的其他措施。

第九十四条 县级以上人民政府民政部门对慈善组织、有关单位和个人进行检查或者调查时,检查人员或者调查人员不得少于二人,并应当出示合法证件和检查、调查通知书。

第九十五条 县级以上人民政府民政部门应当建立慈善组织及其负责人信用记录制度,并向社会公布。

民政部门应当建立慈善组织评估制度,鼓励和支持第三方机构对慈善组织进行评估,并向社会公布评估结果。

第九十六条 慈善行业组织应当建立健全行业规范,加强行业自律。

第九十七条　任何单位和个人发现慈善组织、慈善信托有违法行为的,可以向民政部门、其他有关部门或者慈善行业组织投诉、举报。民政部门、其他有关部门或者慈善行业组织接到投诉、举报后,应当及时调查处理。

国家鼓励公众、媒体对慈善活动进行监督,对假借慈善名义或者假冒慈善组织骗取财产以及慈善组织、慈善信托的违法违规行为予以曝光,发挥舆论和社会监督作用。

第十一章　法律责任

第九十八条　慈善组织有下列情形之一的,由民政部门责令限期改正;逾期不改正的,吊销登记证书并予以公告:

（一）未按照慈善宗旨开展活动的;

（二）私分、挪用、截留或者侵占慈善财产的;

（三）接受附加违反法律法规或者违背社会公德条件的捐赠,或者对受益人附加违反法律法规或者违背社会公德的条件的。

第九十九条　慈善组织有下列情形之一的,由民政部门予以警告、责令限期改正;逾期不改正的,责令限期停止活动并进行整改:

（一）违反本法第十四条规定造成慈善财产损失的;

（二）将不得用于投资的财产用于投资的;

（三）擅自改变捐赠财产用途的;

（四）开展慈善活动的年度支出或者管理费用的标准违反本法第六十条规定的;

（五）未依法履行信息公开义务的;

（六）未依法报送年度工作报告、财务会计报告或者报备募捐方案的;

（七）泄露捐赠人、志愿者、受益人个人隐私以及捐赠人、慈善信托的委托人不同意公开的姓名、名称、住所、通讯方式等信息的。

慈善组织违反本法规定泄露国家秘密、商业秘密的，依照有关法律的规定予以处罚。

慈善组织有前两款规定的情形，经依法处理后一年内再出现前款规定的情形，或者有其他情节严重情形的，由民政部门吊销登记证书并予以公告。

第一百条 慈善组织有本法第九十八条、第九十九条规定的情形，有违法所得的，由民政部门予以没收；对直接负责的主管人员和其他直接责任人员处二万元以上二十万元以下罚款。

第一百零一条 开展募捐活动有下列情形之一的，由民政部门予以警告、责令停止募捐活动；对违法募集的财产，责令退还捐赠人；难以退还的，由民政部门予以收缴，转给其他慈善组织用于慈善目的；对有关组织或者个人处二万元以上二十万元以下罚款：

（一）不具有公开募捐资格的组织或者个人开展公开募捐的；

（二）通过虚构事实等方式欺骗、诱导募捐对象实施捐赠的；

（三）向单位或者个人摊派或者变相摊派的；

（四）妨碍公共秩序、企业生产经营或者居民生活的。

广播、电视、报刊以及网络服务提供者、电信运营商未履行本法第二十七条规定的验证义务的，由其主管部门予以警告，责令限期改正；逾期不改正的，予以通报批评。

第一百零二条 慈善组织不依法向捐赠人开具捐赠票据、不依法向志愿者出具志愿服务记录证明或者不及时主动向捐赠人反馈有关情况的，由民政部门予以警告，责令限期改正；逾期不改正的，责令限期停止活动。

第一百零三条 慈善组织弄虚作假骗取税收优惠的，由税务机关依法查处；情节严重的，由民政部门吊销登记证书并予以公告。

第一百零四条 慈善组织从事、资助危害国家安全或者社会公共利益活动的，由有关机关依法查处，由民政部门吊销登记证书并予以公告。

第一百零五条 慈善信托的受托人有下列情形之一的，由民政部门予以警告，责令限期改正；有违法所得的，由民政部门予以没收；对直接负责的主管人员和其他直接责任人员处二万元以上二十万元以下罚款：

（一）将信托财产及其收益用于非慈善目的的；

（二）未按照规定将信托事务处理情况及财务状况向民政部门报告或者向社会公开的。

第一百零六条 慈善服务过程中，因慈善组织或者志愿者过错造成受益人、第三人损害的，慈善组织依法承担赔偿责任；损害是由志愿者故意或者重大过失造成的，慈善组织可以向其追偿。

志愿者在参与慈善服务过程中，因慈善组织过错受到损害的，慈善组织依法承担赔偿责任；损害是由不可抗力造成的，慈善组织应当给予适当补偿。

第一百零七条 自然人、法人或者其他组织假借慈善名义或者假冒慈善组织骗取财产的，由公安机关依法查处。

第一百零八条 县级以上人民政府民政部门和其他有关部门及其工作人员有下列情形之一的，由上级机关或者监察机关责令改正；依法应当给予处分的，由任免机关或者监察机关对直接负责的主管人员和其他直接责任人员给予处分：

（一）未依法履行信息公开义务的；

（二）摊派或者变相摊派捐赠任务，强行指定志愿者、慈善组织提供服务的；

（三）未依法履行监督管理职责的；

（四）违法实施行政强制措施和行政处罚的；

（五）私分、挪用、截留或者侵占慈善财产的；

（六）其他滥用职权、玩忽职守、徇私舞弊的行为。

第一百零九条 违反本法规定，构成违反治安管理行为的，由公安机关依法给予治安管理处罚；构成犯罪的，依法追究刑事责任。

第十二章 附 则

第一百一十条 城乡社区组织、单位可以在本社区、单位内部开展群众性互助互济活动。

第一百一十一条 慈善组织以外的其他组织可以开展力所能及的慈善活动。

第一百一十二条 本法自2016年9月1日起施行。

附录二

慈善事业法规与政策一览

类　　别	法规政策名称
法律法规政策	中华人民共和国慈善法
	中华人民共和国公益事业捐赠法
	国务院关于促进慈善事业健康发展的指导意见
	慈善组织保值增值投资活动管理暂行办法
	慈善组织信息公开办法
	关于《慈善组织信息公开办法》的有关问答
	国务院办公厅关于推进社会公益事业建设领域政府信息公开的意见
	关于对慈善捐赠领域相关主体实施守信联合激励和失信联合惩戒的合作备忘录
	救灾捐赠管理办法
慈善组织	民政部《关于慈善组织开展慈善活动年度支出和管理费用的规定》的说明
	关于慈善组织开展慈善活动年度支出和管理费用的规定
	慈善组织认定办法
	民政部关于慈善组织登记等有关问题的通知
	民政部关于促进慈善类民间组织发展的通知

续表

类　　别	法规政策名称
慈善募捐	民政部办公厅关于加强慈善医疗救助活动监管的通知
	民政部、中国红十字会总会关于红十字会开展公开募捐有关问题的通知
	慈善组织公开募捐管理办法
	民政部关于鼓励实施慈善款物募用分离充分发挥不同类型慈善组织积极作用的指导意见
	国家宗教事务局、中共中央统战部、国家发展和改革委员会、民政部、财政部、国家税务总局关于鼓励和规范宗教界从事公益慈善活动的意见
	民政部关于进一步加强社会捐助信息公示工作的指导意见
募捐信息平台	民政部关于指定第二批慈善组织互联网募捐信息平台的公告
	民政部办公厅关于遴选第二批慈善组织互联网公开募捐信息平台的通知
	慈善组织互联网公开募捐信息平台基本技术规范
	慈善组织互联网公开募捐信息平台基本管理规范
	公开募捐平台服务管理办法
	民政部关于指定首批慈善组织互联网募捐信息平台的公告
	民政部办公厅关于遴选慈善组织互联网公开募捐信息平台的通知
慈善信托	慈善信托管理办法
	民政部、中国银行业监督管理委员会关于做好慈善信托备案有关工作的通知

参考文献

一、中文著作

1. 北京师范大学中国慈善事业研究中心:《2001—2011 中国慈善发展指数报告》,北京师范大学出版社 2012 年版。
2. 蔡磊:《非营利组织——基本法律制度研究》,厦门大学出版社 2005 年版。
3. (清)陈宏谋辑:《五种遗规》,中国华侨出版社 2012 年版。
4. (清)陈确:《陈确集》撰,中华书局 1979 年版。
5. 程燕青译注:《颜氏家训·朱子家训》,山西古籍出版社 2004 年版。
6. (宋)程颢、程颐:《二程集》,中华书局 1981 年版。
7. 褚松燕:《中外非政府组织管理体制比较》,国家行政学院出版社 2008 年版。
8. 褚蓥:《美国私有慈善基金会法律制度》,知识产权出版社 2012 年版。
9. 从余选注:《中国历代名门家训》,东方出版中心 1997 年版。
10. 邓国胜主编:《公益慈善概论》,山东人民出版社 2014 年版。
11. 费孝通:《乡土中国 生育制度》,北京大学出版社 1998 年版。
12. 高鉴国主编:《社区工作》,山东人民出版社 2013 年版。
13. 耿云:《国外慈善事业简论》,中国社会出版社 2014 年版。
14. 中国社会工作教育协会组编、关信平主编:《社会政策概论》

（第 2 版），高等教育出版社 2009 年版。

15. 关信平主编：《社会工作政策法规》，中国社会出版社 2015 年版。
16. 顾长声：《传教士与近代中国》，上海人民出版社 1981 年版。
17. 国家民间组织管理局编：《中国民间组织评估》，中国社会出版社 2007 年版。
18. 方勇译注：《庄子》，中华书局 2010 年版。
19. 冯英等编著：《外国的慈善组织》，中国社会出版社 2008 年版。
20. 韩星选释：《道家箴言录》，内蒙古人民出版社 1997 年版。
21. 黄晓勇主编：《中国民间组织报告》（2011—2012），社会科学文献出版社 2012 年版。
22. 金锦萍、葛云松主编：《外国非营利组织法译汇》，北京大学出版社 2006 年版。
23. 金锦萍编著：《社会组织财税制度》，中国社会出版社 2011 年版。
24. 金锦萍译：《非营利组织法译汇（三）英国慈善法》，社会科学文献出版社 2017 年版。
25. 阚珂主编：《中华人民共和国慈善法释义》，法律出版社 2016 年版。
26. 康有为：《大同书》，古籍出版社 1956 年版。
27. 李本公主编：《国外非政府组织法规汇编》，中国社会出版社 2003 年版。
28. 李存山注译：《老子》，中州古籍出版社 2004 年版。
29. 李德健：《英国慈善法研究》，法律出版社 2017 年版。
30. 李民、王健撰：《尚书译注》，上海古籍出版社 2004 年版。
31. 李迎生：《社会保障与社会结构转型：二元社会保障体系研究》，中国人民大学出版社 2001 年版。

32. 梁其姿:《施善与教化：明清时期的慈善组织》，北京师范大学出版社 2013 年版。

33. 梁其姿:《变中谋稳：明清至近代的启蒙教育与施善济贫》，上海人民出版社 2017 年版。

34. 梁漱溟:《中国文化要义》，学林出版社 1987 年版。

35. 聊城大学慈善法研究课题组:《〈中华人民共和国慈善法〉专家建议稿》，法律出版社 2015 年版。

36. 廖名春、邹新明校点:《孔子家语》，辽宁教育出版社 1997 年版。

37. 卢德之:《资本精神——人类文明协同发展的力量》，东方出版社 2016 年版。

38. 杨团主编:《中国慈善发展报告》（2013），社会科学文献出版社 2013 年版。

39. 罗炽主编:《太平经注译》（下），西南师范大学出版社 1996 年版。

40. 《毛泽东选集》（第 1 卷），人民出版社 1991 年版。

41. 民政部法制办公室编:《中国慈善立法国际研讨会论文集》，中国社会出版社 2007 年版。

42. 《牛津高阶英汉双解词典》（第 7 版），商务印书馆、牛津大学出版社 2009 年版。

43. 彭建梅、刘佑平:《中国慈善会发展报告》，中民慈善捐助信息中心，2011。

44. 彭建梅、刘佑平主编:《2012 年度中国慈善捐助报告》，中国社会出版社 2013 年版。

45. 钱穆:《晚学盲言》（上），广西师范大学出版社 2004 年版。

46. （清）孙希旦撰:《礼记集解》，中华书局 1989 年版。

47. 中国社会科学院近代史研究所中华民国史研究室、中山大学历史系孙中山研究室、广东省社会科学院历史研究所合编:《孙中山全集》(第2卷),中华书局1982年版。

48. 中山大学历史系孙中山研究室、广东省社会科学院历史研究所、中国社会科学院近代史研究所中华民国史研究室合编:《孙中山全集》(第6卷),中华书局1985年版。

49. (北凉)昙元谶译:《涅槃经》(下),林世田等点校,宗教文化出版社2001年版。

50. 陶传进:《社会公益供给——NPO、公共部门与市场》,清华大学出版社2005年版。

51. 田凯:《非协调约束与组织运作——中国慈善组织与政府关系的个案研究》,商务印书馆2004年版。

52. (明)王夫之:《张子正蒙注》,中华书局1975年版。

53. 王国平、唐力行主编:《明清以来苏州社会史碑刻集》,苏州大学出版社1998年版。

54. 王浦劬、[美]莱斯特·萨拉蒙等:《政府向社会组织购买公共服务研究——中国与全球经验分析》,北京大学出版社2010年版。

55. 廖名春、邹新明校点:《孔子家语》,辽宁教育出版社1997年版。

56. 王卫平、黄鸿山:《中国古代传统社会保障与慈善事业——以明清时期为重点的考察》,群言出版社2004年版。

57. 王卫平、黄鸿山、曾桂林:《中国慈善史纲》,中国劳动社会保障出版社2011年版。

58. 王明:《抱朴子内篇校释》,中华书局1980年版。

59. 王名主编:《社会组织概论》,中国社会出版社2010年版。

60. 王名、李勇、黄浩明编著:《德国非营利组织》,清华大学出版社2006年版。

61. 王名、李勇、黄浩明编著:《英国非营利组织》,社会科学文献出版社 2009 年版。
62. 王名、李勇、黄浩明编著:《美国非营利组织》,社会科学文献出版社 2012 年版。
63. 王雪琴:《慈善法人研究》,山东人民出版社 2013 年版。
64. 韦祎:《中国慈善基金会法人制度研究》,中国政法大学出版社 2010 年版。
65. 吴玉章主编:《社会团体的法律问题》,社会科学文献出版社 2004 年版。
66. 夏东元编:《郑观应集》(上册),上海人民出版社 1982 年版。
67. 徐麟主编:《中国慈善事业发展研究》,中国社会出版社 2005 年版。
68. 杨伯峻译注:《孟子译注》,中华书局 1960 年版。
69. 杨伯峻译注:《论语译注》(简体字本),中华书局 2006 年版。
70. 杨道波等译:《国外慈善法译汇》,中国政法大学出版社 2011 年版。
71. 杨道波:《公益性社会组织约束机制研究》,中国社会科学出版社 2011 年版。
72. 杨懋春:《一个中国村庄——山东台头》,张雄、沈炜、秦美珠译,江苏人民出版社 2001 年版。
73. 杨团主编:《中国慈善发展报告(2013)》,社会科学文献出版社 2013 年版。
74. 游子安:《劝化金箴——清代善书研究》,天津人民出版社 1999 年版。
75. 虞和平编:《经元善集》,华中师范大学出版社 1988 年版。
76. 虞和平主编:《张謇——中国早期现代化的前驱》,吉林文史出版社 2004 年版。

77. （宋）袁采撰：《袁氏世范》，中华书局1985年版。
78. 袁啸波编：《民间劝善书》，上海古籍出版社1995年版。
79. 张謇研究中心、南通市图书馆编：《张謇全集》（第4卷·事业），江苏古籍出版社1994年版。
80. 张觉校注：《荀子校注》，岳麓书社2006年版。
81. 张奇林等：《中国慈善事业发展研究》，人民出版社2014年版。
82. 张晓立：《财富意识与文明演化：一个美国案例的诠释》，光明日报出版社2013年版。
83. 郑功成等：《当代中国慈善事业》，人民出版社2010年版。
84. 郑功成主编：《〈中华人民共和国慈善法〉解读与应用》，人民出版社2016年版。
85. 智圆：《四十二章经序》，载石峻等编：《中国佛教思想资料选编》（第3卷·第1册），中华书局1987年版。
86. 《圣经》，中国基督教三自爱国运动委员会、中国基督教协会出版发行，2006年印。
87. 中国社会科学院语言研究所词典编辑室编：《现代汉语词典》（第7版），商务印书馆2017年版。
88. 中华续行委办会调查特委会编：《1901—1920年中国基督教调查资料》（下卷），蔡咏春等译，中国社会科学出版社1987年版。
89. 周秋光、曾桂林：《中国慈善简史》，人民出版社2006年版。
90. （唐）释道世：《法苑珠林校注》，周叔迦、苏晋仁校注，中华书局2003年版。
91. 朱友渔：《中国慈善事业的精神》，商务印书馆2016年版。
92. 资中筠：《财富的归宿：美国现代公益基金会述评》（增订本），生活·读书·新知三联书店2011年版。
93. 邹世允：《中国慈善事业法律制度完善研究》，法律出版社2013年版。

94. 黎帼华:《美国社会服务》,中国科学技术大学出版社 2002 年版。
95. 英国慈善委员会:《英国慈善委员会指引》,林少伟译,法律出版社 2017 年版。
96. [美]安德鲁·卡耐基:《财富的福音:如何获得财富及有效利用它》,李旭大译,中国言实出版社 2005 年版。
97. [美]贝希·布查尔特·艾德勒等:《通行规则:美国慈善法指南》,金锦萍等译,中国社会出版社 2007 年版。
98. [美]哈罗德·J. 伯尔曼:《法律与革命——西方法律传统的形成》,贺卫方等译,中国大百科全书出版社 1993 年版。
99. [美]加里·贝克尔:《人类行为的经济分析》,王业宇、陈琪译,上海三联书店、上海人民出版社 1995 年版。
100. [美]莱斯特·M. 萨拉蒙等:《全球公民社会:非营利部门视界》,贾西津、魏玉等译,社会科学文献出版社 2007 年版。
101. [美]莱斯特·M. 萨拉蒙:《公共服务中的伙伴——现代福利国家中政府与非营利组织的关系》,田凯译,商务印书馆 2008 年版。
102. [美]罗伯特·L. 佩顿、迈克尔·P. 穆迪:《慈善的意义与使命》,郭烁译,中国劳动社会保障出版社 2013 年版。
103. [美]罗伯特·H. 伯姆纳:《捐赠:西方慈善公益文明史》,褚蓥译,社会科学文献出版社 2017 年版。
104. [美]玛丽恩·R. 弗莱蒙特-史密斯:《非营利组织的治理:联邦与州的法律与规制》,金锦萍译,社会科学文献出版社 2016 年版。
105. [英]安东尼·吉登斯:《第三条道路——社会民主主义的复兴》,郑戈译,北京大学出版社、生活·读书·新知三联书店 2000 年版。

106. ［英］迈克尔·希尔：《理解社会政策》，刘升华译，商务印书馆 2003 年版。
107. ［法］安德烈·比尔基埃等主编：《家庭史》（第 2 卷：遥远的世界、古老的世界），袁树仁、姚静、肖桂译，生活·读书·新知三联书店 1998 年版。

二、中文论文

1. 毕素华：《论基督教的慈善观》，载《南京社会科学》2006 年第 12 期。
2. 毕天云、刘梦阳：《中国传统宗族福利体系初探》，载《山东社会科学》2014 年第 4 期。
3. 陈成文、雷旦丹、尹伟：《慈善：政府与民间的责任边界》，载《湖南社会科学》2013 年第 1 期。
4. 陈东利：《论中国慈善组织的公信力危机与路径选择》，载《河北师范大学学报（哲学社会科学版）》2012 年第 1 期。
5. 陈国威：《试论郑观应的慈善观》，载《辽宁大学学报（哲学社会科学版）》2005 年第 3 期。
6. 陈蓓丽：《社会组织资源获取异质性研究》，载《商业时代》2012 年第 23 期。
7. 陈瑞：《明清时期徽州宗族的内部救济》，载《中国农史》2007 年第 1 期。
8. 陈为雷：《政府和非营利组织项目运作机制、策略和逻辑——对政府购买社会工作服务项目的社会学分析》，载《公共管理学报》2014 年第 3 期。
9. 陈为雷、毕宪顺：《美国慈善事业监管体制及其对中国的启示》，载《东岳论丛》2015 年第 7 期。
10. 陈为雷：《试论我国慈善监管的转型》，载孙壮志主编：《全面建成小康社会,共享民生发展》,社会科学文献出版社 2017 年版。
11. 崔冬:《慈善组织行政规制研究》,吉林大学 2015 年博士学位论文。
12. 崔月琴、王嘉渊、袁泉:《社会治理创新背景下社会组织的资源困局》,载《学术研究》2015 年第 11 期。
13. 丁开杰:《英国志愿组织联盟与志愿者参与实践》,载《理论月刊》2009 年第 3 期。
14. 冯雨:《加大福彩公益金购买社会组织服务力度——陕西省关于福彩公益金支持社会组织建设发展的调研与思考》,载《中国社会组织》2014 年第 24 期。
15. 《高达 300 亿英镑 国家彩票成英国公益资金生力军》,载《中国体育报》2015 年 10 月 12 日。
16. 高卉、袁年兴:《超验主体与后危机时代的慈善公益——以美国中镇为案例》,载《西北民族研究》2013 年第 1 期。
17. 高庆国:《浅析国际慈善立法对中国的启示》,载《人民论坛》2013 年第 5 期。
18. 方世荣:《论政策转化为法律的基础和条件》,载《湖北行政学院学报》2006 年第 4 期。
19. 韩丽欣、郑国:《中西方慈善文化传统资源的比较研究》,载《南昌大学学报(人文社会科学版)》2014 年第 1 期。
20. 韩丽欣:《我国慈善组织治理法治化研究》,吉林大学 2014 年博士学位论文。
21. 何孝荣:《明代南京寺院研究》,南开大学 1998 年博士学位论文。
22. 侯江红、王红晓:《论我国非政府组织的筹资举措》,载《求实》2004 年第 S3 期。
23. 黄家瑶:《比较视野下的中西方慈善组织》,载《华东理工大学学报（社会科学版）》2009 年第 2 期。

24. 纪双城等：《为慈善立规 国外怎么做》，载《环球时报》2016 年 3 月 8 日。

25. 《加拿大人慈善捐款有所缩水 安省减幅最为明显》，载《明报》2014 年 12 月 17 日。

26. 贾西津、苏明等：《中国政府购买公共服务研究终期报告》，亚洲开发银行，2009 年 6 月。

27. 赖雨晨：《广州首创慈善组织第三方监督机制》，载《新华每日电讯》2013 年 6 月 22 日。

28. 李昌昊：《自由裁量行政行为成因及司法监管诉求探析》，载《青岛职业技术学院学报》2006 年第 3 期。

29. 李春玲：《明清胶东地区学校教育事业研究》，鲁东大学 2016 年硕士学位论文。

30. 李学如、王卫平：《近代苏南义庄的宗族保障制度》，载《中国农史》2015 年第 4 期。

31. 李勇：《德国非营利组织》（上），载《中国社会报》2003 年 5 月 30 日。

32. 李永军：《慈善法律责任立法问题研究》，载《聊城大学学报（社会科学版）》2014 年第 6 期。

33. 廖智健、侯安琪：《慈善组织的"非营利性"分析》，载《理论与改革》2012 年第 6 期。

34. 林卡、吴昊：《官办慈善与民间慈善：中国慈善事业发展的关键问题》，载《浙江大学学报（人文社会科学版）》2012 年第 4 期。

35. 林闽钢、朱锦程：《中国慈善立法的目标定位和基本框架》，载《湖北社会科学》2014 年第 11 期。

36. 刘金豪：《财富皆有道——简论道教的财富观》，载《中国道教》2011 年第 4 期。

37. 刘莘、张迎涛：《辅助性原则与中国行政体制改革》，载《行政法学研究》2006 年第 4 期。

38. 刘雁：《加拿大的公益事业及公益意识》，载《教书育人》2004 年第 18 期。

39. 林兴龙：《汉代宗族救济问题的考察与现实思考》，载《厦门理工学院学报》2010 年第 3 期。

40. 刘丽珑：《中国非营利组织内部治理有效吗——来自基金会的经验证据》，载《中国经济问题》2015 年第 2 期。

41. 刘威：《从"中国经验"到"中国模式"——慈善救助之文化逻辑、经验局限与发展走向》，载《福建论坛（人文社会科学版）》2010 年第 2 期。

42. 栾恺：《美国慈善组织外部监管机制研究》，外交学院 2012 年硕士学位论文。

43. 毛丹、彭兵：《加拿大：非制度性社区服务的类型》，载《宁波大学学报（人文科学版）》2008 年第 4 期。

44. 潘乾、尹奎杰：《英国慈善组织监管法律制度及其借鉴》，载《行政论坛》2014 年第 1 期。

45. 潘屹：《慈善组织、政府与市场》，载《学海》2007 年第 6 期。

46. 潘屹：《中国传统农村福利探寻》，载《东岳论丛》2014 年第 9 期。

47. 潘跃：《慈善事业迈入法治化轨道——民政部有关负责人就慈善法实施答记者问》，载《人民日报》2016 年 3 月 24 日。

48. 彭定光、彭军、胡丽明：《论清代民间慈善活动的三种类型》，载《中南林业科技大学学报（社会科学版）》2010 年第 8 期。

49. 邱莹：《英国慈善机构筹款方式大盘点》，载《公益慈善论坛》2014 年 1 月 8 日。

50. 邵祥东:《我国福彩公益金财政管理的历史演变和政策选择》,载《地方财政研究》2010年第12期。

51. 盛会莲:《唐五代社会救助研究》,浙江大学2005年博士学位论文。

52. 释济群等:《宗教的财富观》,载《中国宗教》2001年第5期。

53. 唐钧:《政府购买社会工作服务:进展与前瞻》,载《社会建设》2015年第4期。

54. 陶新宏:《佛教福田思想与社会慈善事业》,载《青海社会科学》2013年第1期。

55. 王姝雯:《非营利组织资金运作策略探讨——以中国青少年发展基金会财务分析为例》,载《党政干部学刊》2013年第5期。

56. 王名:《浅谈慈善对科学的作用》,载《科学对社会的影响》2009年第2期。

57. 王勇:《〈慈善蓝皮书:中国慈善发展报告(2018)〉发布 去年我国社会捐赠总量预估约为1558亿元》,载《公益时报》2018年7月3日。

58. [加]维克·默里:《加拿大非营利组织管理的独特性及挑战》,潘鸿雁译,顾建键校,载《上海行政学院学报》2008年第5期。

59. 卫敏丽:《去年社会捐赠下降了18.1%:"郭美美事件"也是原因》,载《新华每日电讯》2012年6月29日。

60. 习近平:《决胜全面建成小康社会 夺取新时代中国特色社会主义伟大胜利——在中国共产党第十九次全国代表大会上的报告》,载《人民日报》2017年10月28日。

61. 向荣:《论16、17世纪英国理性的贫穷观》,载《武汉大学学报(哲学社会科学版)》1999年第3期。

62. 谢琼:《国外慈善立法的规律、特点及启示》,载《教学与研究》2014 年第 12 期。

63. 谢南山：《论魏晋南北朝时期民间社会救济》，载《江西广播电视大学学报》2009 年第 2 期。

64. 徐勇：《基金会公共责任的实现困境及其对策分析——以理事会治理为考察点》，载《内蒙古大学学报（哲学社会科学版）》2012 年第 2 期。

65. 薛涌：《慈善事业如何改善财富再分配》，载《南方周末》2006 年 7 月 13 日。

66. 杨岳、许昀：《自律、竞争与监管——美、加非营利组织管理制度考察》，载《学会》2007 年第 2 期。

67. 姚俭建、黄丹：《关于构筑中国特色慈善事业监督体系的思考》，载《社会科学》2004 年第 10 期。

68. 张坤：《〈太平经〉的三种"财富观"管窥》，载《学术论坛》2005 年第 3 期。

69. 张霞：《英国现行慈善立法的特征》，载《中国社会报》2014 年 3 月 17 日。

70. 张网成、黄浩明：《德国非营利组织：现状、特点与发展趋势》，载《德国研究》2012 年第 2 期。

71. 张映伟：《大乘佛教的慈善观及其现代意义》，载《中国宗教》2009 年第 8 期。

72. 张志鹏：《宗教对积累财富的态度》，载《中国民族报》2009 年 4 月 8 日。

73. 张祖平：《中国慈善组织资金筹集问题研究》，载《社团管理研究》2011 年第 1 期。

74. 甄尽忠：《试论先秦时期的宗族和宗族社会救助》，载《青海民族研究》2006 年第 3 期。

75. 赵博阳：《中世纪教会济贫法律研究》，华东政法大学 2015 年博士学位论文。

76. 赵海林:《行政化到多元化:慈善组织运作研究》,南京大学2012年博士学位论文。
77. 郑功成:《关于慈善事业立法的几个问题》,载《教学与研究》2014年第12期。
78. 周秋光、徐美辉:《道家、佛家文化中的慈善思想》,载《道德与文明》2006年第2期。
79. 朱英:《论张謇的慈善公益思想与活动》,载《江汉论坛》2000年第11期。
80. 朱昌俊:《社会捐赠总额下降更值得关注》,载《中国商报》2013年9月24日。
81. 《做公益如何进行债券式筹资?》,载《公益时报》2014年1月29日。

三、外文文献

1. A. Evers, I. Svetlik, *Balancing Pluralism: New Welfare Mixes in Care for the Elderly*, London: Averbury Press, 1993.
2. Benjamin Gidron, R. M. Kramer, L. M. Salamon, *Government and the Third Sector: Emerging Relationships in Welfare State*, San Francisco: Jossey-Bass Press, 1992.
3. Canada Not-for-profit Corporation Act 2009 (S. C. 2009, c. 23), http://laws.justice.gc.ca/eng/acts/C-7.75/.
4. Christopher Hill, *Society and Puritanism in Pre-Revolutionary England*, London: Secker & Warburg Press, 1964.
5. Christopher Hill, *Society and Puritanism*, http://www.doc88.com/p-9919131596140.html.
6. Chris Miller, *Producing Welfare*, New York: Palgrave Macmillan

Press, 2004.
7. Charitable Fund-raising Act 2000, http: //www. qp. alberta. ca/documents/Acts/c09. pdf.
8. C. R. Attlee, *The Social Worker*, London: George Bell & Sons Press, Ltd. , 1920.
9. Crossman, R. H. S. , "The Role of the Volunteer in the Modern Social Services", *Memorial Lecture*, 1973, in A. H. Hasley ed. , *Traditions in Social Policy*, Oxford: Blackwell Press, 1976.
10. Descriptions of purposes, Charities Act 2011, s. 3 (1), http: // www. legislation. gov. uk/ukpga/2011/25/section/3.
11. Carnegie UK Trust, *The Shape of Civil Society to Come*, Carnegie UK Trust Press, 2007.
12. Income Tax Act [R. S. C. , 1985, c. 1 (5th Supp.)], http: // laws-lois. justice. gc. ca/eng/acts/I-3. 3/page-179. html#h-92.
13. Jane Jenson, "Redesigning the 'Welfare Mix' for Families: Policy Challenges", Canadian Policy Research Networks Inc. , http: // www. docin. com/p-1458832667. html.
14. Margo Todd, *Christian Humanism and the Puritan Social Order*, Cambridge New York: Cambridge University Press, 1987.
15. Lucas C. P. M. Meijs, "Changing the Welfare Mix: Going from a Corporatist to a Liberal Non-profit Regime", ISTR Sixth International Conference, 2004.
16. Norman Johnson, *Mixed Economies of Welfare: A Comparative Perspective*, London: Prentice Hall Europe, 1999.
17. Kerry O'Halloran, Myles McGregor-Lowndes, Karla W. Simon, *Charity Law & Social Policy*, Dordrecht: Springer, 2008.
18. Paul Slack, *Poverty and Policy in Tudor and Stuart England*, London

New York: Longman Press, 1988.
19. P. Dekker, A. Evers, "Civicness and the Third Sector: Introduction", *Voluntus*, 20 (2009).
20. Peter Halfpenny, Margaret Reid, "Research on the Voluntary: An Overview", *Policy & Politics*, 4 (2002).
21. Nathan Committee, *Report of Committee on the Law & Practice Relating to Charitable Trusts*, London: H. M. Stationery Office, 1952.
22. Bohm Committee, *Report of the Committee on Local Authority and Allied Personal Social Services*, London: H. M. Stationery Office, 1968.
23. Robert Wuthnow, *Between States and Markets: The Voluntary Sector in Comparative Perspective*, New Jersey: Princeton University Press, 1991.
24. Sidney Webb, Beatrice Webb, *English Local Government: English Poor Law History: Part I. the Old Poor Law*, London and New York: Longmans, Green, and Company, 1927.
25. Stuart Etherington, "Public services and the future of the UK voluntary sector", *International Journal of Nonprofit and Voluntary Sector Marketing*, 2 (2004).
26. The Commission's general functions, Charities Act 2011, http://www.legislation.gov.uk/ukpga/2011/25/section/15; http://www.legislation.gov.uk/ukpga/2011/25/section/16.
27. Timothy P. Jackson, *Love Disconsoled*, Cambridge: Cambridge University Press, 1999.
28. United Way International, *Global Standards for United Way Organizations*, http://www.doc88.com/p-9425205037275.html.
29. U. S. Department of Commerce, Economics and Statistics Administra-

tion, U. S. Census Bureau, *Statistical Abstract of the United States* 2012, Washington, D. C.: U. S. Census Bernan Press, 2011.

30. W. K. Jordan. *Philanthropy in England*, 1480 – 1660, London: G. Allen & Unwin, 1959.

31. Zsuzsa Széman, Vera Gáthy, "The Voluntary Sector in the Welfare Mix: The Hungarian Maltese Charity Service", *Journal of European Social Policy*, 1 (1993).

四、电子文献

1. 《比尔盖茨再上节目谈慈善,〈巅锋问答〉首开新模式》,载 https://v.qq.com/x/cover/kdhn7ls8vlm8dbm/z0024brljhy.html.

2. 陈赫奕:《英国国家彩票援助慈善机构 彩票是在做慈善吗?》,载 http://www.zhcw.com/xinwen/hangyezixun/4470684.shtml.

3. 《德国社会组织发展及考察及启示考察报告》,载 https://wenku.baidu.com/view/2235efcdb7360b4c2f3f6497.html.

4. 《加拿大的慈善机构与募款方式》,载 http://blog.sina.com.cn/s/blog_4fc6d6bf0100n1cl.html.

5. 李颖生:《几个基本概念中折射出的中美慈善差异》,载 http://www.gpcommon.org/ch/?p=370.

6. 《没逛过慈善店,就不算来了英国》,载 https://mp.weixin.qq.com/s?biz=OTE4MzAyODYx&idx=1&mid=205478099&sn=9ac4e863b7c2645f7ec429cd65a24c04.

7. 美国国家慈善信托基金网,载 https://www.nptrust.org/philanthropic-resources/charitable-giving-statistics/#__NO_LINK_PROXY.

8. 《民营企业家生存启示录——孙大午、乔木谈民企求发展之道》,载 http://sundawu1.blog.sohu.com/303756524.html.

9. 涂恬:《"股神"巴菲特是怎么玩慈善的?》,载 http://caijing.

chinadaily. com. cn/2014-07/16/content_17804086. htm.

10. ［美］理查德·L. 爱德华兹、罗纳德·昆西、卢霜:《美国非营利组织概览》，载 http：//www. doc88. com/p-7905827566302. html.

五、法规政策与统计公报类

1. 《财政部关于印发〈彩票公益金管理办法〉的通知》，载 http：//www. mof. gov. cn/zhengwuxinxi/caizhengwengao/2012wg/wg201204/201207/t20120711_665503. html.

2. 《财政部、国家税务总局、民政部关于公益性捐赠税前扣除资格确认审批有关调整事项的通知》（财税〔2015〕141 号），载 http：//www. chinatax. gov. cn/n810341/n810755/c2001026/content. html.

3. 《慈善组织保值增值投资活动管理暂行办法》，载 http：//www. mca. gov. cn/article/gk/fg/shzzgl/201811/20181100012651. shtml.

4. 《财政部、税务总局、国务院扶贫办关于扶贫货物捐赠免征增值税政策的公告》（财政部、税务总局、国务院扶贫办公告 2019 年第 55 号），载 http：//szs. mof. gov. cn/zhengwuxinxi/zhengcefabu/201904/t20190418_3227846. html.

5. 《广州市民政局、广州市财政局关于印发〈广州市政府资金支持社会工作发展实施办法〉的通知》（穗民规字〔2018〕5 号），载 http：//www. gz. gov. cn/gzswjk/2. 2. 17/201805/f142d1e8fe144c35b86c9079d8389be7. shtml.

6. 《国家税务总局关于发布修订后的〈企业所得税优惠政策事项办理办法〉的公告》，载 http：//www. chinatax. gov. cn/n810341/n810765/n3359382/n3359449/c3627772/content. html.

7. 《国务院办公厅关于政府向社会力量购买服务的指导意见》（国办发〔2013〕96 号），载 http：//www. gov. cn/zwgk/2013-09/30/content_2498186. htm.

8. 《国务院关于修改部分行政法规的决定》，载http://www.gov.cn/zhengce/content/2019-04/29/content_5387404.htm.
9. 《民政部关于〈社会组织登记管理条例（草案征求意见稿）〉公开征求意见的通知》，载http://yjzj.mca.gov.cn:8280/consult/noticedetail.do?noticeid=52.
10. 《中共中央关于全面深化改革若干重大问题的决定》，载http://www.chinanews.com/gn/2013/11-15/5509681_4.shtml.
11. 《中华人民共和国慈善法》，载http://www.gov.cn/zhengce/2016-03/19/content_5055467.htm.
12. 《中华人民共和国公益事业捐赠法释义》，载http://www.npc.gov.cn/npc/flsyywd/jingji/2001-08/01/content_140355.htm.
13. 《中华人民共和国信托法释义》，载http://www.npc.gov.cn/npc/flsyywd/jingji/2003-11/14/content_324171.htm.
14. 《2002年民政事业发展统计公报》，载http://www.caoss.org.cn/zt.asp?id=173.
15. 《2009年民政事业发展统计公报》，载http://www.mca.gov.cn/article/sj/tjgb/201903/20190300015915.shtml.
16. 《2017年社会服务发展统计报告》，载http://www.sohu.com/a/246721345_99939264.
17. 《中华人民共和国2010年国民经济和社会发展统计公报》，载http://www.gov.cn/gzdt/2011-02/28/content_1812697.htm.
18. 《中华人民共和国2012年国民经济和社会发展统计公报》，载http://www.gov.cn/gzdt/2013-02/22/content_2338098.htm.
19. 《中华人民共和国2014年国民经济和社会发展统计公报》，载http://www.stats.gov.cn/tjsj/zxfb/201502/t20150226_685799.html.
20. 《中华人民共和国2016年国民经济和社会发展统计公报》，载http://www.stats.gov.cn/tjsj/zxfb/201702/t20170228_1467424.html.

21. 《中华人民共和国 2017 年国民经济和社会发展统计公报》，载 http：//www.stats.gov.cn/tjsj/zxfb/201802/t20180228_1585631.html.

后 记

党的十九大指出,经过长期努力,中国特色社会主义进入了新时代,我国社会主要矛盾已经转化为人民日益增长的美好生活需要和不平衡不充分的发展之间的矛盾。中央提出,必须坚持以人民为中心的发展思想,不断促进人的全面发展、全体人民共同富裕,实现社会主义现代化和中华民族伟大复兴。慈善事业是中国特色社会主义事业的重要组成部分,在打赢脱贫攻坚战,全面建成小康社会,满足人民需要,推进国家治理体系和治理能力现代化方面发挥重要作用。

自从1912年留美学者朱友渔出版《中国慈善事业的精神》以来,我国慈善事业研究已有一百多年的历史。近年来我国有不少学者研究和介绍西方发达国家慈善事业,也有不少学者发表了若干中外慈善事业比较研究的论著,这为我们认识国外慈善事业打开了一扇窗口,也给我们从事本项研究奠定了文献基础。但是,就已有的研究来看,对中外慈善事业进行全面比较研究的成果尚不多见。2013年我们承担了山东省慈善总会慈善理论研究课题"中国与西方发达国家慈善事业比较研究",在中外慈善文化、慈善组织、慈善法规政策、慈善监管等方面进行了初步研究。在2014年8月举行的课题鉴定会上,山东省社会科学界联合会原党组副书记、副

后 记

主席包心鉴教授，山东大学哲学与社会发展学院高鉴国教授等专家对本项研究提出了中肯的意见。课题结题后我们继续研究，进一步扩展和补充资料。在书稿完成后，南开大学社会建设与管理研究院院长关信平教授提出了非常有针对性的意见和建议，我们据此进一步调整章节结构，补充和丰富有关内容，现在呈现在读者面前的这部书稿是我们多次修改的结果，也是我们多年从事慈善事业比较研究的一个总结。

在从事本课题研究期间我们得到了多方帮助和支持，在此我们怀着深深的感恩之情并表示由衷地感谢。感谢包心鉴教授、高鉴国教授和关信平教授提出的宝贵意见！感谢国家社科基金后期资助项目、教育部人文社会科学研究青年基金项目和山东省慈善总会2013年慈善理论研究课题资助！感谢中国政法大学出版社为本书顺利出版付出的辛勤劳动！

由于我们水平有限，书中难免存在不足和缺陷，欢迎各位读者批评指正。

鲁东大学 陈为雷
2019 年 5 月 29 日